MINERVA
はじめて学ぶ教職
11

吉田武男
監修

教育の方法と技術

樋口直宏
編著

ミネルヴァ書房

監修者のことば

　本書を手に取られた多くのみなさんは，おそらく教師になることを考えて，教職課程をこれから履修しよう，あるいは履修している方ではないでしょうか。それ以外にも，教師になるか迷っている，あるいは教師の免許状だけを取っておく，さらには教養として本書を読む方も，おられるかもしれません。

　どのようなきっかけであれ，教育の営みについて，はじめて学問として学ぼうとする方に対して，本シリーズ「MINERVA はじめて学ぶ教職」は，教育学の初歩的で基礎的・基本的な内容を学びつつも，教育学の広くて深い内容の一端を感じ取ってもらおうとして編まれた，教職課程向けのテキスト選集です。

　したがって，本シリーズのすべての巻によって，教職に必要な教育に関する知識内容はもちろんのこと，それに関連する教育学の専門領域の内容もほとんど網羅されています。その意味では，少し大げさな物言いを許していただけるならば，本シリーズは，「教職の視点から教育学全体を体系的にわかりやすく整理した選集」であり，また，このシリーズの各巻は，「教職の視点からさまざまな教育学の専門分野を系統的・体系的にわかりやすく整理したテキスト」です。もちろん，各巻は，教育学の専門分野固有の特徴と編者・執筆者の意図によって，それぞれ個性的で特徴的なものになっています。しかし，各巻に共通する本シリーズの特徴は，文部科学省において検討された「教職課程コアカリキュラム」の内容を踏まえ，多面的・多角的な視点から教職に必要な知識について，従来のテキストより大きい版で見やすく，かつ「用語解説」「法令」「人物」「出典」などの豊富な側注によってわかりやすさを重視しながら解説されていることです。また教職を「はじめて学ぶ」方が，「見方・考え方」の資質・能力を養えるように，さらには知識をよりいっそう深め，そして資質・能力もよりいっそう高められるように，各章の最後に「Exercise」と「次への一冊」を設けています。なお，別巻は別の視点，すなわち教育行政官の視点から現代の教育を解説しています。

　この難しい時代にあって，もっと楽な他の職業も選択できたであろうに，それぞれ何らかのミッションを感じ，「自主的に学び続ける力」と「高度な専門的知識・技術」と「総合的な人間力」の備わった教師を志すみなさんにとって，本シリーズのテキストが教職および教育学の道標になることを，先輩の教育関係者のわれわれは心から願っています。

2018年

吉　田　武　男

はじめに

　学校教育において，授業が中心的な活動となることは疑いのないところである。教師と子どもたちは授業を通じて日々向き合い，教科内容の習得や人間形成を進めている。良い授業を実践するために，教師は工夫するとともに，研究者も良い授業を生み出すための理論や技法について，理論的・実証的な分析を行っている。

　しかし，ここでいう良い授業とは何を意味するのであろうか。教師がわかりやすい説明をしたつもりでも，子どもたちがわかりやすいと思っているとは限らない。そもそも，わかりやすいと思うのはどのような時であり，それはやさしく簡単であることとどう異なるのか。また，わかりやすい授業が常に良い授業といえるのか。教師が問いかけ説明して，子どもたちはそれに答え理解するだけが授業ではない。子どもたちから「わからない」と声が上がり，対象となる教材に直接関わり合いながら，教師や仲間と一緒に考えることこそ，良い授業には必要ではないだろうか。

　このように考えると，授業の良し悪しは一概に決まるわけではない。それは，教師にとっても子ども一人ひとりにとっても，さらには研究者や参観者によっても異なる。それゆえ，授業について考える際には，授業とはどのような役割や機能をもち，何をねらいとして，どのような内容や題材を取りあげ，さまざまな環境や形態の下で，いかなる技術を用いて工夫するかといった点について，それぞれの要因を明らかにしながら総合的に検討されなければならない。

　本書は，このような問題意識の下，授業を取り巻く諸要因について教育方法学の観点から研究した一冊である。具体的には，大きく5部および13章構成で成り立っている。

　第Ⅰ部は，教育方法と学習の基礎理論についてである。第1章では，教育方法学の理念について，教育実践をどのように思考することで，学問としての教育方法学となり得るのかを中心に考察される。第2章では，学習者の側に立って，学びとそれを支える知識や学力，さらにそれを踏まえた教授について検討する。第3章では，学習意欲や動機づけについて，教育心理学の知見に基づいて解説するとともに，学習者を支援する方法について考える。

　第Ⅱ部は，授業を取り巻く基礎的原理と指導技術についてである。第4章では，段階教授，問題解決学習，発見学習と探究，さらにはアクティブ・ラーニングと協働的な学びといった，学習指導の原理について解説する。第5章では，教師の話し方，発問，話し合い，板書とノートといった指導技術と，一斉授業，小集団学習，個別学習のような学習形態について学ぶ。第6章では，とくに個に応じる指導と学習集団に着目しながら，集団づくりの方法について考える。

　第Ⅲ部は，授業を実施する際の教材と授業づくりについてである。第7章では，教材の概念や教科書の役割，さらにはそれらを踏まえた教材研究の方法について考察される。第8章では，単元および授業計画の手続きと，それを具体化する学習指導案の書き方について解説するとともに，授業の準備や実際において教師が用いる実践的知識について学ぶ。

第Ⅳ部は，教育評価と授業研究の方法についてである。第9章では，教育評価の歴史や評価主体と対象，評価の時期や場所を踏まえて，その方法について考察する。第10章では，授業を教育方法学の研究対象として，その特徴や技術をどのように分析して校内研修等の場に活かすかについて，主要な研究方法が示される。

　第Ⅴ部は，情報機器の活用とメディア・リテラシーについてである。第11章では，視聴覚教育から情報教育への歴史と，今日における教育の情報化と授業におけるICTの活用について解説される。第12章では，心理学における学習理論を踏まえながら，デジタル教材をめぐる政策や学校教育における利活用について，インストラクショナルデザインの理論とともに解説される。第13章では，汎用的能力としての思考力と情報活用能力としてのメディア・リテラシーについて，その特徴や指導方法とともに学ぶ。

　本書の読者の多くは，教職課程を履修する学生であろう。教育職員免許法が改正され，各大学が再課程認定を受けるにあたり，「教職に関する科目」については2017（平成29）年に「教職課程コアカリキュラム」が作成された。また2021（令和3）年には教育職員免許法施行規則が改正され「教育の方法及び技術」とともに「情報通信技術を活用した教育の理論及び方法」の修得も義務づけられた。両事項に関する科目のコアカリキュラムと，本書における対照表は次ページの通りである。

　さらに教職課程の授業のみならず，教育学の基礎的教養書としても本書は活用可能と思われる。そして何より，教育実習をはじめとする授業実践にみなさんが今後臨むにあたり，本書の内容が参考になれば幸いである。

2018年12月

編著者　樋口直宏

事項	教育の方法及び技術						情報通信技術を活用した教育の理論及び方法									
全体目標	教育の方法及び技術では、これからの社会を担う子供たちに求められる資質・能力を育成するために必要な、教育の方法及び教育の技術の基礎的な知識・技能を身に付ける。						情報通信技術を活用した教育の理論及び方法では、情報通信技術を効果的に活用した学習指導や校務の推進の在り方並びに児童生徒に情報活用能力（情報モラルを含む。）を育成するための指導法に関する基礎的な知識・技能を身に付ける。									
項目	(1) 教育の方法論				(2) 教育の技術		(1) 情報通信技術の活用の意義と理論			(2) 情報通信技術を効果的に活用した学習指導や校務の推進				(3) 児童及び生徒に情報活用能力（情報モラルを含む。）を育成するための指導法		
一般目標	教育の基礎的理解に関する内容を踏まえ、これからの社会を担う子供たちに求められる資質・能力を育成するために必要な教育の方法を理解する。				教育の目的に適した指導技術の理解と、身に付ける。		情報通信技術の活用の意義と理論を理解する。			情報通信技術を効果的に活用した学習指導や校務の推進の在り方について理解する。				児童及び生徒に情報活用能力（情報モラルを含む）を育成するための指導法を身に付ける。		
到達目標	1) 教育方法の基礎的理論と実践を理解している。	2) これからの社会を担う子供たちに求められる資質・能力を育成するための教育の在り方（主体的・対話的で深い学びの実現など）を理解している。	3) 学級及び児童・生徒、教員、教材、教具、教室などの授業を構成する基礎的な要件を理解している。	4) 学習評価の基礎的な考え方を理解している。	1) 話法・板書など、授業・保育を行う上での基礎的な技術を身に付けている。	2) 基礎的な学習指導理論を踏まえ、目標・内容、教材・教具、授業・保育展開、学習形態、評価規準等の視点を踏まえた学習指導案を作成することができる。	1) 社会的背景の変化や急速な技術の発展を踏まえ、個別最適な学びと協働的な学びの実現や、主体的・対話的で深い学びの実現に向けた授業改善の必要性など、情報通信技術の活用の意義と理論を理解している。	2) 特別の支援を必要とする児童及び生徒に対する情報通信技術を活用した学習上又は生活上の困難を改善・克服するための活用の意義と活用に当たっての留意点を理解している。	3) ICT支援員などの外部人材や大学等の外部機関との連携の在り方、ICT環境の整備の在り方を理解している。	1) 育成を目指す資質・能力など学習場面に応じた情報通信技術を効果的に活用した学習指導や校務の推進の在り方及び情報通信技術を活用した指導事例（デジタル教材の作成・利用を含む。）を理解している。	2) 学習履歴（スタディ・ログ）など教育データを活用して指導及び学習評価に活用することや情報セキュリティの重要性について理解している。	3) 遠隔・オンライン教育の意義や関連するシステムの使用法を理解している。	4) 統合型校務支援システムを含む情報通信技術の校務推進上の活用法や情報通信技術を効果的に活用した業務の推進について理解している。	1) 各教科、道徳、特別活動、総合的な学習の時間（以下「各教科等」という。）において、横断的な視点から情報活用能力（情報モラルを含む。）を育成するための指導法（情報モラルを含む。）の内容を理解している。	2) 情報活用能力（情報モラルを含む。）を育成するための各教科等の特性に応じた指導事例を理解し、基礎的な指導法を身に付けている。	3) 児童に情報通信機器の基本的な操作を身に付けさせるための指導法を身に付ける。また、小学校教諭にあっては、プログラミング教育の指導法を身に付ける。
本書における章																
第1章	○															
第2章		○														
第3章		○														
第4章			○													
第5章			○													
第6章				○												
第7章					○											
第8章						○	○									
第9章								○								
第10章									○							
第11章										○	○	○	○			
第12章															○	
第13章														○		○

目次

監修者のことば
はじめに

第Ⅰ部　教育方法と学習の基礎理論

第1章　教育実践理論としての教育方法学 … 3
1. 教育実践から教育方法学へ … 3
2. 教育方法学から教育実践へ … 7
3. 教育的な働きかけとしての教授と訓練 … 11

第2章　知識と学習 … 23
1. 教えることと学ぶこと … 23
2. 「学習」とは何か … 25
3. 学習と知識 … 28
4. 学力論──国際動向 … 29
5. 学力論と学習指導要領──国内動向 … 31
6. 知識欲と学習意欲──「学びに向かう力」 … 33

第3章　学習意欲と動機づけ支援 … 35
1. 学習意欲とは何か … 35
2. 動機づけの理論──3つの視点 … 37
3. 自ら学ぶ意欲とその支援 … 39
4. 子どもの学習意欲に即した授業デザイン … 41

第Ⅱ部　授業を取り巻く基礎的原理と指導技術

第4章　学習指導の基本原理 … 51
1. 学習指導の特質 … 51
2. 学習指導の様式 … 53
3. アクティブ・ラーニングと協働的な学び … 57

第5章　授業における指導技術 … 63
1. 授業の構成要素 … 63

	2	教師の指導技術	66
	3	授業の形態	71

第6章　個に応じる指導と学習集団 … 77
1 　個に応じる指導 … 77
2 　育てるものとしての集団の意味 … 80
3 　授業づくりにおける集団づくりの視点 … 83

第Ⅲ部　授業を実施する際の教材と授業づくり

第7章　教材と教科書 … 91
1 　教育実践における教材の役割 … 91
2 　「主たる教材」としての教科書 … 95
3 　教材研究に基づくよりよい授業の創造 … 100

第8章　授業づくり … 105
1 　授業づくりの原理 … 105
2 　学習指導案の作成 … 107
3 　教師の実践的知識 … 111

第Ⅳ部　教育評価と授業研究の方法

第9章　教育評価 … 119
1 　教育評価の5W1Hと教育評価のwhat … 119
2 　誰が評価をするのか（who） … 121
3 　いつ評価するのか（when） … 125
4 　どこで評価するのか（where） … 127
5 　どうやって（how），そしてなぜ評価するのか（why） … 129

第10章　授業研究 … 133
1 　授業研究の定義と歴史 … 133
2 　学術研究としての授業研究 … 135
3 　現場実践としての授業研究 … 136
4 　授業研究の課題と展望 … 139

第Ⅴ部 情報機器の活用とメディア・リテラシー

第11章 情報教育とICT …………………………………………… 147
1 視聴覚教育から情報教育へ ………………………………… 147
2 教育の情報化と情報活用能力 ……………………………… 151
3 情報教育とICT活用の関係 ………………………………… 153
4 教育で活用できるICTの具体例 …………………………… 155
5 校務の情報化による教育の質向上 ………………………… 157
6 時代の変化と教育の情報化の未来 ………………………… 157

第12章 学習指導におけるデジタル教材の利用 ……………… 161
1 学習理論とデジタル教材 …………………………………… 161
2 学校教育におけるデジタル教材の政策 …………………… 166
3 デジタル教材の利用を考える ……………………………… 169

第13章 思考力とメディア・リテラシーの育成 ……………… 177
1 思考力の育成 ………………………………………………… 177
2 メディア・リテラシー教育 ………………………………… 183
3 思考力とメディア・リテラシーの接点とその指導方法 … 185

索　引

第Ⅰ部

教育方法と学習の基礎理論

第1章
教育実践理論としての教育方法学

〈この章のポイント〉

　教育方法学の理論は迂遠に思えても，実際のところ教育実践を母体としている。そしてこの母体から構築された理論は，再び教育実践に回帰し，この向上・改善に寄与しなければならない。こうした理論と実践の関係を踏まえて，教育方法学は教育実践理論として，どのような目指すあるべき姿を規定しているのか，そしてそれに到達するためのどのような道程を描いているのか。本章では，まず教育実践から教育方法学へのつながりのあらわれ方を，次に教育的タクトを媒介にした，教育方法学から教育実践へのつながりのあり方を解説する。

1　教育実践から教育方法学へ

1　直接的な教育的思考

　教育方法学者の長谷川榮によると，「教育方法学は教育の実践から出発し，研究成果を実践に還元する実践科学という性格をもつ」（長谷川，2008，9ページ）といわれる。まずはどのように教育方法学は教育の実践から出発するのだろうか，との問いに回答を与えるために，クラフキによる積み木の片づけの場面を参照してみよう（Klafki, 1964, S. 148；長谷川，1973，244ページ）。

　3歳の幼児が部屋の床の上で積み木遊びをしている。母親が外出する支度をしている姿を見て，その子どもは床の上に積み木を散らかしたままにして，母親のところにかけよってこう言う。「ねえ，いっしょにいってもいい」。母親は答える。「いいですよ。でも，まず遊んだ積み木を箱のなかに片づけなければいけませんよ。」

　この場面における母親の思考の歩みをまとめると，右のように整理することができる（図1-1）。積み木を散らかしたままにして走り寄る子どもの状況を「見つめる」。整理整頓という内容を「つかむ」。そしてこの内容を言葉で表現して子どもに「要求する」。この思考の歩みは教育的だと形容され得る。なぜなら，母親は現在の存在（片づけができていない）を「見つめる」ばかりでなく，将来の当為（片づけができるようになる）を「つかむ」ことをしながら，さらに存在から当為への高まりを「要求する」ことを通して，子どもにこの意味

▷1　ヴォルフガング・クラフキ（Wolfgang Klafki, 1927〜2016）
クラフキはドイツを代表する教授学者の一人である。彼は教授学の基礎概念を遺産として残している。「範疇陶冶」「授業準備に必要な5つの問いかけ」「批判的・構成的教授学」，そして「時代に典型的な鍵的問題」などがそれらの例である。
経験的・実証的な方法による教育研究が主流となった現在のドイツ教授学にあっても，クラフキの陶冶理論は参照すべき理論的源泉であり続けている。

図1-1　教育的思考の構造
出所：鹿毛（1997, 40ページ）を参考に図示した。

で教育的に働きかけているからである。存在の当為化ないしは価値化は教育に欠くことのできないもの，つまり構成的なものである（長谷川，2012，6ページ）。

このような教育的思考は直接的だと形容することもできる。ここで言うところの直接的とは，教育者は今いる場面に入り込んで思考し，決して傍観者としてこの状況や自分の思考そのものを対象化して観察することはない，ということを意味している。積み木の片づけの場面に限らずいつでもどこでも，この直接的な教育的思考は散見する。子どもをしつける両親，児童生徒の学習や生活を指導する教師，そして後輩の育成にかかわる先輩などは，家庭，学校，職場でほとんど無意識にこの一連の思考を繰り返している。

それでもこの循環が滞るときには，直接的な教育的思考が間接的なものへ，別の言葉で厳密に表現すれば，反省的なものへと転回していくことがある。積み木の片づけの場面に当てはめれば，母親による「いいですよ。でも，まず遊んだ積み木を箱のなかに片づけなければいけませんよ」との要求に子どもが従わない場合がその契機となる。

2 反省的な教育的思考の深まり

直接的な教育的思考の真っただ中で母親が前述の要求を表出したとき，クラフキによると，彼女には以下の3つの前提があるという（Klafki, 1964, S. 149 f.）。前提1：整理整頓は一般に人間生活にとって価値があること。前提2：整理整頓はこの特定の場面におけるその子どもに意義があり，妥当していること。前提3：整理整頓は彼女の要求のやり方でその子どもが達成できること。

整理整頓に価値がないと考えていれば，そもそもこの要求が思い浮かぶことはない。積み木の片づけが3歳のわが子には過剰要求だと思えば，この要求が浮かんだとしても表出されることはない。そして要求が過不足のない適切なものだと感じても，自分が取るやり方で子どもがわかってくれないと思えば，やはりこの要求が表出されることはない。

母親による整理整頓の要求に子どもが従わないことが続く時には，これらの前提が3から1へとさかのぼって次々に崩されることになる。そこから直接的な教育的思考がその直接性を抜け出して，間接的なそれへと踏み出すとともに，その度合いが強くなっていく様子を捉えることができる。

「遊んだ積み木を箱のなかに片づけなければいけませんよ」との要求に子どもが従わない時，まず母親が模索するのは語りかけるやり方に工夫をしてみることかもしれない。例えば，「それじゃあ，いっしょには連れて行きません」と子どもの願望を引き合いに出したり，「手伝ってあげるから，いっしょに片づけましょう」と誘い水をやったりする。子どもが従わなかったことをきっかけにして，彼女ははじめの自分のやり方を対象化して反省を加えるとともに，

▷2 長谷川榮は教育を次のように定義している。「教育は存在を捉えて価値へ高める作用であるといえよう。現実の子どもの姿を理解して，これを望ましい姿へ引き上げる働きである。存在から価値へ高めることが教育作用の本質ではないか。存在の価値化が教育である」（長谷川，2012，6ページ）。近代の教育実践理論における価値化の中身については，本章の第3節 2 を参照。

これに代わる別のやり方を試みる。

　この反省が駆動し始めたのは先の前提3が崩されたからである。教育方法と子どもとの関係が問題化され，これが教育方法の効果の有無のまなざしから検討される。この時教育的思考はすでに直接的ではなく，反省的なものへと転回している。クラフキはこの転回の端緒を方法的思考と呼称した (Klafki, 1964, S. 151 ff.)。

　願望を引き合いに出しても，誘い水をやっても効果が上がらない。やり方を変えても子どもが従わないままである時に，あの母親が次に試みるのは，「まあ，仕方がないわ。それじゃあ，積み木をわきの方へ集めてね。誰かが踏んだら痛いでしょう」とか，「一つだけでいいから，積み木を箱に入れてみましょうね」など，片づけるという要求を変えてみることかもしれない。しっかりと全部を整理整頓はできなくても，「わきの方へ」「一つだけ」でも片づけることができればと願い，母親は要求レベルを引き下げる。

　この時母親の教育的思考は，次の反省プロセスにその歩みを進めている。先ほどの前提3に引き続き前提2も崩されることで，教育内容と子どもとの関係が問題化されている。子どもの理解力や実行力など発達の程度を測りつつ，それらに対する内容レベルの適合性の有無が問われている。こうした教育的思考の反省的な転回の二歩目をクラフキは教材配列的思考と呼称するとともに，先の方法的思考と合わせて，これらを教育方法的思考にまとめている (Klafki, 1964, S. 154 ff.)。

　やり方を変えても要求を簡単にしてもそれでも子どもが従わない時，次に崩されると予想されるのは前提1である。しかしながら，整理整頓の価値が現在の社会で疑問視されることはほとんど考えられないので，別の事例を引き合いに出すことにしよう。生徒指導の場面における白い靴下の事例である。

　教師が校門の前で生徒の服装をチェックしている。白い色以外の靴下を履く生徒が目の前を通り過ぎる。これを見た教師は，その生徒に声をかけこう言う。「派手な柄の入った靴下はダメじゃないか。明日は白いものを履いてきなさい」。生徒は答える。「……わかりました。」

　この生徒が翌日も派手な柄の靴下を履いて登校する。それを知った教師はまずは叱責する方法を試してみる（方法的思考）。効果なくその次の日も柄入りの靴下だったため，今度は優しく説諭する方法で生徒を指導する（方法的思考）。そのまた翌日も指導に従ってくれないので，「極端に派手な柄のものはやめて，色の薄いものを履くように」「週に一日でもいいから，規則を守ってみよう」など，さしあたりは要求内容を引き下げる（教材配列的思考）。それでもなお生徒は指導に従わない。教師は生徒を呼び出して，「君が言うことを聞いてくれないので困っている」と正直に伝える。生徒は悲しそうな顔をして「生徒全員に白い靴下を履かせることが先生には大事なんですね」とつぶやいた。

▷3　整理整頓は彼女の要求のやり方でその子どもが達成できること。

▷4　整理整頓はこの特定の場面におけるその子どもに意義があり，妥当していること。

▷5　整理整頓は一般に人間生活にとって価値があること。

この言葉を受けても，教師は方法的思考に逆戻りし，規則を遵守する大切さを生徒に繰り返し強調するだけかもしれない。もちろんこの時白い靴下を履かせるとの要求それ自体は疑問視されることはない。それでも，めったにないことかもしれないが，もしこの教師が先ほどの生徒の問いかけを自分自身に投げかける時，すなわち「白い靴下を生徒全員に履かせることが教師である私にとって，教育にとって大事なことなのか」と自らに問う時，教育的思考は次の反省プロセスにその歩を進めることになる。前提1が崩されることで，要求内容の教育的価値が問いなおされる。この思考をクラフキが意図するところを汲み取って，教育価値的思考と呼称することにしよう（Klafki, 1964, S. 160）。

　教育的価値の自明性が揺らぎだすと，教育の土台にひびが入る。不安定な足場では教育も揺らぐので，教師にとってこれを再び堅固にすることは緊要な課題となる。全員に白い靴下を履かせるという土台は，「教師が揺らいでいて子どもを指導できるんですか。先生，しっかりして下さい！」との管理職からの叱咤によって，条件反射的に修繕されるかもしれない。あるいはここに理性的な価値が見出せないとして，別の土台を新たに構築する道に歩みを進めることがあるかもしれない。いずれにしても教育は自覚的であろうが無自覚的であろうが，前提としての価値決定がなくては実施されようがない。このうち自覚的な決定をクラフキは「歴史的な状況における責任ある決定」（Klafki, 1964, S. 162）と述べている。ここに歴史が引き合いに出される理由は，過去を参照し未来を構想するなかでのみ責任ある価値決定は行われるとされているからである。

　管理職の叱咤を受けてもなお，反省プロセスへと歩みを続けた教師は，生徒全員に白い靴下を履かせることの教育的価値を検証するつながりで，自分が教育するにあたって目指すべき価値のある人間像が何であったのかを再確認しようとするかもしれない。価値ある人間像の素描，その資質要素の構成，そしてこの実現に寄与すべき価値内容の選定の3つは相互に関連しているからである。ただ歴史や地理を紐解くと，この三位一体の中身は時代的に変転しているし，場所によって異なることが判明する。ここに教育に関する普遍妥当性への問いが生まれる契機がある。典型的には「教育の本質は何か」との問いがこの思考の中心であり，これは教育本質的思考と呼称することができる。無限定的かつ根源的な問いの探究としての教育の哲学である（Klafki, 1964, S. 167 ff.）。

3　教育方法学の体系性の端緒

　積み木の片づけと白い靴下の事例における反省的な教育的思考の深まりから教育方法学の問題圏を，端緒的なものではあるが，以下（図1-2）のように体系的に組み立てることができる。

　教育の技術の問題圏に近いほど実践的乖離度や理論的抽象度は低くなり，正

反対に教育の哲学の問題圏に近いほどこれらが高くなる。ここで承認すべき大事なことは，教育実践に直接的に寄与できるから教育の技術の問題圏こそが有用だとか，教育の本質的な問題を探究できるから教育の哲学の問題圏こそが重要だとか，どの問題圏が上でどれが下かという優劣にあるのではなく，これらの問題圏が優劣なき相互参照関係にあるということである。なぜなら，技術に哲学がなければ，それは盲目であるし，哲学に方法がなければ，それは不毛だからである。

図1-2　教育方法学の問題圏

出所：筆者作成。

あらゆる問題圏に共通した発端は，2つの事例から詳述したように，わが子のしつけに困っている，そして生徒への生活指導や学習指導が上手くいかない，という教育実践における切実なつまずきにあった。これこそが教育方法学が生まれる母体である。教育実践におけるつまずきから立ちあらわれた問いの連なりと，それらへの回答の努力が教育方法を学問することであり，そうした思索の合理的に裏づけられた回答の蓄積が教育方法学である。教育実践から教育方法学へのつながりのあらわれ方は，以上のように説明することができる。

2　教育方法学から教育実践へ

1　教育科学と教育実践理論

次に取り組むべきは，どのように教育方法学はその研究成果を実践に還元するのだろうかとの問いである。「研究成果を実践に還元する」との具体的な意味については，デュルケームによる教育に関する学問における2つの意図の区別を参考にすると，これをはっきりと捉えることができる（デュルケーム，1976，84～105ページ）。

一方の教育学の意図は，デュルケームによると，「現実を表明することであって現実を判断することではない」という。これを彼は教育科学と呼称し，「科学はいかなる知識であろうと，知識そのもののために探求される時はじめ

▷6　エミール・デュルケーム（Émile Durkheim, 1858～1917）
フランスの社会学の泰山北斗である。研究領域は多岐にわたるとともに，各領域において傑出した業績を残している。
一方では，彼は教育学を「あるべき」ばかりを論じていると批判し，「ある」を精緻に捉える教育科学を社会学の一つとして構想しようとした。
他方では，機械的連帯から有機的連帯へという社会進展を，道徳を媒介にして補完することによって，近代社会の病理（アノミー）を乗り越えようとした。ここに彼が『道徳教育論』に取り組んだ理由があったと見られる。
デュルケームの教育論の詳しい解説については，今井編（2009, 第13講）を参照。

て始まる」のであり、「まったく公平無私に知らんがために、そしてただ知らんがためにのみ、かかる事実を研究する」のだと詳述される。これに対しもう一方の教育学の意図は「現にあること、もしくはあったことを記述または説明することではなくて、あるべき姿を決定することである」とされる。それは「所与の事物の性質を説明することはできなくて、行為を指導することを目的とする」として、これを教育実践理論と呼んでいる。

　教育科学は存在をつまびらかにする。なぜそれがそうなっているのか、その理由や仕組みを明らかにしようとする。教育実践理論は当為（あるべき姿）を決定しその実現のための行為を指導する。何を目指すのかを定めて、そこにどのような道を通ってたどり着くかを決定しようとする。ヘルバルトが自身の『一般教育学』を「地図」と述べたのはこの意味である。デュルケームが希求したのは、当時も今も「草案の状態でしか存在していない」教育科学を構築し、この「異論のない科学」を支えとすることによって、教育実践理論が、すなわち「どのようなことを目指して教育者は自分の仕事に取りかかるべきであるのか、このような実際的な熟慮……選択すべき方策」（Herbart, 1806, S. 22）を記載した「地図」が精緻に描かれることにあった。

　教育方法学がその「研究成果を実践に還元する」と語る時、この還元のあり方の方向性はデュルケームによって教育科学から区別された教育実践理論が意図することに等しい。教育実践が上手くいかないことに突き動かされ、反省的な教育的思考が回転し、その深まりのなかで教育方法学が構築されていく。先ほど述べたように、教育実践の躓きは教育方法学が生まれる母体であった。ただ生まれ落ちた教育方法学は独歩するばかりでなく、再び自らを生み出した母体に回帰することも求められる。その回帰のあり方が、彼が意図するところのあるべき姿を決定し、それを実現し得る行為を指導することである。それによって教育実践のつまずきの克服に寄与することが期待されているからである。

　この方向性から指摘すべきことは、たとえそれなりに妥当なあるべき姿が決定され、そのためにすべき行為について内容面からも方法面からも方向づけがなされたとしても、このあるべき姿ならびに行為の方向づけと現実の子どもを目の前にして刻々と変転する生きた教育実践とをどのようにして結び合わせるのか、との問題である。これは伝統的には教育実践理論と教育実践との媒介問題であり、ここに教育方法学から教育実践へのつながりのあり方が示される。

2　プロクルステスの寝台

　理論は普遍性を志向するが、しかし実践はいつも特殊性の下にある。普遍と特殊は対照的であるがゆえに、理論と実践は原理的には直接に結合することはない。これらを無理矢理に結び合わせると、喜劇的かつ悲劇的な結末を迎える

▷7　あるべき姿を決定することについてのもう一つの問題は、決定する際には決定する側の恣意性がどこまでもともなうことにある。反省的な教育的思考の深まりにあった「歴史的な状況における責任ある決定」のなかにさえも、それが決定される以上は、そこには決定者の何らかの価値観がどうしても潜在してしまう。これは不可避である。そのため場合によっては、教育実践理論が一定の強固な価値観に拘泥すると、その価値観に不適当な振る舞いや成長の仕方をする子どもに対して、教育の名の下に暴力的に働きかけることも起こり得る。大事なことは、教育が目指す価値の中身にふさわしいものは何かを問うことにある。これについては、第3節 1 を参照。

ことになる。これについて新生児の保育の事例をあげながら説明してみよう。

　はじめての子どもを授かった夫婦は「わが子を何事もなく健康に育てたい」と願うものである。この夫婦は誰にでも共通する思いとともに、核家族や共働きが当たり前になった社会のなかで、実際にどのように行為したらよいかとの不安も抱えている。そうした不安が需要となって、これに応じる子育て関連雑誌が多く刊行されている。夫婦はこれを自分たちの行為のより所として参考にする。雑誌の中身には、玉石混交の体験談ばかりでなく、発達心理学などの乳幼児に関連する科学的知見に基づいて、「わが子を何事もなく健康に育てたい」とのあるべき姿を達成するための行為の方向づけ、例えば「新生児への授乳やミルクは2時間ごとが目安である」が導かれている。ありふれた事例かもしれないが、これも一つの教育実践理論である。

　「新生児への授乳やミルクは2時間ごとが目安である」に則って、大きな問題なく保育していたが、ある夜中に子どもが突然に泣き出してしまう。夫婦はオムツだろうと考え、それを確かめても汚れてはいない。不安な思いをしているうちに子どもの泣き声はだんだんと大きくなっていく。夫婦は最後にミルクを飲ませたのは30分前だということを振り返り、2時間間隔なのだから、お腹が空いて泣いているはずはないと話し合う。暑いせいなのか寒いせいなのか、それとも何か深刻な病気が理由なのか、抱っこをしてもあやしても子どもの泣き声がいっそう激しくなるので、夫婦は狼狽するばかりである。もはや万策が尽きた夫婦はまずあり得ないと思いながらも、藁をもつかむ気持ちで哺乳瓶にミルクを用意してみる。瓶を口元に近づけると、子どもはクンクンと鼻を動かすやいなや素早くそれをくわえて勢いよく飲みほしていく。もちろん、そのときすでに子どもの泣き声は止んでいる。こうして夫婦による夜中のドタバタ劇（喜劇）は幕を下ろした。

　この子どもは明らかにお腹を空かせていた。30分前にミルクを飲んだばかりで、2時間の間隔が空いていなくても、泣き叫び、「この」と指示される意味で特殊的な子どもは実際にミルクを求めていた。しかし、夫婦は明らかにこの子どもの空腹を読み取ることができなかった。夫婦の眼に映っていたのはこの子どもではなく、「新生児への授乳やミルクは2時間ごとが目安である」という行為の方向づけのなかに登場はするが、決して実在することのない普遍的な子どもであった。泣き叫ぶ子どもと狼狽する夫婦という出来事の由来は、実践の特殊性に対し、理論が志向する普遍性を杓子定規に当てはめたことにある。なるほど、教育実践理論の行為の方向づけの普遍性に照らせば、この子どもはお腹を空かせるにはまだ早すぎる。しかし、泣き叫び空腹を訴えるのは普遍的な子どもではなく、一回限りの今を生きる特殊的な子どもである。この事例は喜劇だったばかりでなく、この子どもが夫婦によって「プロクルステスの寝

▷8 プロクルステスの寝台
プロクルステスはギリシャ神話に登場する強盗である。捕らえた旅人を自分の寝台に無理やり寝かせ、身長を寝台の長さに合わせて切ったり引き伸ばしたりした。このことから、「プロクルステスの寝台」は事物の勝手な解釈や杓子定規をいう比喩として用いられる（『大辞林』第3版）。
これに関しては、徳永（2004, 42〜43ページ）も参照。

▷9 タクト（独：Takt）
タクトは、長谷川によればラテン語のtactus（接触や触覚）を語源として、10世紀以来、音楽の秩序原理として「拍子をとる」ことを意味した。18世紀後半には、交際用語としても使われ、「交際において相手の考えや感情を敏感に読みとり、これに応じて臨機応変に振舞う」ことだとされた。教育が被教育者との人間関係を土台とする限り、この交際用語は教育用語としての意味も帯びることになったと見られる（長谷川, 2008, 271〜272ページ）。

台」に寝かされた悲劇でもあった。

3 教育実践理論と教育実践とを媒介する教育的タクト

　教育方法学は理論と実践の間を杓子定規に結び合わせることとは別の道を構想してきた。それは教育実践理論が志向する普遍性と、教育実践が根を下している特殊性との間を、教育者の「素早い判断と決定（タクト）」によって媒介する道であった。理論と実践の間をタクトが占めるべきで、理論ではなく、このタクトこそが「実践の直接の統治者となるべき」だとしたのがヘルバルトである（Herbart, 1802, S. 126）。彼はよい教育者になるか、それとも悪い教育者になるかどうかを左右するのは、タクトがどのように形成されるのかにあるとした。
　一方では、ミルクの分量や時間間隔に関する科学的知見に支えられた行為の方向づけを知ることなく、当てずっぽうに「素早い判断と決定」を下す教育者では、「わが子を何事もなく健康に育てたい」とのあるべき姿への到達はおぼつかない。他方では、この方向づけを直接に実践へと当てはめる教育者は、先の事例で示したように、2時間間隔の鋳型を子どもにはめ込むことになる。結局のところ、一方では振られているのは単なる当てずっぽうのタクトであり、他方ではそもそもタクトは振られていない。この両方の教育者ははたしてよいと形容することができるだろうか。大切なことは、タクトを振ることはもちろんにしても、それが単なる当てずっぽうではなく、教育的タクトであるべきだということである。すなわちそれは、教育実践理論が描く普遍的な「地図（あるべき姿と行為の方向づけ）」に準拠しつつ、今一回きりの特殊な教育実践のなかで何をどうすべきかを教育者が素早く自ら考え判断し決定することである。これは言うは易く行うは難しである。だからこそヘルバルトは教育的タクトを「教育技術にとっての最高の宝」（Herbart, 1806, S. 52）と称したのである。
　以上のように、教育方法学はどのようにその「研究成果を実践に還元する」のだろうか、との本節冒頭の問いには「研究成果を、教育的タクトを媒介にして実践に還元する」と回答することができる。
　このような教育方法学から教育実践へのつながりのあり方は、教育実践理論が直接には教育実践に役立たないので、その無力を思わせられることがあるかもしれない。さらにその無力ゆえに、理論それ自体の必要性すらも疑う教育者がいても不思議ではない。それでは、そのように懐疑する教育者が必要だと得心する理論はどのようなものだろうか。これを思考実験してみれば、それはまったく正反対の特性をもつ理論、つまり直接に役立つ理論ということになるだろう。あるべき姿を達成する教育的働きかけの細部が規定されるとともに、その適用の瞬間が指示され、しかもそれに従うことで一定の効果が約束される、という理論である。この教育のテクノロジーとでも呼ぶべき理論は、も

しそれが完成することがあるのなら，なるほど直接に役に立つことだろう。ある教育者は「これこそ求めていたものだ」とありがたがって，それに喜んで従うかもしれない。しかしこの時，この教育者が教育者でなければならない理由はもはやどこにもないはずである。テクノロジーの指示の通りに行為すれば，誰でも，極端を承知で言えば，機械でも決まった効果を上げられるからである。

教育的タクトを媒介にした教育方法学と教育実践とのつながりのあり方を無力だと思い，その代わりに直接に役立つ理論を願う心のなかに，私たちが発揮できそして発揮すべき自己決定から逃走したいという欲求が見え隠れする。それは，自分で考えず別の誰かに判断してもらいたいとする他律への誘惑である。近代社会の教育実践理論が目指すあるべき姿として措定したのは，自分で考え判断する自律性の概念だったにもかかわらず。

3 教育的な働きかけとしての教授と訓練

1 近代社会と教育

① 前近代と近代

近代の教育実践理論は教育が目指すどのようなあるべき姿を措定してきたのか，これらの問いを究明してみよう。クラフキによると，教育目的を考察する観点の一つは「所与の歴史的状況の解釈と評価」にあるという(Klafki, 1970, S. 31)。次のアイルランドの詩人による物語は，教育実践理論にとって所与の歴史的状況を説明する範例である（Meyer, 1994, S. 48）。

> 詩人はこう説明する。二人の若者が故郷の牧草地や草原を徘徊し，ある川岸にたどり着いた。その川は，二人がどんなに懸命になっても飛び越えることができないぐらいに幅の広い川であった。／そこで若者のひとりが身につけていた帽子を川の向こう岸に投げ飛ばし，その後でもうひとりの若者も同じことをした。ついに彼らには，この川を渡る手段を見つけるよりほかには，どうしようもなくなってしまった。

ここはテロス（telos）なき（無目的性の）世界である。そこで生きる二人に目的を与える者は誰もいない。彼らには目的地がないからこそ，何かを目指して進むのではなく，ただあてもなくうろうろと歩き回っていた。二人は川岸にたどり着き，帽子を向こう岸に投げ飛ばした。彼らは川を渡る方法を考えなければならなくなった。目的のない方法はないのだから，彼らは誰に命じられたわけでもなく，自分たちで自分たちに川を渡るという目的を定めたことになる。

テロスなきこの世界は近代社会を暗示している。前近代社会と近代社会の差異をきわめて単純化して捉えると，それは一方の前近代的な封建社会のなかで

▷10 教育目的の考察に関する4つの観点
クラフキは「所与の歴史的状況の解釈と評価」の他に次の3つの観点をあげている。
観点の二つ目は「歴史的状況における後継世代の状態の把握」である。さらに，観点の三つ目には「経済・社会・政治・文化のこれからの発展と，それらを構成する中心的な観念の先取り」，そして四つ目には「先取りされた将来における後継世代の能力と課題」があげられている（Klafki, 1970, S. 31）。
一と二の観点では，現在の社会と子どもの状態が把握され，それに続いて三と四の観点では，将来の社会と子どもが捉えられる。これらに基づき教育目的が措定されると考えられている。

は，人々は生まれ落ちた瞬間からそれぞれの身分にふさわしい職業が疑いなく現存していたが，他方の近代社会では，うろうろと歩き回るモラトリアムを挟みながら，人々はどのような職業を選択するかを自分で決定しなければならない，というところにある。婚姻についても，一方の前近代社会のなかでは，身分相応のパートナーが当事者の意思とは無関係に相互に割り当てられる事例が散見するが，他方の近代社会では，そもそも婚姻を望むかどうかも含めて，うろうろ歩き回る婚姻活動を通してふさわしいと思われる相手を自分で選択し決定しなければならない。何を信じるのかも何を規範とするのかも，あらゆることが例外ではあり得ない。しかも，一度は選び決定した職業もパートナーも信仰も道徳も，近代社会では別の選択の可能性が絶えず生み出され，それが目の前にあらわれてくる。それゆえこの社会のなかでは，自分で帽子を川の向こう岸へ投げ飛ばすこと，すなわち私はどう生きるかの決定に絶えず迫られている。

② 支配者であり被支配者であること

このような近代社会を眼前にして，教育実践理論によって教育が目指すあるべき姿として措定されたのは，どう生きるのかが自分以外によって規定されるのではなく，これを自ら決定することができるとともに，その決定に従って生きることができるという理念にあった。デューイは「奴隷という境遇は，法律的な意味で奴隷制度が存在しないところにも存在する」として，それをプラトンに依拠しつつ「自分の行為を統制する目的を他人から与えられる者」(Dewey, 1916, p. 85) だと述べた。なるほど，近代の教育実践理論も奴隷を目指してはいる。しかしそれは「自分の行為を統制する目的を自らによって与えられる者」という意味での奴隷である。近代の教育実践理論が目指したのは，自分が自分自身の支配者になると同時に自分自身の被支配者になる自律性であった。

忍び寄るフランス革命の足音に耳を澄ませながら，ルソーはどう生きるかについて所与かつ不動の封建社会秩序に従う奴隷ではなく，来たる不確定かつ変動の社会において「自分がいつも自分の主人であることを……知っている」(ルソー，1962，278ページ) 自然人の育成を，教育が目指すあるべき姿だとしている。教育小説『エミール』は，彼によって編まれた近代人養成物語であった。

『啓蒙とは何か』の冒頭でカントは，「死ぬまで他人の指示を仰ぎたいと思っている」奴隷的な生き方を自ら脱することを啓蒙だと述べている。たしかに，私たちは世界と対峙しながら自分でどう生きるのかを考え決定する力，すなわち「陶冶可能性」を本源的に備えてはいる。しかし，その力を発揮する勇気も出せず，決意できないこともしばしばである。なぜなら，どう生きるかを自分で考える自由にともなう面倒を引き受けたり不安に怯えたりするよりも，どう生きるかを封建領主や教会組織などの「後見人」に決めてもらいそれに従った方が，不自由かもしれないが，楽で責任もなく安心だからである。それゆえ私

▷11 陶冶可能性 (Bildsamkeit)
人間は環境とのかかわりのなかで自分を自身で形成する。この働きが「人間と世界の自由な相互作用としての陶冶 (Bildung)」(Benner, 2015, S. 172) である。近代の教育実践理論，とりわけヘルバルトのそれにおいては，「教育学の基礎概念は生徒の陶冶可能性である」(Herbart, 1835, S. 165) とされた。人間は環境に働きかけ，その環境からの反応を受け取り，そして働きかけと反応との関係を意味づけるとともに，それを踏まえ再び環境に働きかけ，その環境から反応を受け取り……という終わりのない歩みのなかで，環境に規定されると同時に，環境を規定しながら自己決定をし続けていく。この陶冶それ自体は「教育者によって達成され得るものではない」(Herbart, 1835, S. 166)。
近代の教育実践理論はこの陶冶を基礎概念として位置づけて，この自己形成の働きをどのような教育的な働きかけによって活発化するかを探究している。

たちのこの傾向性を汲んで，カントによる啓蒙の標語「自分の理性を使う勇気をもて」を補足すれば，「私たちはあまりに怠惰かつ怯懦でもあるが，それでもなお自分の理性を使う勇気をもて」と加筆できる（Kant, 1784, S. 53）。

怠慢と臆病ゆえに，「後見人」にどう生きるべきかの指示を仰ぎたいと願っても，近代化が進行すればするほど，そのいっそうの脆弱化は避けられない。ニーチェがツァラトゥストラに「神はみんな死んだ」（Nietzsche, 1883, S. 98）と語らせるとき，それは私たちの行為を統制する目的を与えてくれる究極の「後見人」の喪失を示唆している。しかし，これがすぐさま近代社会のなかで「毅然とした歩み」（Meyer, 1994, S. 97～98）を進めることを呼び込むわけではない。それどころか，私たちの内に棲む怠慢と臆病は，神の代わりに目的地とその道を授けてくれる新たな「後見人」を探し求める。これを断ち切るための教育実践における近代特有のコミュニケーションがここに立ちあらわれる。ツァラトゥストラは次のように教育的に働きかけている（Nietzsche, 1883, S. 97）。

　　弟子たちよ。俺はひとりで行く！　お前たちも行け，それもひとりで！　そうしてくれ／……さっさと俺から離れろ！　俺に抵抗しろ！……／ツァラトゥストラを信じているのです，と言うのか？　だがツァラトゥストラに何の価値がある？　お前たちは俺の信者だ。だが信者に何の価値がある？／お前たちは自分を探したことがなかった。そこで俺を見つけた，そんなものさ，信者なんて。だから信仰なんて，大したものじゃない／さあ命令するぞ，俺のことは忘れろ，自分を見つけろ。

③　教育のパラドックス

どう生きるかを自分で考えて歩んでいけ，と弟子は働きかけられている。このコミュニケーションに奇妙な捻じれがあることがわかるであろうか。

ツァラトゥストラからの「俺から離れろ！」という働きかけを受けて，弟子が「お決め下さった通りに，先生から離れ一人で歩む生き方をします」「これでよろしいでしょうか？　先生」と返答したとする。このとき，なるほどツァラトゥストラから離れ一人で歩む生き方をしようとしているのだから，この弟子に対する教育的な働きかけはそれが意図した効果を上げつつあると言える。しかしよく考えてみると，この弟子はどう生きるかを，この場合には教育者から離れ一人で歩むという生き方を，ツァラトゥストラに決めてもらい，それに従おうとしているだけだとも捉えられる。そうすると，実際には弟子はツァラトゥストラから離れても，彼に抵抗もしていないし，それゆえ一人で歩む生き方をしないことになる。それどころか，ツァラトゥストラを信じるがゆえに，彼が決めた目的の通り生きようとしている限りで，結局のところこの弟子は彼の被支配者になろうとしている。すなわち，教育が成功するとき，それとともに教育は失敗するのである。

▷12　ニーチェ（Friedrich Wilhelm Nietzsche, 1844～1900）
ニーチェは特にニヒリズムと対峙した哲学者である。キリスト教を奴隷道徳だと捉え，そのなかに弱者の言い訳とルサンチマン（恨み）を指摘した。『ツァラトゥストラ』は「聖書のパロディのような本」（丘沢訳, 2010, 315ページ）として書かれた彼による後期思想の代表作である。
ニーチェはこの世界には本当のところ意味も目的もあるはずもなく，ただすべてが永劫回帰しているという。ただそのなかであっても自分自身で意味や目的を決定して，価値を生み出す主体的な人間として生きることを呼びかけた。これが彼の超人思想である。

▷13　毅然とした歩み
「毅然とした歩み」はドイツにおけるマルクス主義系の哲学者のエルンスト・ブロッホ（Ernst Bloch, 1885～1977）の言葉である（Bloch, 1970, S. 13）。これを教育が目指すあるべき姿に位置づけているのは，ドイツの教授学の代表者であるヒルベルト・マイヤー（Hilbert Meyer, 1941～）である。
彼は「上位に置かれた教育と教授の目標は，生徒の毅然とした歩みということである」（Meyer, 1994, S. 97）と述べている。これは，世界と対峙しながら自分でどう生きるのかを考え決定できる，という啓蒙や陶冶可能性の文脈から解釈されている。

「俺から離れろ！」とツァラトゥストラから働きかけられて，この弟子が先ほどとは正反対に「嫌です。私は先生が示す道を歩むことを決めたのです。これからも先生の後をついていきます」と返答したとしよう。このとき，ツァラトゥストラから離れず彼の教えが導くままに生きようとしているがゆえに，弟子に対する教育的な働きかけは，それが意図した効果を上げることはできないと思われる。しかしこれも立ち止まって考えてみると，この弟子はどう生きるかを，この場合には教育者にしがみついてその教えに従っていくという生き方を，自分自身で決めて，それをやり遂げようとしていることになる。そのように見ると，この弟子はツァラトゥストラから離れ，彼に抵抗しているし，それこそ一人で歩む生き方を試みていることになる。そのとき，ツァラトゥストラを妄信せずに，この弟子は自分で考え決めた目的の通りに生きようとしている限りで，自分が自身の支配者でありかつ被支配者になろうとしている。すなわち，今度は教育が失敗するとき，それにともない教育は成功するのである。

近代社会における教育では，それが目指すあるべき姿として措定した自律性を生み出すべく教育的に働きかける瞬間に，その成功が失敗を招きよせ，その失敗が成功をもたらすというパラドックス・コミュニケーションが作動する。

④　教育の最も重要な問題

パラドックスは基本的には回避できない。どうしても心情的に受け入れられないのであれば，例外として取り得る選択肢は2つである。

一つは教育的な働きかけをしないという選択肢である。自律性が措定されても，この達成に向け働きかけなければ，そもそもパラドックス・コミュニケーションは動き出さないからである。ツァラトゥストラは先ほどの弟子の傍らを無関心に通り過ぎたり，あるいは微笑みながら眺めたりするばかりとなる。

選択肢の二つ目は，時計の針を戻して，教育が目指すあるべき姿を近代社会以前のそれに再措定することである。教育的に働きかけても，それが他律性の達成をねらうのであれば，パラドックス・コミュニケーションは始動しない。このとき，ツァラトゥストラは「俺から離れるな！　俺に抵抗するな！」「俺の言うことを聞け！」と弟子に呼びかけることになる。

実際のところ，伸び伸びと自律を育みたいと言いながら，子どものわがまま勝手を単に野放しにしているばかりの事例もあれば，子どものためだと称して，一から十まで言う通りに子どもを従わせようとしているだけの事例もある。ここからはなるほどパラドックス・コミュニケーションは作動しないにしても，一方の子どもに浸透するのは他者を支配する傾向性であり，他方の子どもに涵養されるのは他者に服従するそれである。人は服従しながら，それと同時にこれを強いる支配のやり方を学ぶ（Herbart, 1806, S. 24）。その反対に人は支配しながら，それとともに権力者にかしずく服従の仕方を学習する。そうだ

とすれば，結局のところ，彼らの関心事は，自分が支配する側に回れるのか，それとも支配される側に回ってしまうのか，ということになってしまう。

近代の教育実践理論が，パラドックスを回避する上記の2つの選択肢を取ることはない。これらから推論できる帰結は，それが目指すあるべき姿＝自律性とは正反対になるからである。それゆえ承認すべき大切なことは，このパラドックスを解くことのできない問題として目を背けずに受け入れることである。カントは「［教育という］強制は何としても必要なものです。［教育という］強制の下にあって，私はどのようにして自由を開発することができるのでしょうか（引用中［　］は筆者）」との問いを「教育の最も重要な問題の一つ」としている（Kant, 1803, S. 711）。近代の教育実践理論は，それが目指すあるべき姿＝自律性にともなうパラドックスを抱えながら，それを達成するための教育的な働きかけを構想することになる。

2　教育的な働きかけとしての教授

① 将来の決定ならびにその出所に教育はどのように関わるか

どう生きるかを自分で決定し，その決定に従って実際に生きることができることが，近代の教育実践理論が措定した教育の目指すあるべき姿であった。この目的地に到達する行路はどのように地図として図示されるのだろうか。

どう生きるかを自分で決定することに関わる次の2つの問題点を，近代の教育実践理論が，とりわけヘルバルトのそれが指摘してくれている。

どの職業に就くのか，どんな傾向の趣味をもつのか，どの政党に投票し，どの宗教を信仰するのか，そして善悪や正邪についてどのような判断規範を選択するのか。これらについて，いま目の前にいる子どもが成長したときにどのような決定をするのかを，近代社会ではあらかじめ規定しておくことはできない。なぜなら，そのための諸条件が整わなくなっているからである。例えば，職業を宛がってきた封建社会は制度的には無効となったし，一つの宗教だけが人間の有限性に意味を与えるわけでもなくなった。就く職業が，そして信ずる宗教が自明かつ不動であれば，子どもにはめ込むこう生きるべきだとの決定の鋳型を作製できる。しかし職業も信仰も，あらゆることについて自明性が揺らぐとともに，新たな別の選択の可能性が絶えず生み出される近代社会のなかで，事前に知り得ない子どもが下す将来の決定に教育はどのように関わればよいのか。これがどう生きるかを自分で決定することに関係する問題点の一つである。

どう生きるかを自分で決定するにしても，その決定が野性の粗暴さ，剥き出しのエゴイズム，あるいはこれを取りつくろった狡猾さを出所とすることも考えられる。粗暴さからの決定には誤謬がともないがちだし，エゴイズムからの決定は，剥き出しのそれであれ狡猾なそれであれ，社会的な承認を遅かれ早か

れ失うはずである。もしこれらが違和感なく社会的に普通だと見られるとき，そこはそれぞれが自分の思い通りに他者を支配したいとの欲求を激しくぶつけ合わせるだけの世界である。こうした決定をなるほど許容することはできない。しかしだからと言って，どう生きるかを自分で決定することそれ自体の陶冶理論的かつ歴史社会学的な意義が，自由や権利ばかりを主張して規範や義務をないがしろにしているとのレッテル貼りのせいで，見失われることがあってはならない。ここで問うべき大切なことは，エゴイズム的な欲求とは別の決定の出所は何であって，そこに教育はどのように関わるのか，ということである。これがどう生きるかを自分で決定することに関係する問題点の二つ目である。

② 多方均等の興味を活発化するという案

ヘルバルトはこれら2つの問題の解決案を提示している。彼は，教育的な働きかけが子どもの多方にバランスよく広がる興味を活発化することを考えた。

興味にはそれが対象に能動的にアプローチする点で欲求と同様の心の傾向があるという。ただ，欲求はまだ所有していない対象を手に入れようと行為を突き動かすが，興味は当の対象を静観のなかで注視し思考を動かすとされる。この点では両方は異なると見られている。この具体的な説明を試みてみよう。

政治権力を欲する人は，それを手に入れるマキャベリズムに身を投じるが，これに興味がある人は政治権力それ自体を観照する。彼は政治権力の本質は何かを問い，ここでウェーバーが参照されるかもしれない。ここからその本質は，寡頭制であれ民主制であれ僭主独裁制であれ，つまるところ暴力にあることが学ばれるだろう。もしそれを握りたいのであれば，「暴力の中に身を潜めている悪魔の力と関係を結ぶ」(Weber, 1919, S. 557) こと，そしてこれを倫理的に片時も忘れてはならないことも知らされるだろう。さらに彼はこの関係を忘れた歯止めなき暴力が迫るなかで人々がどうなるのだろうかと問うかもしれない。権力におもねりおこぼれにあずかろうとしたり，家族を守るためにこれに加担せざるを得なかったり，わけもわからぬままにただ圧制の濁流にのみ込まれていったりする姿を目の当たりにする。彼はどのように圧制が退けられてきたのかを問い，そのため世界で起きた革命が参照されるかもしれない。なるほど革命はなっても，しかしこれもつかの間の夢で，当の圧制を退けた側が再び新たな圧制へと転落した多くの事例が学ばれるだろう。彼はこれに落胆しながら，政治権力それ自体をなくすことはできないかと問うてはみるものの，人間が集まって合意を形成しそれを実行する営みは，家庭でも学級でも会社でも不可欠だということが知られるだろう。その営みに不可避的に生じる暴力をどう制御するのか，そのために自分はそして自分たちはどうあらねばならないのか，彼は政治権力とどう関わって生きるかを問うことになるかもしれない。

政治権力ばかりでなく，労働，芸術，政治，宗教，そして倫理とともに，そ

▷14 マックス・ウェーバー (Max Weber, 1864〜1920) ドイツ社会学の泰山北斗である。デュルケームと同様に研究領域は多岐にわたり，そのなかで不滅の業績を残している。
なかでも最大の「彼の問題関心は，資本主義をうみだした西欧近代の固有性に焦点づけられる」と言われている（森，2000）。これを追究した記念碑的業績が『プロテスタンティズムの倫理と資本主義の精神』である。
資本主義の拡大の根底には内面的な道徳観があると見て，これがプロテスタンティズムの精神だと結論している。

れらの関連を,そしてそれらと自己との関係を自覚的に問う意欲を教育的な働きかけによって子どもにあふれさせること,すなわち多方均等の興味の活発化が,ヘルバルトによって提示された先の2つの問題に対する解決案であった。

教育的な働きかけは,近代社会で子どもが将来に何を決定するかを事前に規定できないし,すべきでもない。その代わりにこの案に従えば,あらゆる自明性が揺らぐ社会に即応しつつ,どう生きるかを自らに問い決定することそれ自体を駆動させる動力を子どもに準備することはできる。さらに,野生の粗暴さやエゴイズムは,子どもが将来的に下す決定の出所にはならない。なぜなら,自覚的に問う意欲は,粗野な欲求のままに何かを即決するのではなく,決定までの道筋に考え判断するという理性的な反省の迂回路を拓くからである。

③ 教　授

理性の動力としての興味が真空のなかで生まれることは,まずは考えられない。何かを見聞きしたり,何かに取り組んだりすることで,その何かへの興味が湧いてくる可能性がはじめて生まれるはずである。そうだとすれば,子どもが自然の現象や社会の営みを彼ら自身で見たり,聞いたり,触れたり,読んだり,調べたり,推論したり,構想したり,試したり,反省したりすることがどうしても必要である。そしてこれらの現象や営みと子どもとの出会い方を演出する教育的な働きかけが「教授」と呼ばれる。

教授を受ける以前に,すでに子どもは日常の自然や社会との関わりのなかで,これらについて彼らなりの考えをもっている。教授は子どもの考えに入り込み,そこからこれを拡大する。水をテーマにこれについて説明してみよう。

たいていの場合,水について子どもには飲み水や雨など目に見える具体的な考えしかない。もし教育者に「身近な現実を大きな全体の断片として見通し描く学問と思考力」(Herbart, 1806, S. 24) があれば,「蛇口の水はどこからきているのか」と子どもに問うかもしれない。彼は自宅の壁に沿ったパイプが地中に埋まっていることを子どもに示す。これに刺激されて子どもは地中に埋まる水道管がどこにつながっているのかを自分自身で調べ始める。その過程から水源開発,導水整備,そして浄水の仕組みが学習される。またこの教育者は「どうして雨が降るのだろう」と問うかもしれない。彼は冬の浴室の天井とそこから落ちる水滴を示す。これをきっかけに子ども自身の推論が始まる。降水の理由の一つには,気体,固体,そして液体の好循環があることが学習される。こうして子どもは,日本では安定した降水量が記録され,しかも上水道が完備していることを理解する。子どもの新たに拡大したこの考えに教育者は再び入り込み,今度は「降水量の極端に少ない地域で子どもはどのように暮らしているのだろうか」と問うかもしれない。彼はアフリカの子どもの生活を描いた絵本を示す。そこでは同年代の子どもが遠い河まで水汲みに行き,とても清潔とは

言えない水を大事に使っている。子どもは常日頃の水の使い方と，遠い国に暮らす同年代の子どものそれとのちがいを見聞きすることになる。教育者は人差し指で自分自身と子どもを示す。子どもは水と関わってどう生きるかを自分自身に問うことを促される。

飲み水や雨という子どもの「身近な現実」の考えが，上水道の仕組み，水循環のメカニズム，そして第3世界の子どもの生活という「大きな全体」へと拡大されるとともに，このなかの「断片」として関係づけられている。

教授の働きかけの具体は問うことと示すことである。問うことで大事なのは，教育者からの問いかけが子ども自身の問いに転化することである。そうすれば，子どもは自問することを練習できる。示すことで大切なのは，子どもに転化した問いの答えを教えるのではなく，彼自身による問いの探究の観点を多角的に方向づけることである。そうすれば，子どもは自答する練習ができる。この2つの練習から子どもは自然の現象と社会の営みについて，そしてこれらと自己の関係についての考えを拡大するとともに，それらを自覚的に問う意欲＝興味を活発化することができる。ヘルバルトはこのような教授を教育的と形容し，教育的教授（Erziehender Unterricht）と呼んだ。

3 教育的な働きかけとしての訓練

① 訓　練

近代の教育実践理論が目指す目的地は，どう生きるかを自分で決定し，その決定に従って実際に生きることができることにあった。教授が子どもの多方均等の興味を活発化することで，どう生きるかを自分で決定する動力に働きかけ，これを大きく強くすることが試みられる。これが目的地への行路の半分である。これに続くもう半分の道筋は，その決定に従って実際に生きることができることに働きかける方法である。それが「訓練」である。

通俗的には，訓練はある特定の技能を教え込みこれに習熟させる働きかけを意味している。たしかに近代の教育実践理論が意図する訓練も習熟をねらってはいる。しかし習熟の中身は大きく異なる。それは，子どもが具体的な生活の場面のなかで，自分自身の決定を自分で想起し，新たな決定を自分で下し，これを自分で検証し，その結果に従って自分で行為すること——これら一連の練習を子どもに促すことが訓練の働きかけだとされるからである。この典型を先ほどの水の事例の続きを描くことから取り出してみよう。

教授の働きかけから，今や子どもは水に関する考えを拡大させた自分がそれとどう関わって生きるのかを自分自身によって問われている。それでも，水を使う場面でいつもこの問いが子どもに意識されているわけでもない。例えば，子どもが遊びから自宅に戻ったら，すぐにおやつを食べたいと思っているとし

よう。この強い欲求が活発化したはずの興味を押しのける。蛇口を大きく開けたまま、子どもは出っぱなしの水で手を洗う。しかも急ぐ思いが蛇口をしっかりと締めることを忘れさせ、水が無駄に流れ出ている。それを捉えていた教育者は、次の日も同じように急いで蛇口に手を伸ばす子どもに「いつも遊びから帰ってから、どのように手を洗っているのか」と問いかける。子どもは『どうしていたかな』といつもの洗い方を頭のなかで再現している。さらに子どもは自分の決定と行為が美しいかどうか、善いかどうかを価値判断することへと促される。そのとき欲求に代わって、子どもの興味は再び活発化していく。子どもが自分自身に対する評価を理由づけるとき、教育者は上水道の仕組みや第3世界の子どもの生活など、教授で探究した内容を暗示する。想起的に理性的な思考を紡ぐ子どもに、教育者は「それでは、どうすべきだろうか」と水の使い方の行為構想へと誘いだすとともに、「どうしてそのようにすべきなのだろうか」とその構想の理由を検証させる問いも投げかける。自分の過去の行為と将来の行為構想を価値判断した子どもが実際の行為に踏み出せるように、教育者はこれを励まし支援する。

　訓練の働きかけの具体も教授と同じく問うことと示すことである。ただし訓練におけるこれらは、教授のように子どもが自然の現象や社会の営みについて、そしてそれらと自己との関係について自問自答する練習ではなく、子どもの今までとこれからの決定と行為について自問自答する練習の機会を提供している。訓練の2つの具体が子どもを自問自答へと促すのは、「私はどうしてきたのか」「私はどうすべきなのか」という自分自身の生き方についてである。

　ここで忘れてはならない大切なことは、訓練による自問自答が教授による自問自答と密接に協働しなければならないということにある。なぜなら、教授による自問自答のなかで興味を活発化し、「世界の事物や事象の間にあって、自分がなんのかかわりもないよそ者であるかのように感じることがない」（Herbart, 1804, S. 114）子どもだけが、中身のある「私はどうすべきなのか」との問いを自分に突き付けられるからである。水資源は無限だとしか思っていない子どもが、今まで自分がどのように水を使ってきたかを評価したり、どう使っていくべきかを構想したりするだろうか。それゆえ、ヘルバルトは「教育学においては教授論が先行し、訓練論がその後に続かなければならない」とし、「教授を教育にまで補完するのが訓練」だと述べている（Herbart, 1835, S. 180/218）。

② 思いっきりやらせること

　評価を下し新たに構想しても、その決定に従って行為できなければ、子どもは単なる頭でっかちになるにすぎない。それゆえ、子どもは決定に従って実際に行為する練習をしなければならない。この働きかけの具体が「思いっきりや

らせること」(Herbart, 1806, S. 32) である。しかも「水を大切に使うべきだ」と構想したならば，これに従って思いっきりやらせることで，子どもが自己の「統制の力を発揮するうえでの勇気をもつようになる」(Herbart, 1804, S. 113) と言われる。それは，子どもが自分の理性の声に従う行為の繰り返しのなかで，どう生きるかを自分で決定し，その決定に従って実際に生きる勇気をその内面に根づかせていくことを意味している。

　ここにカントによる啓蒙の標語，すなわち「自分の理性を使う勇気をもて」を指針にして，これを単なる呼びかけにとどめることなく，そこに行きつくための大まかな地図としての教育実践理論が組み立てられたことになる。

　思いっきりやらせることは，訓練においてばかりでなく，教授においても教育的な働きかけの大事な具体である。なるほど，訓練でも教授でも問うことは不可欠である。しかし，いつも教育者が問いを与えてばかりだと，子どもは教育者の問いをいつでもどこでも期待し，他者によって問われたことしか問わなくなるかもしれない。それゆえ，教育者の問いが子どもの問いへと転化できたその次の瞬間には，教育者は問うことをやめて，教育的な働きかけを「思い切りやらせる（子どもが自身で問うていく）こと」へと切り替えなければならない。子どもは思いっきり自問することをしなければ，自問できるようにはならないからである。このことは教授ならびに訓練における示すことでも同じである。自分の思考を教育者に方向づけられてばかりでは，子どもには他者に方向づけられることが当たり前となってしまい，いつでもどこでも指示を待つことになってしまう。それゆえ，ここでもやはり示すことの働きかけが思考を方向づけ，子どもが自答へと歩み出した瞬間に，教育者は教育的な働きかけを「思い切りやらせる（子どもが自分で思考を多角的に方向づける）こと」へと切り替えなければならない。いろいろな視角から自答することも，実際に思いっきりそうすることのなかでのみ身につけられるからである。

　教育者は，教授と訓練における問うことと示すことという2つの教育的な働きかけの具体，そしてこれらと思い切りやらせることという教育的な働きかけの具体との間の相互切り替えを繰り返していく。このプロセスのなかで，近代の教育実践理論を参照し，これに準拠して教育的に働きかける教育者が考えるのは，思い切りやらせることから問うことと示すことへの切り替えができるだけ不必要になることである。必要がなくなったとき，子どもは自分で自然の現象や社会の営みを，これらと自分自身の関係を問いかけ，こうした問いを多角的視点から探究し，豊かな洞察の蓄えから自分の今までの決定を振り返りつつ新たに行為構想を決定し，それに従って行為に踏み出せる「自分の理性を使う勇気」ある人として，この近代社会のなかで自律的に生きることになるからである。それゆえ，教育的な働きかけは，それを始める（問うことと示すこと）

と同時にそれを終える（思いっきりやらせること）ことをいつも念頭にしながら行われる。あくまで近代の教育実践理論が目指すあるべき姿は子どもの自律性である。教育がこれを忘れるならば，すなわち，「教育が自由にまで導かないならば，それは専制的な行為となるだろう」(Herbart, 1797/1798, S. 28)。

Exercise

① どうして教育的思考が深まることが大切なのか（別に深まらなくてもいいのではないか），教育的思考の深まりを邪魔するものは何か，考えてみよう。
② 教育者が直接に役立つ理論を強く求める。このとき教育者の眼には子どもはどのような存在として映っているだろうか，考えてみよう。
③ 教育的な働きかけとしての教授と訓練を学校のなかで実践することは難しいかもしれない。その理由にはどのようなことがあげられるか，考えてみよう。

次への一冊

柳治男『〈学級〉の歴史学——自明視された空間を疑う』講談社，2005年。
　学級の歴史に関して，西洋での始まりや助教法等による展開を記しながら，秩序や規律という観点から日本における学年学級制の特徴が整理されている。
相馬伸一『教育的思考のトレーニング』東信堂，2008年。
　教育的行為を方向づける指針を，決して簡単な内容ではないのにもかかわらず，平易な言葉で提案してくれている。
ベンナー，D., 牛田伸一訳『一般教育学』協同出版，2014年。
　近代社会における教育の問題設定と教育的行為の枠組みを究明した研究である。難解なところも多いが，ぜひ挑戦してもらいたい一冊である。

引用・参考文献

今井康雄編『教育思想史』有斐閣アルマ，2009年。
鹿毛雅治「評価と指導の一体化という考え方」藤岡完治・北俊夫編著『新学力観のための評価と指導Ⅱ　評価で授業を変える』ぎょうせい，1997年。
徳永正直『教育的タクト論』ナカニシヤ出版，2004年。
デュルケーム，É., 佐々木交賢訳『教育と社会学』誠信書房，1976年。
長谷川榮「教育学的思考の深まり」石塚松司教授御退官記念事業会編『石塚松司先生と教育』1973年。
長谷川榮『教育方法学』協同出版，2008年。
長谷川榮「教育とは何か」『教育方法学研究（第17集）』教育方法研究会，2012年。
森重雄「ヴェーバー」教育思想史学会編『教育思想事典』勁草書房，2000年，41～42

ページ。

ルソー，J. J., 今野一雄訳『エミール（上）』岩波書店，1962年。

Benner, D., Allgemeine Pädagogik. Eine systematisch-problemgeschichtliche Einführung in die Grundstruktur pädagogischen Denkens und Handelns. 8. Auflage, Weinheim und Basel 2015（牛田伸一訳『一般教育学』協同出版，2014年）.

Bloch, E., Politische Messungen, Pestzeit, Vormärz. Band 11. Frankfurt am Main 1970.

Dewey, J., Democracy and Education: An Introduction to the Philosophy of Education (1916). First Free Press Paperback Edition, 1966（松野安男訳『民主主義と教育（上）』岩波書店，1975年）.

Herbart, J. F., Berichte an Herrn Karl Friedrich Steiger (1797/1798). In: Asmus, W. (Hrsg.), Herbart Kleinere Pädagogische Schriften. Band 1. Düsseldorf und München 1964（高久清吉訳『世界の美的表現』明治図書出版，1972年）.

Herbart, J. F., Die ersten Vorlesungen über Pädagogik (1802). In: Asmus, W. (Hrsg.) 1964（高久訳，1972年）.

Herbart, J. F., Über die ästhetische Darstellung der Welt als das Hauptgeschäft der Erziehung (1804). In: Asmus, W. (Hrsg.) 1964（高久訳，1972年）.

Herbart, J. F., Allgemeine Pädagogik, aus dem Zweck der Erziehung abgeleitet (1806). In: Asmus, W. (Hrsg.): Herbart Pädagogische Grundschriften. Band 2. Düsseldorf und München 1965（三枝孝弘訳『一般教育学』明治図書出版，1969年）.

Herbart, J. F., Umriss Pädagogischer Vorlesungen (1835). In: Asmus, W. (Hrsg.): Herbart Pädagogisch-Didaktische Schriften. Band 3. Düsseldorf und München 1965（是常正美訳『教育学講義綱要』協同出版，1974年）.

Kant, I., Beantwortung der Frage. Was ist Aufklärung? (1784). In: Weischedel, W. (Hrsg.): Immanuel Kant Werke in sechs Bänden VI. Wiesbaden 2011（中山元訳『永遠平和のために／啓蒙とは何か他3編』光文社，2006年）.

Kant, I., Über Pädagogik (1803). In : Weischedel, W. (Hrsg.): Immanuel Kant Werke in sechs Bänden VI. Wiesbaden 2011（勝田守一・伊勢田耀子訳『教育学講義他』明治図書出版，1971年）.

Klafki, W., Die Stufen des pädagogischen Denkens. In: Röhrs, H. (Hrsg.): Erziehungswissenschaft und Erziehungswirklichkeit. Frankfurt am Mein 1964.

Klafki, W./Rückriem, G. M./Wolf, W./Freudenstein, R. /Beckmann, H.-K./Lingelbach, K.-Ch./Iben, G./Diederich, J.: Erziehungswissenschaft 2. Weinheim 1970.

Meyer, H., UnterrichtsMethoden. Theorieband. 6. Auflage. Frankfurt am Main 1994（原田信之・寺尾慎一訳『実践学としての授業方法学』北大路書房，1998年）.

Nietzsche, F., Also sprach Zarathustra. Ein Buch für Alle und Keinen (1883). In: Colli, G./Montinari, M. (Hrsg.): Nietzsche Werke : Kritische Gesamtausgabe. 6. Abteilung erster Band. Berlin 1968（丘沢静也訳『ツァラトゥストラ（上）』光文社，2010年）.

Weber, M., Politk als Beruf (1919). In: Winckelmann, J. (Hrsg.): Gesammelte Politische Schriften. 3. Auflage. Tübingen 1971（脇圭平訳『職業としての政治』岩波書店，1980年）.

第2章
知識と学習

〈この章のポイント〉

「教えること」をより良く理解するために,学ぶことを支える仕組み,学びの成果,学ぶことの意義,学びのもつ課題について理解することを目指す。その道程では,まず,タルィズィナのテーゼと呼ばれる,教えることの困難性を巡る問題を紐解きながら,それがどのような困難であり,乗り越えられる困難であるのか,また,乗り越えられる部分があるとすればそれはどこなのかを順に検討していくこととなる。続いて,テーゼを乗り越えた先に広がる展望と目標を共有する現代の教育の諸動向と遭遇する。しかしながら,その現代的動向の延長線上では,学ぶことに教えることが関わることによって生じてしまう古くからの課題に行き着くこととなる。本章では,「教えることと学ぶこととの一体的な関係」について学修する。

1 教えることと学ぶこと

1 タルィズィナのテーゼ

　本章では,前章における教授(=教えること)の考察を受けて,学習(=学ぶこと)について検討していく。

　教えることを考える際,学ぶことは教えることと密接な関係をもつ。そして,両者の関係を巡る困難性(あるいは不可能性)を表したものに,タルィズィナのテーゼと呼ばれるものがある。

　それは,教授者のある行為を教授と呼ぶことができるのは,学習者に学習を生じさせるときであるとすれば,教授者は,学習者の状態や行為に応じて,教授として学習者に受け入れられる行為を選択しなくてはならない,つまり,学習者の状態や行為が定まらない以上は,教授者も行為を決定できないことになる,というテーゼである(タルィズィナ,1970,70ページ)。

　すなわち,「教授」行為は「学習」に対して時間的に先行するにもかかわらず,論理的には「学習」という結果が「教授」に先行してしまう。「教える」という意図を実現する行為が「教授」となるためには,それがいかにして「学習」を生じさせるか,また,どのようにして「学習」が生じるかを理解しなくてはならない,ということである。

▷1　学　習
「学習」という概念は,生物全般の生態を説明したり,機械・コンピュータの機能の実装を語ったりと,現在では広い範囲にわたって用いられるが,本章では,この概念をヒトに関するものに限定して使用する。ひとまず,「学習」をヒトに生じている知的な出来事とゆるやかに定義する。本章にてこれへの概念理解を進めていくことで,この定義を採用する意義と採用しなければならない理由が徐々に明らかとなるであろう。

2　児童生徒の想定――児童生徒とはどのような学習者か

　先のテーゼは，学校教育における教師が教えることと児童生徒が学ぶことの関係にも当てはまる。この場合，教師だけの行う「仕方」およびその「良さ」を考えていたのでは教育は上手く機能しない，という見解が導かれ，一般にはそれゆえ，「教育を考えるうえでは児童生徒の想定を常に含みなさい」という主張を共有し支持することとなる。

　例えば，教えることに関して第一に想起されるであろう「授業」ということであれば，「児童生徒の想定」とは，どのような授業であれば受けもつ児童生徒に実施可能かを判断する根拠となる児童生徒に関する情報を想定することになる。

　具体的には，授業内容や授業内活動に意欲的に取り組んでもらえるかの判断の根拠となる「児童生徒の動機」，何ができるか，する準備があるかに関する「児童生徒のレディネス」，すでに何を学んでいるかという「児童生徒の既習事項」等があげられるであろう。

▷2　レディネス
活動に従事するために必要となる知的および物理的な準備状況を意味する。前者の知的側面は，発達だけでなく経験によって形成されると考えられるゆえ，教育を行うための準備状況を教育が担うという円環的過程が想定される。

　しかしながら，ここで注意が必要であるのは，「児童生徒」とはつくられた存在であり，「児童生徒」として捉えられている対象自体が「想定」であるということである。「6歳から18歳のヒト」等々を，学校教育における「学習者」として，そして，「児童生徒」として，具体的な意味をもたせて誰かが想定しているのである。

　それゆえ，「児童生徒」というその言葉の共有された意味を単に受け入れれば良いというものではなく，その言葉が指し示す対象を個別かつ具体的に想定していく必要がある（宇佐美，1987，96ページ）。

3　児童生徒像の想定――「児童生徒とはどのような学習者」としたいか

　以上のことから，教授者は，児童生徒，すなわち，学校教育における学習者に対して，「私が想定している」という自覚，そして，その「想定」が妥当であるという根拠をもって想定をもてなければならない。

　加えて，その「想定」に基づいて，教授行為をしようと思えるような意図をもつためには，目標としての「想定」の対象（＝学習者）の望ましさがなくてはならない。それは「児童生徒にはこうあってほしい」という信念である。望ましいと信じるがゆえに，信じる方へ導こうと教育的意図がもてるのである。

　なお，その際，部分（＝「児童生徒の〇〇（＝一部の特徴）」）ではなく総体（＝「児童生徒」として捉えている対象自体）として，想定する必要があろう。

　教授は，学習と学習者を導くものである。それゆえ，学習の想定は，今の学習者の学習と，導かれた先の学習者の学習として，それぞれなされなくてはな

らない。「学習とは何か」という問いは、その内に仕組み（＝状態および変化）と望ましさ（＝目標）を含むダイナミックな問いである。

2　「学習」とは何か

1　コトの生成──ヒトによる関係構築

　ヒトの学習とは、ヒトと関わってどのように成立しているのであろうか。

　実は、本章のように「学習」をヒトに限定してもなお、あげきれないほどの多くの立場からの多くの議論が存在している。その系譜を追うのは紙幅の面でも、読者の労という面でも、困難な作業である。

　また、教育を巡る議論のみを見ても、古くから学習に関する研究は多数存在しているが、それらは「教授」を受けての「学習」という構図に基づくものであり、教授に関する研究の一部であった。ゆえに、それらは、前節にて確認したような「教授」の条件として「学習」を理論的に先行させる際に直接有用なものではない。本章が関心を有しているのは、学習者の実態を示してくれる、「教授」を前提としない「学習」についての理解である。

　よって、本節では、教育研究において明確に「教授」と「学習」の理論的な切り離しを行い、後者の理論が前者の理論からは独立して存在していることを示したレイヴとウェンガーの状況的学習論をスタートラインとしたい。

　状況的学習論は、社会的文脈の社会的主体によって実現される学習を描き出している。学習者は社会的行為を遂行する主体と見なされる。行為主体を含む形で描写可能な出来事全体において、全体の構造が学習者を習慣づけ、行為を制約し、他方で全体は学習者を含むゆえに、その行為は全体の構造を改変・維持することとなる（レイヴ・ウェンガー，1993）。

　このように、環境との相互作用を手段に、全体の目的的な営為に全体の一部として参加することを「学習」とすることにその特徴がある。

　この学習理論においては、学習をモノ（＝物質的な対象）との関わりではなく、コト（＝出来事）との関わりとして捉え、学習における「内容と方法の不分離」を示したことが意義深い（小笠原，2015）。とくに、それまで教育の文脈で一般的であった教授理論の一部としての学習理論では、提示されるモノを学習するという形で、内容が固定的に想定されがちであったのに対して、探索的な方法のなかにおいて内容が生ずるという形で、コトのもつ多義的な性質を捉えている。

　しかしながら、理論において、この学習を可能としているものは、全体の構造の単純さである。共同体の目的が多様であったり変動的であったり、外部か

▷3　状況的学習論
正統的周辺参加論ともいわれ、実践共同体への十全な参加を実現する過程を学習の過程として捉える学習理論である。そこでは、共同体の他の構成員の実践から歴史的・文化的文脈を読み取り、自ら可謬的に実践に加わる学習者が描き出される。

らの影響を受けやすいものであったりする限りにおいては，その未来の不明確さが参加を妨げ不可能とすることとなる（福島，2010）。学校教育という観点では，学校が単純化され社会から孤立する形で理論の有効範囲内に収まるか，複雑である学校がそれゆえに理論の有効範囲外となるかの二つに一つである。

状況主義の学習は，個別のコトと全体のコトとの関係を見出し把握することを参加の一部として実現していく。しかし，上記の択一の前者がありえないとすれば，後者の複雑さゆえに関係把握が困難な参加の過程で未来に対する不明確さへの不安もまた生じさせていくことになる。

他方で，この不安はヒトの営みに属する問題であって，理論の適用における全か無か，全体か部分か，という問題ではない。想定においてもヒトは，「全体」とは「知りえない」ものとして了解している。「知りうる」範囲の全体とのみヒトは関わっているのである。

そしてまた，共同体での実践とは，個別的で自律的なものであり，全体を把握せずともなすことが可能なものである。その個別的かつ自律的な様は，マトゥラーナとヴァレラが次のように秀逸な例を示してくれている。

> まず私たちが二つの家をつくりたいと思っているとしよう。この目的のためにそれぞれ一三人の職人から成る二つのグループを雇い入れる。一方のグループでは，一人の職人をリーダーに指名し，彼に，壁，水道，電線配置，窓のレイアウトを示した設計図と，完成時からみて必要な注意が記された資料を手渡しておく。職人たちは設計図を頭に入れ，リーダーの指導に従って家をつくり，設計図と資料という第二次記述によって記された最終状態にしだいに近づいていく。もう一方のグループではリーダーを指名せず，出発点に職人を配置し，それぞれの職人にごく身近な指令だけをふくんだ同じ本を手渡す。この指令には，家，管，窓のような単語はふくまれておらず，つくられる予定の家の見取図や設計図もふくまれてはいない。そこにふくまれるのは，職人がさまざまな位置や関係が変化するなかで，なにをなすべきかについての指示だけである。
>
> これらの本がすべてまったく同じであっても，職人はさまざまな指示を読み取り応用する。というのも彼らは異なる位置から出発し，異なった変化の道筋をとるからである。両方の場合とも，最終結果は同じであり家ができる。しかし一方のグループの職人は，最初から最終結果を知っていて組み立てるのに対し，もう一方の職人は彼らがなにをつくっているのかを知らないし，それが完成されたときでさえ，それをつくろうと思っていたわけではないのである（マトゥラーナ・ヴァレラ，1991，235〜236ページ）。

少し長い引用となったが，この第二のグループの職人仕事のように，各コトは，オートポイエティックなコトとして捉えることが可能である。

▷4　オートポイエーシス
「自分（auto）」と「制作（poiesis）」からなる複合語であり「自分で自分をつくること」を意味する。アローポイエーシス（＝「他者によってつくられること」）との対比で，生物特有の性質を明らかとするためマトゥラーナによってつくられた用語である（西垣，2008，21〜22ページ）。

2 「現実」の再帰的構成

　状況主義の学習理論に関する全体把握的な参加としての学習の有用性を認めたうえで，ここからは，部分自律的な学習理論の有用性を確認したい。それは閉鎖系再帰構成主義の学習理論である。

　閉鎖系再帰構成主義の学習理論では，「学習」を，「知る行為」の遂行を通じて主観的に「現実」あるいは「世界」を構成することであると捉える。ここでいう「知る行為」とは，行為にともなって「知る」ということも含んでおり，それゆえ，あらゆる「行為」が何らかの「知る行為」である。その立場は，名称通り，「現実」を主観によってつくるという点で構成的であり，「現実」が主観によってのみつくられているという点で「系」が閉じており，その自らがつくった「現実」において行為遂行を行い「現実」が（再び）つくられるという点で再帰的であるということを前提としている（グレーザーズフェルド，2010）。

　この行為遂行は，先に確認したオートポイエティックである部分的な各コトと対応しており，その都度において行為の遂行としてのコトが生ずることによって，主体の「現実」が構成されていく。それは「全体」とは関わらず常に行為の影響範囲内である「部分」としか関わらない。この部分との関わりは，全体に対して波及的な影響を及ぼすものでは確かにあっても，部分を通じてしか関われない行為主体にとっては，その行為を通じて生じるコトがすべてである。

　このように各主体と各「現実」が重なりあって，人々が共有していると考えられている世界がつながっていくことになる。また，「つながっている」という感覚，あるいは，「自らがずれている」という感覚もまた，それぞれが「現実」を構成することによってつくられている（山下，2007，46〜47ページ）。

　それゆえ，われわれが学習に有効性を見出すことができるのは，行為の遂行を通じて「現実」を構成し，その「現実」において「つながっている」という感覚を得られる（＝構成する）時だけである，ということになる。

3 「現実」への適応

　言葉にすると複雑にみえるが，この肯定的な「「現実」において「つながっている」という感覚」を「現実」として構成すること，すなわち，行為遂行が「上手くいった」と自己評価するということを維持（し，それ以外を放棄）することを，「現実」への適応という。

　閉鎖系再帰構成主義における学習は，このような自己評価において肯定的な行為遂行を繰り返したり，否定的な行為遂行を止めたりすることにより，自分の「知りうる」範囲である「現実」を整合的なものとして維持しようとするこ

▷5　**閉鎖系再帰構成主義**
ラディカル構成主義とも呼ばれる。「主体は自らの経験を基礎として自ら知っていることを構成する」ものであり，「あらゆる種類の経験は本質的に主観的なものである」と考える立場を指す（グレーザーズフェルド，2010，16ページ）。

▷6　**系（システム）**
あるコトに関する作用（群）とその範囲をとらえたうえで単位化したものである。作用を実現している要素の集合あるいは組み合わせとして描き出されることが多い。概念上の区別として，別の系などの外部と相互作用する開放系と，自らの系のなかで作用が完結する閉鎖系とがある。あるコトをそのどちらの系として見るかに応じて，そのコトの捉え方や理解の可能性（つまりそれに関する理論）を大きく違わせることとなる。

とである。端的には「自らの経験世界に適応する」と説明可能である（橋本，2010，477ページ）。

　裏を返せば，学習ができない，つまり，「現実」へ適応できず，「現実」を整合的なものとして維持できないのであれば，それは即座に，社会的な死（＝排除）や生物としての死につながることもある。何度試みても上手くいかないコトやそれまでの「現実」において出会ったことがないコト，あるいは，これまでの「現実」とは異なった形で出会うコトが，高リスクなコトである場合には生存を脅かすものとなる。

　つまり，閉鎖系再帰構成主義の学習理論は，ヒトの生涯を通じた「生存＝学習」の理論として存在している。そこでは，知る行為を通じて「現実」に適応すること（の反復）によって，「生存＝学習」の可能性を高めていくこととなる。

3　学習と知識

1　学習の主体と対象

　それでは，「生存＝学習」の理論の立場に立った際，どのような形で「学習の対象」を捉えることができるであろうか。学習を想定できることが教授の可能条件であるというテーゼを踏まえれば，学習の対象が理解できないということは，学校教育，すなわち，計画的な教育の可能性の保障ができなくなるということである。

　前節では，学習者を中心にして「学習」を考えてきたが，本節では学習の対象，一般に知識と呼ばれるものを中心に考えていきたい。学習をモノではなくコトと関わるものと捉えていることから，知識もまた「コト」という観点で捉える必要がある。

　学習の対象と聞くと，これから「学習されるもの」あるいは結果として「学習されたもの」の双方が思い浮かぶ。しかし，「生存＝学習」の理論に照らせば，「現実」への適応を実現する「知る行為」のなかに「学習されるもの」が存在し，「知る行為」が成立すること自体が「学習されたもの」である。

　すなわち，行為遂行というコトの成立が，「学習」と「知識」をともに示している。理論の文脈を離れて考えてみても，知識は現実を生きるために必要なものであり，現実を生きるために総動員されているものである。現実を生きるための知識の獲得と使用である。「生存＝学習」の理論は，その獲得としての「学習」と使用としての「学習」（＝その知識が（まだ）使える／適応的に有効性をもつ）を一体的に「学習」の成立として捉えているのである。

2　学習の結果——パフォーマンス

そうであるとすれば,「学習」および「学習成果／知識の活用」は,（原因-結果という関係では決してなく）同一のコトであるということになる。それらは,一種の行為遂行であり,学習者のパフォーマンス[47]として一元的に取り扱うことが可能である。

パフォーマンスは,知識であり学習である。このパフォーマンスは,その実効性において知識（の所有）を示し,実効性を高めたり失われた実効性を回復したりすることにおいて学習の様子を見せる。そのパフォーマンスを確認するものにとっては,一つの結果として捉えられるが,そのパフォーマンスを遂行するもの（＝学習者）にとっては適応を進めるという進行中のコトにすぎない。

3　知識を産む知識

それゆえ,学習者は「現実」への適応のため,「生存＝学習」として,絶えずパフォーマンスの遂行を続けることとなる。これは,パフォーマンスを知識の側面から捉えると,知識が知識を連鎖的に産み出している様として観察可能である。

そして,それらの知識はパフォーマンスゆえに,「〜できる」という知識として,同時に,「「〜できる」という知識」を産むことができるという知識として観察されることとなる。

われわれが知的な発展を遂げたり,発展的な学習をしたりすることが可能であるのは,この知識を産む知識が備わっているからに他ならない。

4　学力論——国際動向

1　学んで得た力と学ぶ力

前節では,「知識を得ること」と「知識を使うこと」をパフォーマンスに関わる同一のコトとして理解できることを確認し,その帰結として,知識としてのパフォーマンスが「〜できる」知識として観察されることを導いた。

この「〜できる」知識は,国際的な動向としての「コンピテンシー」や「リテラシー」で表現される応用的学力[48]に関する議論と接点をもっている。目的・実現としての「〜できる」という規定と説明様式としての2つの側面である「獲得」および「使用」が,前節の知識と同一構造をもっている。

応用的学力として,国際的に大きな影響力をもつものの代表は,OECD（Organisation for Economic Co-operation and Development：経済協力開発機構）による

▷7　パフォーマンス
国内の学校教育においては狭く限定して捉えられている。例えば,評価において,文部科学省は「パフォーマンス評価」を「論説文やレポート,展示物といった完成作品（プロダクト）や,スピーチやプレゼンテーション,協同での問題解決,実験の実施といった実演（狭義のパフォーマンス）を評価する」ものとしている。学校入学後に身につけることとなる一般的な行為遂行である,特定の形での「口答する」「ペーパーテストに解答できる」などの行為遂行はパフォーマンスに含まれないことになる。これに対して,本章では最広義の意味で用いている。

▷8　学　力
「学力」とは日本独自の用語であり,国際的な（応用的）学力の議論は「能力」に焦点をあてている。

国際学力調査である PISA（= Programme for International Student Assessment）で用いられている「リテラシー」概念と，その概念を導いた同じく OECD による DeSeCo（= Definition and Selection of Competencies：コンピテンシーの定義と選択）プロジェクトにおける「キー・コンピテンシー」概念である。

DeSeCo プロジェクトでは，コンピテンシーを「単なる知識や技能だけではなく，技能や態度を含むさまざまな心理的・社会的なリソースを活用して，特定の文脈のなかで複雑な要求（課題）に対応することができる力」と定義したうえで，キー・コンピテンシーを，①人生の成功や社会の発展にとって有益であり，②さまざまな文脈のなかでも重要な要求（課題）に対応するために必要であり，かつ，③特定の専門家ではなくすべての個人にとって重要であるという観点から選択し，抽出している。

また，キー・コンピテンシーは，❶社会・文化的，技術的ツールを相互作用的に活用する能力，❷多様な集団における人間関係形成能力，❸自立的に行動する能力の3つのカテゴリーに分けられる。PISA では，この第一のカテゴリーのキー・コンピテンシーがリテラシーとして扱われ，調査対象にあげられた。

2 学力とその基準性

PISA の調査目的には，「持っている知識や技能を，実生活の様々な場面で直面する課題にどの程度活用できるかどうかを評価する」ということがあげられている。その背景にあるキー・コンピテンシーの「特定の文脈の中で複雑な要求（課題）に対応すること」を限定的な文脈で捉えようとしている。

加えて，PISA2012では，調査の国際オプションとして，「解決の方法が直ぐには分からない問題状況を理解し，問題解決のために，認知的プロセスに関わろうとする個人の能力であり，そこには建設的で思慮深い一市民として，個人の可能性を実現するために，自ら進んで問題状況に関わろうとする意志も含まれる」と定義される「問題解決能力」の調査が導入された。ここにおいて，学力を発揮する文脈をより社会化していこうとする趣旨が読み取れる。さらに，PISA2015では，「協同問題解決能力」の調査を加えて，複数人で答えを知らない問題に取り組むという作業を通じて，効果的な分業，情報の多角的な検討，一人ではたどり着けない解法を導くことをそれぞれ実現する力を求めている。

このような動向にみられるように，国際学力調査で焦点となっているのは，現実社会で有効な力である。この学力の基準性を国際的に示そうとしている。そして，その力の有効さを発揮するべき現実社会を捉える視点を，より未来志向的なものへと移していっている。これらを調査時点で予測的に捕捉しようとしているのである。

▷9 PISA
OECD が中心となり2000年より3年ごとに実施されている，15歳児を対象とした読解力，数学的リテラシー，科学的リテラシーからなる3分野の学習到達度を調べる国際学力調査である。

▷10 DeSeCo プロジェクト
1997年に開始された国際基準の学力を，理論的に定義づけ示すこと，およびその評価枠組みの作成を目的とする OECD の事業である。2003年に最終報告が出されている。その成果は，PISA の学力に関する基本枠組みとして用いられている。

応用的学力の議論は，現在における獲得を論じ，未来における使用を課題として論じている。

5　学力論と学習指導要領──国内動向

1　新学習指導要領──目指す学力と学習者像

話題を国内に転じてみても，状況を大きく違えることはない。わが国の学力の基準もまた，国際的に基準性を有する応用的学力と方向を共にしている。

2017年3月に改訂された新学習指導要領および同年6月に公開された解説を紐解いてみれば，その学力に関する強調点は明らかである。

その改訂の趣旨を，新学習指導要領「改訂の設計図」を謳った中央教育審議会教育課程企画特別部会による「次期学習指導要領に向けたこれまでの審議のまとめ」（＝通称「審議のまとめ」：2016年8月公表）とも照らして整理すると，次のようになる。

新学習指導要領では，学校教育の出口における「子ども像／人材像」を目標として定め，その時点において「何ができるようになるか」を問い，そのために必要な教育課程を各学校で整備することを通じて，「社会が求める人材像」に応えようとしている。

そして，この「何ができるようになるか」は，「予測困難な社会の変化に主体的に関わり，感性を豊かに働かせながら，どのような未来を創っていくのか，どのように社会や人生をよりよいものにしていくのかという目的を自ら考え，自らの可能性を発揮し，よりよい社会と幸福な人生の創り手となる力」と改めて定義された「生きる力」に支えられることとなる。

また，「生きる力」の実現の方法に関して，「生きる力」を資質・能力によって具体化し，実現することが企図されており，そのために「資質・能力のすべてに共通する要素」としての「知識及び技能」「思考力，判断力，表現力等」「学びに向かう力，人間性等」という「資質・能力の3つの柱」という整理軸が導入されている。特記すべきは，「3つの柱」の3柱目である「学びに向かう力（，人間性等）」という資質・能力の態度的側面が，他の2つの柱である資質・能力を「どのような方向性で働かせていくかを決定づける重要な要素」とされていることである。

国内の学力を巡る動向は，未来志向の応用的学力を国際的動向と共有するとともに，資質・能力という視点から「学びに向かう力」にその重要な位置づけを与えている。

▷11　**新学習指導要領**
学習指導要領は，国の教育課程の基準となるもので，約10年おきに全面改訂されてきた。2017年3月に小学校／中学校学習指導要領が，同年4月に特別支援学校小学部・中学部学習指導要領がそれぞれ改訂された。高等学校学習指導要領は2018年3月に改訂された。2020年4月より小学校／小学部，2021年4月より中学校／中学部，2022年4月より高等学校において，この新学習指導要領に基づく教育が実施される。

2　これからの学力涵養と学習

　これまでに検討してきた「生存＝学習」の理論とそこで現れるパフォーマンスとしての知識という点でこれら学力の国際＝国内共通の動向を捉えれば，ごくごく自然なことであることがわかるはずである。

　「現実」に適応し，知識が知識を連鎖的に産み出していくことは，「応用的学力」の一つの形を体現している。未来志向の応用的学力が目指す「現実社会で有効な力」を自らが再帰的に構成する「現実」における適応として実現していく。他方で，そこには，未来志向の応用的学力の実現手段における課題である「現在における獲得」と「未来における使用」の2本立ての議論を必要としない学習の連続性を見出すことができる。

3　これからの学力涵養と教授

　上記を踏まえて，未来志向の応用的学力を実現する／している「学習」として，閉鎖系再帰構成主義の学習を位置づけたうえで，改めて本章冒頭のタルィズィナのテーゼに立ち返りたい。このような学習を行う学習者を想定に据えて，われわれは教授を可能とすることができるであろうか，できるとすれば，どのような形がありうるであろうか。

　まず可能な教授行為として，教授者に許されるのは，学習者についての「コトへ関わる」ことのみである。すなわち，自らが学習者の「現実」の適応への手応えの一部となることである。適応が進められている学習者の「現実」となりうるコトへ関わり，構成された「現実」を意味づけるコトへ関わるのである。そして，教授者に求められている学習の想定とは，これらのコトについての想定である。

　この抽象的な機軸に対して，ありうる具体的な方策を例示するとするならば，それは，「あえて学習者の学習を阻む」ということである。望ましくない学習に対して，知識が知識を産む連続が止まるように大きく，望ましい学習に対しては，知識が知識を産む連続に手応えを感じるように小さく，という具合にである。

　よって，教授の可能性に関するすぐ上の問いに答えるとすれば，可能である，ただし，ごく限られた方法でのみ，というのが答えとなろう。

　このことを踏まえると，国内動向においてアクセントとなる「学びに向かう力」を教授行為で実現することがいかに難しいことかがわかる。「学びに向かう力」は，学びに向かわせることでは得られないからである。

　では，最後に，次節において，「学びに向かう力」と教授行為との問題が，どのような教授上の問題であるのかを素描することとしたい。

6　知識欲と学習意欲──「学びに向かう力」

1　「問と答の間」の喪失

　「学びに向かう力」と教授行為との問題は，以前より「問と答の間」の喪失として指摘され，定式化されている。それは，学校だけでなく塾等をも含む広い意味での共益的な学校文化が生んだ学習に関する社会病理ともいえ，次のメカニズムを経ることで，「教えてもらう」ことを「ただ待つ人」という学習者の自己規定を生じさせ，「学びに向かう力」の涵養を阻むこととなる。
　(a)答えのある問題を用い，正答とその答え合わせを重視し，(b)答えにたどり着けなくとも，あるいは，学習を行わなくとも答えを参照可能な「答え合わせ」に慣れ親しむことで，(c)学校教育を経験した学習者に「答えだけを知りたい」ということが可能であり許されるという前提が共有され，(d)その結果，慣れの拡充と作法の一元化が生じることとなる。これは習慣化されているゆえ，学校の内だけでなく外に出ても維持される。
　そして，この「答えだけを知りたい」という欲求とそれが許される状況が，知識欲（＝「知りたい」）と学習意欲（＝「学びたい」）の断絶を生じさせていく。このように「学びたい」を生じさせず答えだけを求め「問と答の間」を短くしていく様は「問と答の間」の喪失と呼ばれる。「問と答の間」の喪失は，「問と答の間」を曲がりくねって考え抜いていく過程という「学習の本質」の喪失を意味するものである（大田，1984）。

2　「知りたい」を「学びたい」に

　これを超克することは，長きにわたり学校教育上の課題であったとともに，新学習指導要領のアクセントでもあるものである。そしてそれは，学習指導要領改訂の趣旨を踏まえれば，当然，これからの教育に携わる者として，避けて通ることはできない身近な実践上の課題となる。
　本章はあくまで，「知識欲はあるが学習意欲につながらない」という状況を打破する必要性を確認したにとどまる。これをよく理解したうえで，次章以降において，この状況に立ち向かう方途の学修につなげてもらいたい。

Exercise

① 閉鎖系再帰構成主義の学習理論において「現実」に適応するとは，どのような意味か。具体的な事例をあげながら説明してみよう。

② 「知りたい」を「学びたい」につなげるには、どうしたらよいと考えるか。教師の立場から論じてみよう（これは「問と答の間」が果てしなく広がりうる問いである。この問いについては、当座の解を求めるとともに、「教師として考え続けなければならない問い」として再考を繰り返して欲しい）。

📖次への一冊

グレーザーズフェルド, E. v., 西垣通監修, 橋本渉訳『ラディカル構成主義』NTT出版, 2010年。
　本章でも紹介した閉鎖系再帰構成主義／ラディカル構成主義の学習理論が, その背後にある思想や成立過程も含めて系統立てて論じられている。解説も収録されているため, さらに理解を深めたい人に好適である。

ソーヤー, R. K., 森敏昭・秋田喜代美監訳『学習科学ハンドブック』培風館, 2009年。
　学習についての研究成果は, 本章で取りあげたものがすべてではない。異なる形で多種多様な議論が存在している。本書はその全体像をつかむことに適している。

戸田山和久『知識の哲学』産業図書, 2002年。
　「知識とは何か」ということに, 実は明確な答えはない。そして, その問いは, 問うことにおいてリアルさを得る。本書は「知識」概念にわれわれにとってのある種のリアルさをもたせてくれるであろう。

松下佳代編著『ディープ・アクティブラーニング』勁草書房, 2015年。
　新学習指導要領の授業改善のキーワードでもある「深い学び（／学習への深いアプローチ／深層学習ストラテジー）」を理論的かつ実践的に理解する助けとなる。

引用・参考文献

福島真人『学習の生態学――リスク・実験・高信頼性』東京大学出版会, 2010年。
グレーザーズフェルド, E. v., 西垣通監修, 橋本渉訳『ラディカル構成主義』NTT出版, 2010年。
橋本渉「解題」グレーザーズフェルド, E. v., 西垣通監修, 橋本渉訳『ラディカル構成主義』NTT出版, 2010年, 457〜481ページ。
レイヴ, J.・ウェンガー, E., 佐伯胖訳『状況に埋め込まれた学習――正統的周辺参加』産業図書, 1993年。
マトゥラーナ, U.・ヴァレラ, F., 河本英夫訳『オートポイエーシス――生命システムとはなにか』国文社, 1991年。
西垣通『続 基礎情報学――「生命的組織」のために』NTT出版, 2008年。
大田堯『学力とは何か』国土社, 1984年。
小笠原喜康『ハンズ・オン考――博物館教育認識論』東京堂出版, 2015年。
タルィズィナ, N. F., 駒林邦男訳『学習のプログラミング――知的行為の多段階形成』明治図書出版, 1970年。
宇佐美寛『教育において「思考」とは何か――思考指導の哲学的分析』明治図書, 1987年。
山下和也『オートポイエーシスの教育――新しい教育のあり方』近代文芸社, 2007年。

第3章
学習意欲と動機づけ支援

〈この章のポイント〉
　よりよい教育方法のあり方は，学習意欲の育成という観点から考えることができる。本章では，まず，学習意欲はどのように定義づけられるか，そして，学習指導要領の改訂の動向も踏まえ，教育場面において子どもの学びを動機づけるとはどういうことかについて確認する。学習動機づけは，認知論，感情論，欲求論の視点から捉えられ，また，自ら学ぶ意欲は，外発から内発までの連続帯をなすことについて，自己決定理論をもとに学んでいく。ウラッドコースキーの3種の動機づけ理論とケラーのARCSモデルに基づく授業デザインについて解説し，今後の教育実践への示唆とともに自ら学ぶ意欲を促す支援の必要性について学ぶ。

1　学習意欲とは何か

1　学習意欲の定義

　「学習意欲」とは，「学習に対する意欲」のことである。では，「意欲」とは何かということであるが，「学びたい」という欲求と，「成し遂げたい」という意志，すなわち「意」と「欲」の両者があってはじめて，日常用語としての「学習意欲」は成り立つものといえる（鹿毛，2013）。国語辞典を調べると，「意欲」は「積極的に何かをしようとする気持ち」といった説明がなされたりするが，「学習意欲」は，「積極的に何かを学ぼうとする気持ち」といった意味合いになる。

　「学習動機づけ」という教育心理学用語があるが，ほぼ同様のことを意味しており，学ぼうとする「やる気」のある状態を指している。「知」「情」「意」という言葉があるが，学習動機づけは，「認知」論，「感情」論，「欲求」論のそれぞれの見地から捉えることができる（鹿毛，2013）。こうした見地からみることで，日常用語とは異なり，さらに精緻に動機づけの働きやプロセスについて理解することが可能となる。第2節では，これらの3つの論をもとに「学習意欲」について詳しくみていくことにする。

▷1　「認知」論，「感情」論，「欲求」論
人がなぜ学ぶ意欲を抱くかということについて，それは個人内に原因があると捉えれば，「○○がしたい」という心理状態，すなわち，「動機」が行動を引き起こすと考えられる。その一方で，教師の教え方が上手で，つい引き込まれてしまう，試験で一定の成績を収めなければならない，というように「環境」の側に原因を求めることもできる。これは「誘因」と呼ばれたりする。個人内の要因である「動機」について心理的な機能をもとにさらに詳しくみると，「認知」「感情」「欲求」の3側面で捉えていくことができる（鹿毛，2004）。これらのそれぞれの側面に着目した多数の心理学理論がこれまでに提唱されてきている（鹿毛，2013）。

第Ⅰ部　教育方法と学習の基礎理論

2　教育場面において子どもの学びを動機づけるとはどういうことか

　学習意欲は，子どもの，当の本人の内面のあり方の問題であることを強調しておきたい。どんなにすばらしい教育の機会や環境を設定したとしても，本人に学ぼうとする意志や意欲がなければ意味がないだろう。どんなに優れた教材を開発し，教育の手立てを講じたとしても，子どもの内面で学びたいという積極的な気持ちが生じなければ，これらの教材や手立てが活かされることはないだろう。教育の方法や技術のあり方が，子どもの学びたいというニーズに応じ，あるいは，学ぶ意欲を引き出すものでなければ，学習が成立することはない。とりわけ，子どもたちの「主体的な学び」の実現を図ることを目指すうえでは，子どもの内面でどのようなことが生じているか，子どもの学ぶ意欲のありようについて，子ども主体の視点に立って，丁寧な見方で捉えていく必要がある。本章では，学ぼうとする意欲の実体について深く掘り下げて検討するとともに，教育実践のプロセスにおいて，意図的，明示的，体系的な形で，学習意欲の育成や支援を進めていく方法論について示していくこととする。

3　教育実践上の留意点──新学習指導要領が目指すもの

　新学習指導要領では，「主体的・対話的で深い学び」の実現に向けた授業改善を通して，児童生徒の生きる力を育むことを目指す，という留意事項が総則において示されている。この指導要領の改訂に先立って，中央教育審議会(2014)では，現在の学校教育における課題や日本の子どもたちの現状を踏まえて，「『何を教えるか』という知識の質や量の改善はもちろんのこと，『どのように学ぶか』という，学びの質や深まりを重視することが必要であり，課題の発見と解決に向けて主体的・協働的に学ぶ学習（いわゆる『アクティブ・ラーニング』）や，そのための指導の方法等を充実させていく必要がある」といった指摘をしている。この「アクティブ・ラーニング」の必要性については，その後の答申でさらに検討が進められ，「主体的・対話的で深い学び」として発展的な概念化がなされるに至っている。

　中央教育審議会(2016)の答申で示されている「主体的・対話的で深い学び」についての説明を以下に確認しておきたい。

　　「『主体的・対話的で深い学び』の実現とは，（中略）学校教育における質の高い学びを実現し，学習内容を深く理解し，資質・能力を身に付け，生涯にわたって能動的（アクティブ）に学び続けるようにすることである。」

　　「学ぶことに興味や関心を持ち，自己のキャリア形成の方向性と関連付けながら，見通しを持って粘り強く取り組み，自己の学習活動を振り返って次につなげる『主体的な学び』が実現できているか。子供自身が興味を

▷2　資質・能力
この資質・能力がいかに身につくのかについては，次の3つの柱で明確化されている。
①生きて働く「知識・技能」の習得
②未知の状況にも対応できる「思考力・判断力・表現力等」の育成
③学びを人生や社会に生かそうとする「学びに向かう力・人間性」の涵養
自立的に生きるために必要な「生きる力」を育むという理念のもと，学校教育を通じて，これらの資質・能力を身につけることが目指されている。

持って積極的に取り組むとともに、学習活動を自ら振り返り意味付けたり、身に付いた資質・能力を自覚したり、共有したりすることが重要である。」

「子供同士の協働、教師や地域の人との対話、先哲の考え方を手掛かりに考えること等を通じ、自らの考えを広げ深める『対話的な学び』」

「習得・活用・探究の見通しの中で、教科等の特質に応じた見方や考え方を働かせて思考・判断・表現し、学習内容の深い理解につなげる『深い学び』」

以上の「主体的・対話的で深い学び」が学習動機づけ、すなわち、学習意欲によって支えられていることはいうまでもない。単に学習意欲が高いというのではなく、自ら学ぼうとするやる気、主体的に学ぶ意欲のあり方が重要になってくる。教職を目指す人たちには、子どもの学習意欲のあり方について深い理解を得ることが求められる。認知、感情、欲求というように、どのような心理的要因によって学習意欲が成立しているのか、また、他人に強制されて生じるやる気ではなく、自ら学ぶ意欲とはどのようなものであり、こうした意欲をいかに育んでいけばよいのかについて、次節以降において詳しくみていくことにする。

2 動機づけの理論──3つの視点

1 認知論からみた学習意欲

「この理科の勉強は将来役に立つから頑張ろう」とか、「数学の問題を解くのが自分は得意だ。もっと解いてみよう」というように、学習場面や学習内容をどのように認知するかによって学習意欲のあり方は変化する。同じような体験をしても、子どもによって解釈の仕方は異なってくるものであり、そのような主観に基づく「認知」の働きが、学習動機づけを規定するうえで、とても重要な役割を果たすことになる。さまざまな理論があるが、従来の理論は「期待×価値理論」としてまとめて捉えることができる。

「期待」とは、「○○ができそうだ」という認知のことであり、ある活動の成功の可能性（例えば、自己効力感）をどのくらいであると見積もっているかどうか、ということである。子どもたちの一人ひとりが「自分には○○ができる」という成功への期待を抱くことができるような支援が教師には求められている。

もう一つの「価値」についてであるが、「自分にはできる」という期待があっても、「この教科は学ぶ価値がない」と思っていれば、学ぶ意欲が喚起さ

▷3 自己効力感
「セルフ・エフィカシー（self-efficacy）」の訳語である。「自己効力感」とは、ある結果を生み出すために必要な行動をどの程度うまくできるかという個人の確信のことを指している（Bandura, 1977）。自己効力感の高さが、人間の多くの行動に対して強い予測力をもっていることが実証的に明らかにされている。

れることはないだろう。「将来，通訳の仕事に就くのに英語の学習は必要である」とか，「この理科の原理を学ぶことは，日常生活に役立つことだ」というように，学ぶことに価値を認めれば，学ぶ意欲は高まっていくことになるだろう。教師には，教材をいかに価値づけるか，その価値をいかに伝えるかということが求められる。この価値づけは強制であってはならず，子どもが納得し，心底受け入れられる形で伝えられる必要がある。

［2］ 感情論からみた学習意欲

喜怒哀楽という言葉があるように，われわれ人間は感情によって左右される部分をもっている。学習行動を支える学ぶ意欲のあり方も，経験される感情によって大きく変化することになる。ポジティブな感情とネガティブな感情，評価やテストにまつわる不安感情など，どのような感情に着目するかによって，多くの理論が提唱されてきている（鹿毛，2013参照）。ここでは，学習意欲，とりわけ，自ら学ぶ意欲を育てていくうえで不可欠な感情の側面といえる「興味」について取りあげることにする。

「興味」とは，おもしろいと感じたり，物事にひきつけられたりすることである。事象に注意が向けられ，積極的に関わっていこうとする心構えや感情などを指している。生き物に対して興味がある，数字に興味がある，といったように，幼い段階から育まれていくもので，動機づけの重要な部分を構成する心理的側面である。

興味は，さらに「状態興味」と「特性興味」の2種類に分けられる（Hidi & Renninger, 2006; Silvia, 2006参照）。「状態興味」とは，一時的な心理状態としての興味であり，新奇さ，珍しさ，驚きなどによって，特定の活動や内容に焦点があてられ，持続的な注意が向けられるものである。学習の初期の段階において喚起されるものであるが，必ずしも維持されるものとは限らない。さらに安定した興味となるためには，「特性興味」として興味が発達を遂げる必要がある。「特性興味」は，個人の安定した特性としての興味のことを指している。例えば，読書に対して特性としての興味を形成した子どもは，自分から進んで図書館に通うようになり，読書という活動に反復的，持続的に取り組むようになる。好みのジャンルなどが定まっていき，その子らしい個性的な興味となっていく。授業などでのきっかけとしての「状態興味」から，子どもの個性ともなる「特性興味」へと発達を遂げていくよう，長期的な視点で働きかけを行っていく必要があるだろう。

［3］ 欲求論からみた学習意欲

「○○したい」というのが，まさに「欲求」であり，「理解したい」とか「調

▷4　不安感情
特定の場面や出来事について本人を脅かすもの，危険なものと知覚した際に喚起される感情のこと。緊張や懸念，そのことについて考え込む，発汗や心臓の鼓動が速くなるなどの作用をもたらす。

べてみたい」というように，「学びに向かう力」を支えている重要な心理的側面にあたる。専門的な定義づけに基づけば，「欲求」は，個人の内部から行動を引き起こす心理的エネルギーのことである（鹿毛，2013；伊藤，2010）。

　これまでの研究で，心理的な欲求の種類やその構造と機能に関して，多くの知見が見出されてきている。食欲，睡眠欲といった生理的欲求も欲求の一種であるが，学校教育場面において重要となり，学ぶ意欲に密接な欲求として「達成欲求」と「自己実現の欲求」▷5 をあげることができる。「達成欲求」とは，困難なことを成し遂げて，自己に能力があることを示す欲求のことである。「自己実現の欲求」は，その人がもっている潜在的な可能性を最大限に実現しようとする欲求のことである。第4節で取りあげる「コンピテンス▷6（有能感）」も，自らの有能さを求める欲求の一つとして位置づけることができる。

　学習意欲を支える心理的要素として，「認知」に比べると，「欲求」や「感情」はいずれも情意的な部分であり，人間の生理的側面との関わりが相対的に深いものといえるだろう。したがって，教育的な働きかけによって，活性化しやすい部分がある反面，容易に方向づけることができない面もあるかもしれない。「認知」は，学ぶことに対する「捉え方」「ものの見方」にあたるもので，形成を促しやすく，一度，獲得されれば，安定した働きをする傾向をもっている。いずれにしても，子どもの学習意欲を適確に捉え，確かな育成を目指していくうえで，認知論，感情論，欲求論の3つの視点から，子どもの学習環境が子どもの心のありようとどのような関わりあいをもっているかについて丁寧にみとっていく必要がある。そのうえで，教育者はどのような立場から働きかけを行っていけばよいかについて考えていかなければならない。以降では，子どもが主体的に学ぼうとする意欲をどのように支援すればよいかについて検討を進めることにする。

3　自ら学ぶ意欲とその支援

1　外発的動機づけと内発的動機づけ

　学習動機づけの欲求論の一つに，動機づけを「外発的」と「内発的」の二分法で捉える考え方がある。「外発的動機づけ」とは，賞罰などの外界からの働きかけによって促される動機づけのことを指している。例えば，「ご褒美がもらえるから勉強をがんばろう」とか「叱られないよう，きちんと宿題をする」といったようなやる気のあり方である。外発的動機づけは，手段性のやる気といわれるが，それは，学習行動が賞罰を得たり避けたりするための手段として実行されるためである。一方の「内発的動機づけ」▷7 は，興味や関心，好奇心な

▷5　自己実現の欲求
マズローは，「よりいっそう，自分自身であろうとし，自分がなりうるすべてのものになろうとする願望」という説明をしている（Maslow, 1970）。生理的欲求，安全の欲求，所属と愛情の欲求，自尊の欲求，そして，自己実現の欲求というように欲求は階層をなしており，より低次の基盤となる生理的欲求が満たされてはじめて，より高次な社会的な欲求を満たそうとする意欲が生起してくると考えた。これは欲求階層説と呼ばれる。

▷6　コンピテンス
コンピテンスとは環境に対して効果的に相互交渉する能力のことを指し，次の2つの側面をあわせもっている。一つは，個人が経験や学習を通して獲得した能力であり，もう一つは，自分の有能さを発揮しようとする動機づけの側面である。人が内発的に成長を遂げていくためには，いずれも欠かせない側面であり，コンピテンスはこれらの側面を統合的に捉えた概念である。

▷7　内発的動機づけ
自己決定理論によれば，内発的動機づけの源泉となる基本的欲求として，コンピテンス（有能さ）への欲求，自律性への欲求，関係性への欲求があげられている。自律性への欲求とは，強制されてではなく，行動を自ら決定し，自ら進んで取り組むことを求めるものである。関係性への欲求とは，他人や共同体との関わりを求めようとするものである。これらの欲求が満たされていくことで，人間の成長や健全な人格の発達が進んでいくものと考えられている。

どのように，個人の内側から生起してくるような力によってやる気になるものである。「ピアノを弾くことが楽しいからがんばる」「サッカーが好きだから練習を続けたい」といったような例があげられる。内発的動機づけは，行動自体に内在する楽しさや面白さによって動機づけられるもので，行動すること自体が目的となっている点で，外発的動機づけとは大きく異なっている。

2 外発から内発への連続帯としての動機づけ
──自己決定理論に基づく支援

旧来の二分法に対して，自己決定理論（Ryan & Deci, 2000；速水，1998）では，図3-1に示すような捉え方を提唱してきている。外発と内発は二分法として対立するものではなく，外発から内発までの連続的なプロセスとして動機づけを捉え直すことを提案している。

図3-1　連続帯としての動機づけの捉え方
出所：Ryan & Deci（2000）；速水（1998）をもとに作成。

矢印に沿って右側へ向かうほど，自己決定性が高くなり，自分から動き始めるやる気となる。従来の「外発的動機づけ」は，「外的調整」「取り入れ的調整」「同一化的調整」に細分化されており，「外的調整」は，これまでの外発的動機づけに相当する。「取り入れ的調整」とは，「勉強はすべきことだから」のように義務感から動機づけられているものである。「試験で悪い成績をとると不安だから」といったような消極的な理由で行動に取り組むような段階がこれにあたる。賞罰などの外的要因によって動かされているのではなく，自分から行動を起こし始めていることから，自己決定性は少しだけ高いものになっている。3つ目の「同一化的調整」になると，自己決定性はさらに高くなる。「家庭科は生活に役立つものだから」というように重要性や意義を認めてやる気になる状態を指している。こうした学習内容の価値づけは，何かに対する手段性という特質を帯びているため，内発的動機づけとは異なるものであると説明がなされている。

連続帯としての動機づけを捉える見方の要点は，人のやる気には多様性があること，これらは相互に関連をもちあうこと，そして，変化したり移行したり

する可能性があるということである。学習の最初の頃は教材の面白さになかなか気づかず，渋々ながら始めた活動であったとしても，取り組んでいくうちに次第に学習内容の意義に気づいたり，知的好奇心が高まっていったりすることがあるだろう。授業実践をデザインしていくにあたり，子どもたち一人ひとりがどのような動機づけの段階にあるかについて，様子をつかんでおく必要がある。自ら学ぶ意欲を育むうえで，この連続帯のプロセスを念頭に入れておかなければならない。学ぶ意義に気づかせたり，興味を喚起したりして，同一化的調整や内発的動機づけに向かって，上手に揺さぶりをかけながら少しずつでも自己決定性の高い動機づけに促していく支援を試みていくことが求められるだろう。

4　子どもの学習意欲に即した授業デザイン

1　ウラッドコースキーの3種の動機づけ理論に基づく授業デザイン

　ウラッドコースキーは，授業デザインを支える理論として，「動機づけの時系列モデル」を提案している（Wlodkowski, 1986）。授業デザインにあたっては，指導のプロセスを計画し，目標を明確化し，体系化することに力が注がれるが，動機づけのプロセスに関しても十分な計画化（これを「モティベーション・プランニング」と呼ぶ）を図る必要があるという主張がなされている。授業での学習は，開始期，展開期，終末期の3つのステージに分けることが可能で，それぞれに動機づけ上の重要な特徴を有していると考える。これらのステージは，特定の動機づけ方略が学習者の動機づけに最も大きな効果をもたらす臨界期にあたるような時期として考えられている。

　授業を計画していくうえで，学校教育におけるどのような教科に対しても，また，小学校，中学校，高等学校，大学のどの学校段階の学習に対しても応用が可能なモデルとなっている。短い時間の学習であれ，長期間に及ぶ授業計画であれ，どのような学習活動であっても，このような時系列からなることが想定されている。開始期には「態度」と「欲求」，展開期には「刺激」と「情緒」，終末期には「コンピテンス」と「強化」がそれぞれ重要な動機づけ要因となる。

　表3-1に，具体例として，小学校における算数の分数の授業の指導案の一部を示す。学習の流れ，3つのステージに沿ってそれぞれの動機づけの方略が設けられていくことになる。Wlodkowski（1986）は，82の動機づけ方略を提示しており，単元や学習のねらい，そして，子どもたちの状況に応じて，ふさわしい方略を選択していくことが求められる。学習指導案を作成することも大切

表3-1 「分数」の授業のモティベーション・プランニング

	動機づけ要因	動機づけ方略	具体的方略
開始期	【態度】 ○教科や学習状況に対する態度	○教科を取り囲む諸条件を肯定的なものとする。	○生徒に図形や人あるいは物の組み立てパズルを与え、部分がどのように全体を合成しているかを楽しく体験させる。
		○教えようとする教科に熱中するモデルを与える。	○家族の一員である教師が、物の一部をふだん、家族の間でどのように分け合っているかについて話をする。その後、ごちそうを持ってきて、クラスのみんなで分けさせる。
		○生徒の否定的な態度の根底にある間違った信念や期待、仮定と積極的に立ち向かう。	○「分数が実際に難しい」と、これまで人からどのくらい聞いたかについて生徒に尋ね、その気持ちや予想について生徒と話し合う。
	【欲求】 ○安全欲求	○失敗や恐怖につながる学習環境の要素を取り除くか、できる限り少なくする。	○分数に困難をもつような生徒が、すぐに教師やアシスタント、仲間の生徒から援助を受けられるように、チューターを組織する。
	○自尊欲求	○生徒の手腕や努力をみんなの前で示したり、それを認め合ったりする。	○分数の課題を共有するチームを組織する。そのチームは、ほかのことも共有するが、分数の知識も示し合い、認め合う。
展開期	【刺激】 ○多様化	○学習内容と同じく、学習様式にも変化をもたせる。	○分数の学習において、紙と鉛筆による課題だけでなく、黒板を使う課題、具体的教材（パズルやブロックなど）や口頭の問題解決などの学習スタイルも使用する。
	○興味と自我関与	○問題解決やゲーム、ロール・プレイやシミュレーションなどに参加させ、可能な限り生徒に反応させ、学習の本質に関わりをもたせる。	○生徒の参加や挑戦を積極的にするために、ゲームや創造的な問題を使用する。
	【情緒】 ○融合	○生徒の関心を活用して、学習内容を体系化したり、テーマや手続きを発展させたりする。	○日常生活の中で「共有」しなければならない最も困難な事物や活動について生徒と話し合う。実験を行った後、分数の知識を使ってこの種の問題の理解や解決に導くようにする。
	○雰囲気	○生徒が最大限に学習に参加したり活動に熱中して取り組むように、協同的目標構造を活用する。	○生徒のチームに分数の問題を解かせる。その際、メンバーの1人が問題の診断の責任を負い、別のメンバーは通分をする役、また別のメンバーは問題を解く役、さらに別のメンバーは答えをチェックする責任を負う。問題によって、その役割を交替していく。
終末期	【コンピテンス】 ○進歩と達成の意識	○学習の達成について、フィードバックを一貫して与えるようにする。	○生徒に援助と即座のフィードバックを行うために、チューターや解答チェックシート、診断的テストや形成的テストを活用する。
	【強化】 ○人為的強化子	○人為的強化子は、生徒が成功をもたらす学習の自然な流れに貢献し、好結果をもって学習を終結したときに与える。	○「分数フェスティバル」で、分数の単元を終える。分数の割引き付きのごちそう、分数ゲーム、分数で分け合う活動などを行う。

出所：Wlodkowski（1986）；ウラッドコースキー（1991）をもとに簡略化して示した。

なことであるが，それとともに，「モティベーション・プランニング」という発想のもと，授業計画を構想することが求められている。

2 ケラーの ARCS モデルによるデザイン

　動機づけ理論を基盤としつつ，授業実践を構想するにあたり，ケラーの ARCS モデルが体系的かつ総合的な実践法を提示している（Keller, 2009）。ARCS モデルは，学習意欲のグランド・セオリーとそれらをデザインするプロセスを明示したものである。そして，これは上位概念にあたるインストラクショナルデザイン（ID）とともに統合的に実践されることで，効力を発揮する。ID とは，教育実践をシステム的かつ創造的なアプローチによってデザインすることを意図した教育工学の理論であり，方法論・実践論である。

　ARCS モデルでは，動機づけ研究のレビューをもとに，学習意欲を4つに分類している。ARCS とは，「注意（Attention）」「関連性（Relevance）」「自信（Confidence）」「満足感（Satisfaction）」のそれぞれの頭文字をとっており，これらの領域を踏まえて実践を進める方略が考えられていくことになる。表3-2 にあるように，4つの分類枠は，さらに下位の分類によって構成される。

▷8　インストラクショナルデザイン（Instructional Design）
授業デザイン，授業設計，教授設計などと訳される教育工学の概念である。効果的で魅力的な学習環境を構築するための手法を集大成したモデルやプロセス，研究分野のことを指している。

表3-2　ARCS モデルにおける学習意欲の4分類と下位分類

ARCS	学習意欲の下位分類ごとの問い		
注意（Attention）	知覚的喚起　学習者の興味をひくのに何ができるか？	探求心の喚起　どのように探求する態度を刺激するか？	変化性　どのように学習者の注意を維持するか？
関連性（Relevance）	目的指向性　学習者の目的と教材をいかに結びつけ，価値づけるか？	動機との一致　学習者の学習スタイルや動機といかに対応づけるか？	親しみやすさ　学習者の経験といかに結びつけるか？
自信（Confidence）	成功への期待　どのように成功への期待をもたせるか？	成功の機会　自らの能力を実感する機会をいかに設定するか？	自己責任性　どのように成功を自分の能力や努力によるものと確信させるか？
満足感（Satisfaction）	内発的な満足感　どのように学習経験から楽しさを感じさせるか？	価値のある成果　成功した結果に対し，さらにどんな価値を加えるか？	公平感　どうすれば学習者が公平に扱われていると感じるか？

出所：Keller（2009）；ケラー（2010）をもとに作成。

　一つ目の「注意」は，学習者の好奇心や興味を喚起したり，それらを維持したりすることを指しているが，「知覚的喚起」「探求心の喚起」「変化性」が「注意」の下位分類としてあげられる。「知覚的喚起」とは，興味や好奇心を喚起すること，「探求心の喚起」とは，矛盾に気づかせるなど，探求しようとす

る態度を促すこと,「変化性」とは,教材の内容やその提示方法など,視覚刺激や聴覚刺激に変化をもたせて注意を維持することを表している。

　二つ目の「関連性」とは,「なぜ学ぶのか？」という学習の意義や重要性に関する認識と関わっている。これも同様に,さらに3つの下位分類,すなわち,「目的指向性」「動機との一致」「親しみやすさ」で構成される。学習者自らの学ぶ目的やニーズを満たすことが「目的指向性」であり,環境や教育方法を学習者の学習スタイルや動機と対応づけることで動機づけを高めることが「動機との一致」である。「親しみやすさ」とは,学習者の過去経験と関係づけるなど,親しみやすさを実感させる働きかけが授業デザインにおいて求められることになる。

　三つ目には「自信」があげられるが,「関連性」によって,学ぶ意義や重要性を認識したとしても,自分には学べそうにもないという自信不足の状態にあるとすれば,学習意欲は高まりにくいだろう。「自信」は,「成功への期待」「成功の機会」「自己責任性」の下位分類へ働きかけを行うことで向上する。「成功への期待」とは,到達すべき基準とその手立てを示すなど,成功できそうだという自信をもたせることである。「成功の機会」は,実際に成功体験を積ませることを指している。「自己責任性」とは,成功体験を自分の能力や努力によるものと認識し,自己責任,自己コントロールの感覚を得させることである。

　最後の「満足感」とは,学んだ結果に対する反応を問題とする。「注意」「関連性」「自信」によって学習への動機づけが促され,学習活動が進行していくことになるが,これを維持したり,さらに高めたりするには,学習結果に対してうまく働きかけを行っていく必要がある。表3-2に示したように,「内発的な満足感」「価値のある成果」「公平感」の3つの下位分類で構成されるが,「内発的な満足感」とは,学ぶことの楽しさや興味をさらに広げたり,学習者

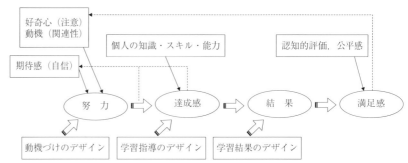

図3-2　動機づけと学習活動に関してARCSモデルが仮定する流れ
出所：Keller（2009）；ケラー（2010）をもとに作成。

の自尊心を強めるような承認をしたりすることで，学習意欲の育成をより確かなものとすることである。褒賞や賞状など，外発的な報酬によって，学習成果の価値を高めることも一つのアプローチであり，これは「価値のある成果」のカテゴリにあたる。成績評価に不公平がなく，平等で，努力したことが報われているという実感も，授業場面では重要であり，これは「公平感」の下位分類が想定していることである。

このように ARCS モデルによるインストラクショナルデザインでは，学習意欲のあらゆる側面への働きかけを構想する。図3-2は，ARCS モデルが仮定する動機づけと学習活動の流れを示している。動機づけのデザインによって，「注意」「関連性」「自信」への働きかけがなされ，学習者は学ぶ努力を試みることになる。学習指導のデザインが達成感を支えることとなり，その後，学習結果に関するデザインによって「満足感」が得られることになる。これらは，フィードバック・ループとなり，さらに学習活動が深まっていくことになる。

ARCS モデルが想定しているデザインプロセスの流れとしては，次の10のステップがあげられている。(1)科目の情報を得る，(2)学習者の情報を得る，(3)学習者を分析する，(4)既存の教材を分析する，(5)目標と評価を列挙する，(6)可能性のある方策を列挙する，(7)方策を選んでデザインする，(8)インストラクショナルデザインに統合する，(9)教材の選択と開発，(10)評価と改善。以上の10のステップを踏むことが正式な手順となっている。これらを簡略化したアプローチも提案されており，また，学習意欲を総合的に測定する調査項目，動機づけを行うアイディアの生成を促すワークシート，動機づけ方策や，それらの実施をチェックするリストなど，学習意欲のデザインを支援するツールが開発されてきている。

3 よりよい実践に向けて——自ら学ぶ動機づけ支援のために

日本の学校教育では，アクティブ・ラーニングの実現に向けて，新たな実践の開発が進められてきている。教育心理学においては，長らく「自己調整学習 (self-regulated learning)」として，実証的かつ実践的な研究が盛んに進められてきた。「自己調整学習」とは，動機づけ，感情，メタ認知，行動において，自らの学習過程に能動的に関与して進められる学習のことをいう（Zimmerman & Schunk, 2011；ジマーマン・シャンク，2014参照）。

自らの学びを自己調整できている子どもは，まずもって，同一化的調整や内発的動機づけのように自ら学ぶ学習意欲によって活動に取り組むことができている。そして，不安や劣等感のようなネガティブ感情があったとしても，上手に自己調整して学びに向かおうとする姿勢ができているであろう。メタ認知，

▷9 メタ認知
「自らの思考についての思考，自らの認知についての認知のこと」(Flavell, 1979) である。自分のこと（認知）を一段高いところから見つめること（メタ認知）ができる力のことを指している。よりよく考えたり，判断したりするために，自らの思考のあり方を方向づけていくことができる力がメタ認知に相当する。

すなわち，自分自身の認知の特性やあり方について，客観的に捉えることができており，さらには，それらのことが積極的な行動として実現できているはずである。教育の理念としてのアクティブ・ラーニングであれ，教育心理学理論である自己調整学習であれ，いずれにおいても，子どもたち自身が主人公となって，自らの学びを舵取りしていく，そうした学びの主体性を理想のあり方としている。これからの日本の未来を担う子どもたちに身につけてほしい資質・能力として，強い意志のもと，自らを律しつつ，自分なりの学び方で学び続ける力，すなわち，自らの学びを自己調整できる力がますます重視されるようになってきている。

Exercise

① 子どもの学習動機づけを外発から内発までの連続帯として捉えた場合，より内発的な方向に変化を促すための学習者の内的，外的要件について考察してみよう。
② Wlodkowski（1986）の「モティベーション・プランニング」の考えをもとに，特定の教科の授業を取りあげて，学習指導案の具体例を示してみよう。
③ 特定の教科の単元を一つ取りあげて，ARCSモデルによって学習意欲のデザインを行い，新しい実践の提案を試みよう。

📖次への一冊

鹿毛雅治『学習意欲の理論――動機づけの教育心理学』金子書房，2013年。
　　学習意欲の基本的な概念の詳述から膨大な諸理論の概観まで，この1冊を読むことで学習意欲に関する研究の到達点が理解できる。専門的に深めるうえで必携の書である。
速水敏彦『自己形成の心理――自律的動機づけ』金子書房，1998年。
　　動機づけの発達を自己形成のプロセスとして論じた専門書である。実証研究をもとに外発－内発の動機づけの連続帯の枠組みが詳しく述べられている。
上淵寿編『動機づけ研究の最前線』北大路書房，2004年。
　　動機づけ研究の理論的系譜について理解が深められる専門書である。人間のやる気について複眼的，多角的に捉えられる構成となっている。
櫻井茂男『自ら学ぶ意欲の心理学――キャリア発達の視点を加えて』有斐閣，2009年。
　　キャリア発達の視点から「自ら学ぶ意欲」の形成について理論的な考察を行っている専門書である。さまざまな研究上の成果を踏まえて発達段階に応じた学習意欲の育成のあり方について論じている。
ケラー，J. M., 鈴木克明監訳『学習意欲をデザインする――ARCSモデルによるインス

トラクショナルデザイン』北大路書房，2010年．
　教育工学の見地から学習意欲の育成を図るARCSモデルの集大成といえる書の日本語版である．教育実践をいかに魅力的なものに改善し，開発するかに関して具体的な示唆に富む内容となっている．

伊藤崇達編『やる気を育む心理学［改訂版］』北樹出版，2010年．
　学習動機づけの理論について概説した入門書である．教育，発達，人間関係，臨床に関する実践上の問題との関連で平易な解説がなされている．

引用・参考文献

Bandura, A., *Social learning theory*, Prentice Hall, 1977.

中央教育審議会「初等中等教育における教育課程の基準等の在り方について　諮問」2014年．

中央教育審議会「幼稚園，小学校，中学校，高等学校及び特別支援学校の学習指導要領等の改善及び必要な方策等について（答申）」2016年．

Flavell, J. H., "Metacognition and cognitive monitoring: A new area of cognitive-developmental inquiry," *American Psychologist*, 34, 1979, pp. 906-911.

Hidi, S., & Renninger, K. A., "The four-phase model of interest development," *Educational Psychologist*, 41, 2006, pp. 111-127.

鹿毛雅治「『動機づけ研究』へのいざない」上淵寿編『動機づけ研究の最前線』北大路書房，2004年，1～28ページ．

鹿毛雅治『学習意欲の理論――動機づけの教育心理学』金子書房，2013年．

Keller, J. M., *Motivational design for learning and performance: The ARCS model approach*, Springer, 2009.

ケラー，J. M.，鈴木克明監訳『学習意欲をデザインする――ARCSモデルによるインストラクショナルデザイン』北大路書房，2010年．

速水敏彦『自己形成の心理――自律的動機づけ』金子書房，1998年．

伊藤崇達編『やる気を育む心理学［改訂版］』北樹出版，2010年．

Maslow, A. H., *Motivation and personality Rev. ed*., Harper & Row, 1970.

Ryan, R. M., & Deci, E. L., "Self-determination theory and the facilitation of intrinsic motivation, social development, and well-being," *American Psychologist*, 55, 2000, pp. 68-78.

櫻井茂男『自ら学ぶ意欲の心理学――キャリア発達の視点を加えて』有斐閣，2009年．

Silvia, P. J., *Exploring the psychology of interest*, Oxford University Press, 2006.

Wlodkowski, R. J., *Motivation and teaching*, National Education Association, 1986.

ウラッドコースキー，R. J.，新井邦二郎・鳥塚秀子・丹羽洋子訳『やる気を引き出す授業――動機づけのプランニング』田研出版，1991年．

Zimmerman, B. J., & Schunk, D. H., *Handbook of self-regulation of learning and performance*, Routledge, 2011.

ジマーマン，B. J.・シャンク，D. H. 編，塚野州一・伊藤崇達監訳『自己調整学習ハンドブック』北大路書房，2014年．

第 II 部

授業を取り巻く基礎的原理と指導技術

第4章
学習指導の基本原理

〈この章のポイント〉
　学習指導は，学習者の学びを保障するための働きかけである。そのために，これまでさまざまな取り組みが考えられ，指導原理として定着してきた。本章では，まず学習指導の特質と直観の働きについて考察する。それを踏まえて，段階教授論や問題解決学習および発見学習と探究といった学習指導の様式を検討する。さらに今日重視されている，アクティブ・ラーニングと呼ばれる主体的・対話的で深い学びや，学びの共同体，ジグソー学習，CSCLといった実践について解説する。

1　学習指導の特質

1　教えと学び

　人間は，生涯にわたって学び続ける存在である。他者と会話するために言語や文法を学ぶし，野球やサッカーではボールの投げ方・蹴り方・捕球のしかたを学ぶ。新しい携帯電話やアプリケーションが発売されればその使い方を学ぶし，より良い生き方や人生の終え方さえ私たちは学ぼうとする。ここで「学ぶ」という際に，考慮すべき点がいくつかある。
　第一は，学びは子どもだけのものではないということである。母語は子ども時代に学ぶことが多いであろうが，外国語はおとなになって学び始めることもある。生涯学習が社会教育や成人教育をも意味するように，発達や成長に応じて内容や質の異なる学びが存在する。
　第二は，意図的・意識的な学びと，無意図的・無意識的な学びがあるということである。乳幼児の学びの多くは無意図的・無意識的であるが，成人の学びは意図的・意識的である。また青年や成人であっても，例えば，団体競技を通じて人との付き合い方や思いやりを学ぶといった無意図的な学びもある。
　第三は，学びのスタイルについてである。教師の話を聞くことだけにとどまらず，本を読むことや見よう見まねで学ぶこともある。また，一人であれこれと思いをめぐらす学びもあれば，話し合いや集団での活動を通じて学ぶこともある。美馬と山内は，未来の学びを「空間」「活動」「共同体」という観点から論じている（美馬・山内，2005）。これは自由な発想や学習を促す環境，ものづ

くりやワークショップ等の活動，グループでの共同作業や相互コミュニケーションによって，さまざまな学びが生じることを意味している。

第四は，学びの内容についてである。ひとくちに学びといっても，その内容は多様である。知識を暗記することは代表的な学びであるが，自分の意見を主張したり新しいアイディアを発想したりすることも学びである。学習指導要領において，習得・活用および探究的な学習が強調されているが，「習得」「活用」「探究」は，それぞれ学びの質が異なる。また学びの実際においては，これらは複合的に作用していると考えられる。

学習指導とは，このような学習者の学びを保障し，円滑かつ実りあるものにするための働きかけである。そこには通常，教師や指導者と呼ばれる者が存在し，「教える」という行為が生じる。だが実際には，「教える」行為が学習者の学びを必ずしも保障していない場合もある。学習者の興味や関心とは無関係に，定められた内容を教材に即して教師が一方的に教えるといった形態では，「教わる」ことはあっても「学ぶ」ことと結びついているわけではない。

それゆえ，学習指導にあたっては，学習者の学びをどのように保障するかという観点から，内容や方法を考える必要がある。指導する内容に対して学習者が興味や関心をもち，受動的な暗記だけでなく，能動的な活動や，他者との関わりを通して取り組むといった工夫が求められる。それとともに，人間が学ぶということの意味，すなわち一人ひとりの学びが自己の成長にとってどのような価値をもつかということについても考える必要がある。これは学校教育に限らず，学びが生じるあらゆる場面において共通している。

2 直観の働き

学習者の学びに即した指導を行う際，重要な役割を果たすのが直観である。直観教授とは，事物やモデルを教材として用いながら，学習者の感覚を重視する指導原理をいう。近代以前の教育は，教師が言語を用いて知識や事象を教える注入主義が中心であった。しかし，教育が民衆を対象とするようになると，そもそも文字や言語を習得していない子どもに対する教育をどのように行うかといったことも課題となった。

この問題に最初に取り組んだのが，コメニウス（J. A. Comenius）である。モラビアの宗教家でもあるコメニウスは，亡命後の1657年に『大教授学』を刊行した。「あらゆる人に，あらゆる事柄を教授する。普遍的な技法を提示する。」という序文で知られる『大教授学』は，形而上学や自然学をはじめとする万物についての百科全書的知識である汎知体系（pansophia）を，教授内容として構想した。それとともに，教育方法の工夫として「教刷術（didacographia）」と呼ばれる原理を提唱した。それは，「全般的なものから個別的なものへ」「どんな

▷1 直観教授
直観（intuition）には，ものごとの本質をつかむという意味がある。それゆえ直観教授においては，感覚的な印象を端緒として，しかもその段階にとどまることなく思考活動と結合させ，結果として深い認識を成立させていくことが求められる（清水，2004，304ページ）。

時にもゆっくりと」「知能が自分から求めていくもの以外は、何一つ強制しない」「生徒自身の感覚を通じて教える」といったように、学習者の直観を念頭に置いている（コメニュウス，1965，170〜171ページ）。

コメニュウスは、翌1658年には『世界図絵』を出版しており、それは世界最初の絵入り教科書といわれている。ここでも序言において、「感覚をよく訓練することは、すべての知恵とすべての知的な能弁さ、および人生の活動におけるすべての思慮にとってその基礎をおくことになるのです」と、感覚の重要性が強調される。そのうえで、例えば「農耕」においては、農耕に関する場面の絵とともに、「農夫はすきを牛につなぎ、左手にすきの柄、右手に棒をもち、それによって土くれを取り除きます。」といった説明文が示される。また、「農夫」「すき」「牛」といった言葉に番号がつけられ、絵と対応しながら学べるようになっている（コメニュウス，1988，55ページ）。

同様に、直観を認識の基礎として位置づけたのが、ペスタロッチ（J. H. Pestalozzi）である。孤児院での生活を記した『シュタンツだより』で知られるように、ペスタロッチは民衆に対して基礎陶冶と呼ばれる基礎的諸能力の育成を感じていた。それゆえ、「心情」「精神」「手」による、道徳的、知的、技術的能力の調和的統一を重視した。その際に直観は、対象がわれわれの内的あるいは外的感覚にふれることによって、本質的に内在している衝動を刺激し、活気づけようと働く。またそのような直観は、学習者が表現を要求する（ペスタロッチー，1989，88〜98ページ）。

ペスタロッチの考える具体的な直観として、「直観のABC」がある。これは、正方形を区別して一定の幾何学的な図形に分けた教材である。「直観のABC」は、形の指導である測定の技術を教える際に用いられ、教師は子どもに幾何学的な図形の諸関係を教え命名させ、これらの図形を一人で応用・利用できるように模写するといった方法で指導する。それによって、子どもは図形の高さと幅の関係や、偏りを言い表すことができるようになる（ペスタロッチー，1987，90ページ，237〜240ページ）。

▷2　直観のABC
ペスタロッチによれば、認識はすべて「数」「形」「語」から成り立っており、対象を形によって見分け、数によって区分し、さらにある対象を数と形によって表現し、それを言語によって再現する。

2　学習指導の様式

1　段階教授論

学習指導には、さまざまな様式がある。直観教授の影響を受けたヘルバルト（J. F. Herbart）は、1802年に『ペスタロッチーの直観のABCの理念』を著した（ヘルバルト，1982）。ヘルバルトも認識の基礎となる直観を重視するとともに、代表作となる『一般教育学』において、段階教授論を提唱した。

第Ⅱ部　授業を取り巻く基礎的原理と指導技術

▷3　教育的教授
ヘルバルトによる人間形成論であり、知識や技術の教授を通して、道徳的品性の陶冶を目指す。

▷4　多方興味
ヘルバルトは学習者の興味を、経験的興味、推究（思弁）的興味、審美（趣味）的興味、同情的興味、社会的興味、宗教的興味に分類した。

段階教授論の基盤となるのは、「教育的教授」および「多方興味」といったヘルバルトの陶冶および人間形成論である。教育的教授は、外的障害を除去する「管理」や、生徒の心情に直接作用する「訓練」とは異なり、知識や技術を習得することによって、自ら善悪を判断できる意志を育てる。そのためには、学習者の多方面の興味を呼び起こしながら、直観へと働きかける。

ヘルバルトの段階教授論は、対象を見る「明瞭」、浮かんだ表象を関連づける「連合」、多数のものの関係を秩序づける「系統」、系統を分節化し応用する「方法」の4段階から成る。そこには、個々の対象へと没頭する「専心」と、専心によって獲得した表象を反省し人格と統一する「致思」が働いている。この4段階は学習者の認識の過程であり、それをヘルバルトは教授段階へと適用したのである（ヘルバルト、1960、18〜20ページ、65〜79ページ）。

4段階教授論は、その後ヘルバルト学派として受け継がれた。とくにツィラー（T. Ziller）およびライン（W. Rein）は、5段階教授論を提唱した。ツィラーの5段階は、分析─総合─連合─系統─方法であるのに対して、ラインの5段階は、予備─提示─比較─概括─応用であり、大きく異なる。それは、ヘルバルトにおける認識と教授の一体化から、指導方法としての段階教授論への転換ということができる。

ペスタロッチやヘルバルトの教授理論は、日本においても明治期に近代教育のモデルとして導入されたため、現代の学校教育においても指導原理として影響を与えている。例えば、実物を見せながら問答を交えて授業を展開させる方法は、高嶺秀夫や伊沢修二によって「開発教授」として紹介されたり、「庶物指教」と呼ばれる翻訳書も出版された。ヘルバルトの段階教授論も、東京帝国大学で谷本富がハウスクネヒト（E. Hausknecht）から学び、高等師範学校等を通じて普及していった。ただしそこでの指導法は、準備（授業の目的の予告）、提示（新しい教材の提示）、織綜（提示を踏まえて類似あるいは反対の事象を比較）、統合（知識のまとめと体系化）、応用（新しい事例や場面への応用や試験）といったように、授業場面に即しており、ヘルバルトの思想の本質は形骸化している（谷本、1894、92〜95ページ）。

2　問題解決学習

定められた教科内容や教材を、教師が学習者に向けて伝達する方法は、多くの人を一度に指導する際には効果的である。しかしそこには、学習者の興味や関心、発達といった観点は見逃されており、学ぶ意義を見出せないままに学習に取り組む者が出てくることも考えられる。そのような教師からの指導ではなく、学習者一人ひとりの主体性を重視した方法が、問題解決学習である。

問題解決学習の思想的根底にあげられるのが、デューイ（J. Dewey）であ

る。プラグマティズム（実用主義）の哲学者として知られるデューイは，19世紀までの教育を，子どもたちの態度を受動的および機械的に集団化するという点で「旧教育」として批判する。それは，ものを作り，活動し，創造し，生産しようとする衝動に訴えかけるものではないため，学問の初歩である読・書・算の記号を獲得すると，学習に興味を示さなくなることがある。また，実物教授や感覚に訴える指導を行ったとしても，それが実際の生活や社会と結びつかなければ意味ある学習とはならないとデューイは考えた。

「学校は小型の社会，胎芽的な社会となる」という言葉に代表されるように，デューイは生活および学習の方法を習得する場として学校を位置づけた。問題解決学習は，学習者が進んで学習問題を捉え，解決志向の学習活動をしながら，追究し解明していく学習を意味するが，そこでの「問題」は，学習者自身にとっての問題となる必要がある。また「解決」についても，答えを追い求めるだけでなく，生活と結びつきながらその過程が重視される。そのような「学習」は，製作や表現といった活動によって感覚に働きかけるとともに，話し合いや共同作業といった集団活動も含まれる。

『学校と社会』における一例として，料理の話がある。そこでは，野菜類と肉類との栄養分を比較したり，異なる温度での卵の状態を調べて白身にどのような影響を与えるかを調べたりした。このような活動を通して，子どもの料理を作りたいという衝動を促進するとともに，材料や諸条件に関して得られた認識が自分の衝動を規制するようになることが教育的であると，デューイは考えた。それは同時に，理科や家庭科といった教科内容を別々に学ぶのではない，合科的総合的なカリキュラムになっている（デューイ，1957，22ページ，29ページ，49〜51ページ）。

また，デューイに学んだキルパトリック（W. H. Kilpatrick）は，問題解決学習を「プロジェクト学習」として発展させた。ここでのプロジェクトとは，「社会的環境の中で展開される全精神を打ち込んだ目的ある活動」と定義され，具体的には，「生産活動」「美的鑑賞」「知的困難な問題の解明」「基本的事項・物事の習熟」に分類される。プロジェクト学習のモデルとしては，問題の選定—計画の立案—計画の実施—評価といった過程が考えられている（キルパトリック，1967，11〜14ページ）。

プロジェクト学習の例として，キルパトリックは女児のドレス製作をあげる。女児が，心を込めてドレスを作ろうと意図し，自分自身で計画して作り上げた場合，それは，女児が全精神を打ち込んだ目的ある活動にあたる。またそれは，ドレス製作の過程における新しい事態を克服し，製作に打ち込む女児を級友が見ることで，社会的環境のなかでドレス製作が行われていることを意味する。この他にも，学校新聞や手紙の執筆等，子どもが自ら興味ある課題に一

▷5 『学校と社会』
デューイが運営した，シカゴ大学附属実験学校に関心をもつ聴衆に対する講演の記録である。

生懸命取り組めば、そこでの学びはプロジェクト学習の成果となる。

3　発見学習と探究

　問題解決学習は、新教育あるいは進歩主義教育と呼ばれ、20世紀アメリカにおける指導方法の基盤となり、日本にも影響を及ぼした。その一方で第二次世界大戦後になると、宇宙開発競争が盛んになるなか、1957年に「系統学習」の立場をとるソビエトが世界で初めて人工衛星「スプートニク」の打ち上げに成功した。宇宙開発の技術は軍事目的にもつながるため、アメリカでは「スプートニク・ショック」と呼ばれ対応策が検討された。その一つとして、国家防衛教育法が制定されて科学教育や研究の充実が打ち出されるとともに、経験主義による問題解決学習のあり方が問われるようになった。そのようななか、1959年にはウッズホール会議が開催され、「教育内容の現代化」と呼ばれる、科学者や心理学者を含めた教育改革の議論が進められた。

　ウッズホール会議の議長を務めたのは、心理学者のブルーナー（J. S. Bruner）である。ブルーナーは、議論の成果を踏まえて『教育の過程』を出版した。その際、「どの教科でも、ほとんどどの年齢のどの子どもにも効果的に教えることができる」という仮説の下で提案したのが、発見学習である。ここでの発見とは、気づかれなかった諸関係の規則と諸観念間の類似性を意味する。それは、教科内容の構造を理解するというブルーナーの学習観に基づいている。

　教科内容の構造を説明する際、ブルーナーは尺取り虫が斜面を上っていく例を取りあげる。傾斜面の角度が変わっても尺取り虫は常に15度の傾きで上っていくことを、学習者は観察を通して発見する。それとともに、それは生物の「走性」の一種であり、イナゴの群飛の密度と気温の関係、昆虫の行動と酸素濃度の関係および種の独立性の維持といった現象も、「走性」として位置づけられる。このように、ものごとの関連性を発見することによって、事実をばらばらに理解するだけでなく、未知の事象についても「走性」概念を適用することや、新たな構造を発見するといった、科学的な考え方を育成しようとした（ブルーナー、1963、7〜9ページ、42ページ）。

　このような発見学習に対して、BSCS 生物の開発に関わったシュワブ（J. J. Schwab）は、探究学習論を提唱した。シュワブは探究を、原理を用いて検証しながら科学的知識を修正する過程と考えている。その際、シュワブは探究を固定的探究と流動的探究の2種類に分けて、それらが交替しながら進行すると主張した。固定的探究とは、遺伝する特性のなかにどのような遺伝子が含まれているのかを発見するように、知的体系を構築することを意味する。しかしながら、科学的知識は修正的性格を有しており、メンデルによる遺伝子の発見も一

▷6　系統学習
学問および認識の系統性を重視する立場であり、文化遺産と呼ばれる科学、技術、芸術の諸成果を教科内容および教材として構成しながら、発達や認識のしかたに即して指導する。

▷7　教育内容の現代化
成果として、PSSC 物理、CHEMS 化学、BSCS 生物、SMSG 数学といった、現代科学の内容や系統を踏まえたカリキュラムや教材が開発された。

時的な結論でしかない。それゆえ，矛盾したデータが出てきたり，それまでの原理や法則では説明できない事象にぶつかった時には，流動的探究が必要となる。流動的探究においては，固定的探究の失敗の原因から新しい概念を考え，それが適用可能かを検証することによって，主題を再定義して新しい原理をつくり出す（シュワブ，1970，13～34ページ，157～158ページ）。

　発見学習や探究は，将来の科学者を育てるために，科学者自身の研究スタイルを学習方法として取り入れた点に特徴がある。そのような発見や探究は，内発的動機づけを生み，ヒューリスティックスと呼ばれる見通しや洞察する力を育てるとともに，他の学習への転移や一般化に結びつけることも意図されていた。日本においてもこれらの影響を受けて，戦後当初の問題解決学習から，高度成長期には理数分野を中心に教育内容の現代化への転換が図られた。

3　アクティブ・ラーニングと協働的な学び

1　アクティブ・ラーニングの強調

　学習観の転換の下，「アクティブ・ラーニング」と呼ばれる学習者主体の指導方法が強調されるようになった。それは高等教育改革がきっかけとなっており，中央教育審議会大学分科会制度・教育部会「学士課程教育の構築に向けて」（2008（平成20）年3月）や「新たな未来を築くための大学教育の質的転換に向けて」（2012（平成24）年8月）において，アクティブ・ラーニングへの転換が提言された。この背景には，大学の大衆化がある。基礎学力や研究への意欲の高い学生が集まる場としてだけではない，新たな位置づけが大学に求められるにつれて，指導方法の改善も必要となった。また，グローバル化や少子高齢化社会において求められる能力の変化もあげられる。海外競争力の強化とともに，ロボットや人工知能の開発によって，単純な作業や与えられた課題を解決する力にとどまらない，問題解決能力が求められている。

　海外においても，アクティブ・ラーニングに関する研究は行われている（Bonwell & Eison, 1991）。それは従来の教育に対して，学習観の転換と学校の役割の問い直しを迫っている。すなわち，教師や教材以外から，さまざまな形で最新の情報が瞬時に入手可能となるなかで，知識や技能を記憶し習得することにどのような意味を見出せるかということである。教師と学習者が集まる場としての学校を考えた時，学習者自身による実験や活動，あるいは話し合いや協働的問題解決といったアクティブ・ラーニングはいっそう重視される。

　アクティブ・ラーニングの具体的な方法としては，グループディスカッションやディベートといった双方向の講義，演習，実験，実習や実技等があげられ

▷8　アクティブ・ラーニング
「新たな未来を築くための大学教育の質的転換に向けて」ではアクティブ・ラーニングを，「教員による一方向的な講義形式の教育とは異なり，学修者の能動的な学修への参加を取り入れた教授・学習法の総称」と定義している。

る。また，体験学習，調査学習，発見学習，問題解決学習，課題解決・探究学習，PBL（Problem/Project Based Learning）も，アクティブ・ラーニングにあてはまる。とくにこれらの方法においては，グループワーク，協調・協働学習といった学生参加型あるいは他者との協働を重視して，汎用的（ジェネリック）な能力を育てようとする点が特徴である。

2　主体的・対話的で深い学び

　アクティブ・ラーニングは，初等中等教育にも影響を与えており，中央教育審議会「幼稚園，小学校，中学校，高等学校及び特別支援学校の学習指導要領等の改善及び必要な方策等について」（2016（平成28）年12月21日）においてもそのあり方が問われた。ただし，この答申でアクティブ・ラーニングは「主体的・対話的で深い学び」と呼ばれている。

　具体的には，「主体的な学び」とは学習者が興味をもって積極的に取り組み，学習活動を振り返り意味づけたり，身についた資質・能力を自覚し共有したりすることである。また「対話的な学び」とは，子どもどうしの協働，教職員や地域の人との対話，先哲の考え方を手がかりに考えること等を通じて，自己の考えを広げ深めることである。さらに「深い学び」とは，知識を相互に関連づけてより深く理解したり，情報を精査して考えを形成したり，問題を見出して解決したり，思いや考えをもとに創造したりすることである（中央教育審議会，2016，49～50ページ）。とくに，学習者が話し合いや調べ学習等の活動をするだけでなく，問題を見出し創造するといった「深い学び」を行うことが特徴である。

　「深い学び」に類する概念として，人工知能研究で用いられる「ディープ・ラーニング」がある。「ディープ・アクティブラーニング」を提唱する松下佳代は，マルトン（F. Marton）やエントウィスル（N. Entwistle）らの理論に依拠しながら，「浅いアプローチ」と「深いアプローチ」とに区分した。すなわち，浅いアプローチは再生産としての断片的知識の暗記や，意味づけのない無目的な学習を意味する。これに対して，深いアプローチは意味の追求と知識や経験との関連づけ，共通するパターンや原理の発見，証拠のチェックや議論の批判的吟味，自分の理解のレベルを認識するといった点で違いがある（松下・京都大学高等教育研究開発推進センター編著，2015，11～12ページ）。

　さらに，活動の能動性という観点からは，外的活動における能動性と，内的活動における能動性とがある。ここでいう外的活動とは，身体的な能動性を意味しており，話し合い・議論・討論，説明，表現，主張，質問・問答，反論，説得，調べ学習，グループ活動，観察・実験，演奏，演示，作品製作といった学習があてはまる。これに対して内的活動とは，頭や精神が活発な状態であ

▷9　ディープ・ラーニング（深層学習）
人間が行う作業を人間の神経をモデルとしたニューラルネットワークで，人工知能が自分で学習し，その性能を向上させていく学習のことである。答えや解き方のパターンを探すだけでなく，学んだ成果をもとに新しい場面に対応しようとする点で，ディープラーニングは，深い学びにおいて今後求められる能力とも一致する。

り，学習の見通し，振り返り，問題発見，課題把握，問題解決，構想，選択・判断，合意形成・共有・共感，価値，予測・予想，推理・推測・推定，仮説，分析，解釈等がこれにあたる。外的活動と内的活動とが同時に成立することが，真のアクティブ・ラーニングには求められる。

3 協働的な学びの類型

　学級の児童生徒をいくつかのグループに分けて，小集団で学ぶことを協働的な学びというならば，日本においてもそのような学習は古くから実践されてきた。例えば大正期には，八大教育主張の提案者でもある及川平治が『分団式動的教育法』を提唱している（及川，1912）。また，班による学習も協働的な学びの一種であり，理科や家庭科等での実験・実習や，話し合い活動がこれにあたる。

　それに対して，心理学の手法を応用しながら小集団での話し合いを実践した方法として，バズ学習と6-6方式がある。これらは小グループで自由な雰囲気のなかで話し合うことによって，一人ひとりが自分の意見を述べたり新しいアイディアを思いついたりすることや，限られた時間内での効率的な話し合いを可能にする。

　さらに，一人ひとりの学ぶ権利の実現を目指して「学び合い」を取り入れた実践が，「学びの共同体」である。「学びの共同体」は佐藤学によって提唱され，1990年代末から茅ヶ崎市立浜之郷小学校をはじめ，各地で実践されている。そこでは「背伸びとジャンプ」と呼ばれる高い内容を設定すると同時に，子どもが「聞き合う関係」によって協同的に学び，わからない子に対する説明を通してわかっている子も理解を深めることで，「互恵的な学び（reciprocal learning）」を目指す。「学びの共同体」を成立させるためには，すべての教師が研究授業を公開して，教室や教科の壁を克服するために学年単位による研修を実施して教師の同僚性を尊重する。また，校務分掌や委員会の会議等をできるだけ減らし，学びを学校経営の中核に設定することで，学校も「学びの共同体」となることを目指している（佐藤，2006，32〜43ページ）。

4 ジグソー学習とCSCL

　学習者がグループで活動する場合でも，通常の協同学習では，同一の課題を全員が同時に取り組む。これに対して，グループごとに異なる課題を学びながら，グループを再構成して学びを深めるのがジグソー学習である。

　ジグソー学習は，1970年代にアロンソン（E. Aronson）によって，アメリカの公立学校における人種を混合した授業を目指して提唱された。そこでは，ホームグループとエキスパートグループがつくられる。例えば国語の読解にお

▷10　協働的な学び
個人ではなく集団の形態で学ぶ「共同（協同）学習（co-operative learning）」や，学習者相互のかかわりを通して学びを深める「協働（協調）学習（collaborative learning）」のように，論者によって用語や意味は異なる。

▷11　バズ学習
バズ（buzz）とは虫の羽音に由来しており，いわゆる「わいわいがやがや」の状態を意味する。

▷12　6-6方式
6人-6分間という条件の下で話し合う。これらはフィリップス（J. D. Phillips）によって提案され，日本においては塩田芳久らが広めた（塩田，阿部，1962）。

▷13　学び合い
男女4人ずつの小グループを基本的な形態として，グループ内の個々人の考えや意見の多様性を追求する。グループには特定のリーダーを設けたり意見の一致を求めたりはせず，「わからない」というつぶやきに対してメンバーが一緒に考える。

いて，段落ごとの読み取りが学習課題として設定されると，ホームグループの学習者は各段落のエキスパートグループに分かれる。エキスパートグループでは，担当する段落について読み取りを進める。その後，学習者はホームグループに戻り，各自がエキスパートグループで学んだ段落の内容を報告する。ホームグループでは，自分が担当した段落以外の内容を他の学習者から聞くことで，ジグソーパズルのように全体を組み立て理解する（友野，2015）。

ジグソー学習に構成主義的学習論を組み合わせたのが，知識構成型ジグソー法である。知識構成型ジグソー法は，(1)問いの設定，(2)自分のわかっていることの意識化，(3)エキスパート活動，(4)ジグソー活動，(5)クロストーク，(6)一人での答えといった段階から成る。それは，考えを外に出して確認してみる（課題遂行）ことと，他者の活動を見たり聞いたりしながら自分の考えと組み合わせてより良い考えを作る（モニタリング）という意味で，建設的相互作用をもたらす。このような関わり合いを通して問いに対する回答を求め，一人ひとりが考えを深める活動を協調学習と呼んでいる。

さらに，コンピュータを用いた協働学習として，CSCLがある。これは，授業における対話や討論，問題解決をコンピュータ上で行おうとする。例えば，web掲示板やメーリングリストを活用しながら，web上に自分の考えを書き込んだり，他者の意見にコメントしたり，それらを関連づけるといった活動が行われる。教室での協働学習と比べ，授業時間外でも参加できること，教室外の他者や専門家との意見交流もできること，個人の思考をコンピュータ上に文字として記録・保存できることといった特徴がある。コンピュータやインターネットの進歩によって，CSCLはさらに発展的な活動を行う可能性を秘めている（日本教育工学会，2016，112～138ページ）。

▷14 知識構成型ジグソー法
この実践は，東京大学を中心としたCoREF (Consortium for Renovating Education of the Future)において，埼玉県の公立高等学校と連携して研究授業等が行われている（三宅ほか，2016，1～21ページ）。

▷15 CSCL (Computer Supported Collaborative Learning)
1990年代にはアメリカにおいてナレッジフォーラム(knowledge forum)という学習支援ソフトが開発され，web上での協働学習が可能になった。

Exercise

① 「学ぶ」と「教える」の違いを考えながら，学習者の学びを中心とした指導をどのように行えばよいか，実践例とともに考えてみよう。
② 段階教授論，問題解決学習，発見学習と探究について，それぞれの特徴を整理するとともに，これまで受けた授業でこれらの方法がどのように用いられてきたか振り返ってみよう。
③ 中央教育審議会答申等の資料を読みながら，「アクティブ・ラーニング」「主体的・対話的で深い学び」が，どのように，またなぜ強調されるようになったのか調べてみよう。

📖 次への一冊

佐伯胖監修，渡部信一編『「学び」の認知科学事典』大修館書店，2010年。
　「学ぶ」とはどういうことかについて，心理学をはじめ哲学や脳科学など，多方面からハンドブック形式で各テーマについて詳しく解説されている。

子安増生・楠見孝・齊藤智・野村理朗編『教育認知心理学の展望』ナカニシヤ出版，2016年。
　感覚，知覚，言語，思考といった基礎理論から，教授法や発達および心理測定まで，認知心理学と教育学の両面を視野に入れた研究動向書である。

谷川彰英『問題解決学習の理論と方法』明治図書出版，1993年。
　「問題」「問い」の概念や子どもが追究する学習問題の条件とともに，梅根悟や柳田国男の研究を社会科教育にどのように生かすかといった，理論および実践の両面から問題解決学習を考察している。

山辺恵理子・木村充・中原淳・堤ひろゆき・田中智輝編著『ひとはもともとアクティブ・ラーナー！――未来を育てる高校の授業づくり』北大路書房，2017年。
　中原淳が運営する「マナビラボ」による，高等学校を対象としたアクティブ・ラーニングの実態調査や授業の実践事例が書かれている。

佐藤学『学校を改革する――「学びの共同体」の構想と実践』岩波ブックレット，2012年。
　「学びの共同体」の考え方が，簡潔にまとめられている。具体的な実践事例は，佐藤（2006）に詳しい。

引用・参考文献

Bonwell, C. C. & Eison, J. A., "Active learning: creating excitement in the classroom," *School of Education and Human Development*, The George Washington University, 1991.
ブルーナー, J., 鈴木祥蔵・佐藤三郎共訳『教育の過程』岩波書店，1963年。
中央教育審議会「幼稚園，小学校，中学校，高等学校及び特別支援学校の学習指導要領等の改善及び必要な方策等について」2016年。
コメニウス, J., 井ノ口淳三訳『世界図絵』ミネルヴァ書房，1988年。
コメニュウス, J., 鈴木秀勇訳『大教授学（1）』明治図書出版，1965年。
デューイ, J., 宮原誠一訳『学校と社会』岩波書店，1957年。
ヘルバルト, J., 是常正美監訳『ペスタロッチーの直観のABCの理念』玉川大学出版部，1982年。
ヘルバルト, J., 三枝孝弘訳『一般教育学』明治図書出版，1960年。
キルパトリック, W., 市村尚久訳『プロジェクト法』明玄書房，1967年。
松下佳代・京都大学高等教育研究開発推進センター編著『ディープ・アクティブラーニング――大学授業を深化させるために』勁草書房，2015年。
美馬のゆり・山内祐平『「未来の学び」をデザインする――空間・活動・共同体』東京大学出版会，2005年。
三宅なほみ・東京大学CoREF・河合塾編著『協調学習とは――対話を通して理解を深め

るアクティブラーニング型授業』北大路書房，2016年。
日本教育工学会監修，加藤浩・望月俊男編著『協調学習とCSCL』ミネルヴァ書房，2016年。
及川平治『分団式動的教育法』弘学館書店，1912年。
ペスタロッチー，J.，東岸克好・米山弘訳「白鳥の歌」『隠者の夕暮，白鳥の歌，基礎陶冶の理念』玉川大学出版部，1989年。
ペスタロッチー，J.，前原寿・石橋哲成訳「ゲルトルート教育法」『ゲルトルート教育法，シュタンツ便り』玉川大学出版部，1987年。
佐藤学『学校の挑戦──学びの共同体を創る』小学館，2006年。
シュワブ，J.，佐藤三郎訳『探究としての学習』明治図書出版，1970年。
清水毅四郎「直観性の原理」日本教育方法学会編『現代教育方法事典』図書文化，2004年。
塩田芳久・阿部隆編著『バズ学習方式』黎明書房，1962年。
谷本富『実用教育学及教授法』六盟館，1894年。
友野清文「ジグソー法の背景と思想──学校文化の変容のために」『學苑』昭和女子大学総合教育センター，2015年，1～14ページ。

第5章
授業における指導技術

〈この章のポイント〉
　授業は，教授の三角形と呼ばれる教師―教材―子ども（学習者）による相互の営みである。それは，人間の築いた文化遺産の伝達や，知的な姿勢や態度の育成，協働学習といった機能をもつ。本章では，まず授業の概念や機能および教授の三角形といった構成要素について学ぶ。次に，教師の話し方，発問・説明・指示，話し合いやディベート，板書とノートといった指導技術について検討する。さらに，一斉授業，小集団学習とティーム・ティーチング，個別学習と授業のユニバーサルデザイン化といった授業の形態面についても解説する。

1　授業の構成要素

1　授業の概念

　学校においては，日々授業が展開されており，教師は教科書や教材を用いて教科内容を教える。だが，授業で学ぶのは学習者である児童生徒であり，教師が教えたつもりになっていても児童生徒が学んでいなければ，授業が成立しているとはいえない。歴史的にも，戦前は「授業」よりも「教授要目」「読み方教授」のように，「教授」の語が多く見られた。しかしながら，教師の一方的・画一的な教授に対する反省から，戦後においては経験主義・児童中心主義の教育が広がり，「学習指導」と呼ばれるようになった。さらに，昭和30年代以降に授業研究が盛んになるとともに，「授業」という用語が定着した。

　斎藤喜博は，著書『授業』において，「授業は，教師や子どもに創造と発見の喜びを与え，子どもに，きびしい思考力とか追求力とかをつけ，教師や子どもを，つぎつぎと新鮮にし変革させていくものである」と述べている（斎藤，1970，219ページ）。また林竹二は，自ら各地の小学校で授業を行いながら，「ほんとうの授業というのは，子どもが自分たちだけではどうしても到達できない高みにまで，自分の手や足を使って，よじ登ってゆくのを助ける営みです」と述べた（林，1983，41ページ）。

　二人の言葉から，授業は教師による教授と学習者である児童生徒による学習とが，教材を通して相互に行われる営みであることがわかる。その過程におい

▷1　斎藤喜博（1911～81）
戦後から昭和30年代にかけて，群馬県島村の小学校の校長として活躍し，晩年は宮城教育大学教授となった。

▷2　林竹二（1906～85）
教育哲学者で，東北大学教授，宮城教育大学学長。斎藤喜博に影響を受け，「人間について」や「開国」といった授業を各地の小学校で行った。

ては，斎藤のいう「きびしい思考力とか追求力」や，林のいう「自分の手や足を使って，よじ登ってゆく」ことが求められる。またその結果として，「創造と発見の喜び」を得ることができる。教育は意図的計画的な営みであり，教師が学習者に対して何らかの変容を促す働きかけを行う。それとともに，問答や討論，実験や活動を通して，真理をともに追求することが授業の特徴である。

2　授業の機能

授業は，人間にとっての文化遺産の伝達と発展，知的な姿勢や態度の育成，集団を介した協働学習といった機能をもつ。

第一に，教育は先行世代から後続世代に対して文化遺産を伝える営みである。ここでの文化遺産とは，知識や技能，芸術やスポーツといった活動を含む，人間のつくり出してきた成果すべてを指す。読み書き算をはじめ，生活するうえで必要な基礎的知識，職業を営むための実用的な知識や技能，学問や文化を生み出すための教養を，学習者に伝え授ける場として授業はある。それとともに，授業は児童生徒が教師とともに新しい知識や技能を発見し創出する場でもある。

第二に，授業においては知識や技能を習得する過程で，思考力や創造力といった諸能力が育成される。他教科や単元，さらには授業以外の場面においても，問題点を発見し推理や判断する際に，これらの諸能力は発揮される。そのためには，教科内容にとらわれず授業が常に思考や追求を促す場となるように，教師は心がけなければならない。また授業を通じて，学習に根気強く取り組む態度や，学習の方法を習得するという機能もある。それは，知的誠実さや人格形成へとつながる。

▷3　知的誠実さ
(intellectual integrity)
偏見や妄信を退け，真理を追求する姿勢を意味する。

第三に，授業は教師と児童生徒集団の関わりによって成立する。教室という場に児童生徒と教師が集まることは，異なる意見を主張しながら考えを出し合い解決するといった意味で，授業の大きな特徴である。これらの活動を通して，意見や主張の創出，議論の進め方，結論のまとめ方といった技能も習得できる。さらに，共同で考えたり助け合ったりすることを通して，社会性の育成にもつながる。学校という，失敗や自分の意見を自由に述べることが許される条件の下，知性や人間性が保障される場であることも，授業の機能である。

3　教授の三角形

授業の概念や機能は，教授の三角形としてたとえられる（図5-1）。ここでの三角形とは，教師―教材―子ども（学習者）である。そこには，教師―教材，教師―子ども，教材―子どもの関係が成立する。

教師―教材関係とは，教師が教材に向き合い，どのような内容を選択・配列

して指導方法を考えるかといった，広い意味での教材研究を意味する。それは授業の構築に欠かせないことであるが，学習者である子どもの発達段階や興味関心といった実態を抜きにしては，教師の一方的な計画に終わる恐れがある。

これに対して，教師―子ども関係は，教師の子どもに対する指導や支援を意味する。それは授業における中心的な関係であるが，何をどのように伝えるかといった教材がなければ，知識や技能およびそれにともなう諸能力を学習することはできない。教材をともなわない教師―子ども関係は，学習指導に対して生徒指導・生活指導と呼ばれ，人格への直接的な働きかけとして機能する。

さらに，教材―子どもの関係については，学習論として子どもがどのように学ぶかという点に焦点があてられる。教師の働きかけがなくとも，子どもは対象となる事物や出来事に興味をもち，学習を進めることがある。その一方で，例えばドリルのような反復や習熟を目指す学習では，子どもが教材に向き合っていても共同での活動が欠ける可能性がある。

このように，授業は教師―教材―子どもという三角形の条件がすべて満たされることが求められる。「教育的教授」といわれるように，教科内容の教授によって知識技能を伝達するだけでなく，人間性の育成にもつながることが授業の姿であり，これら三者のバランスが授業においては重要となる。

▷4　**教育的教授**
第4章▷3を参照。

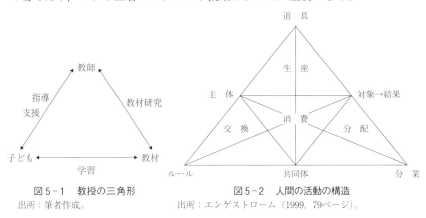

図5-1　教授の三角形
出所：筆者作成。

図5-2　人間の活動の構造
出所：エンゲストローム（1999, 79ページ）。

教授の三角形に対して，エンゲストローム（Y. Engeström）はヴィゴツキー（L. S. Vygotsky）の影響を受けながら，「拡張的学習」として異なるモデルを提示する（図5-2）。そこでは，人間の活動は文化的に媒介された活動であるという考えのもと，「主体」「対象」「共同体」およびそれぞれを結びつける「道具」「分業」「ルール」からなる活動システムモデルを提案した。具体的には，教師は「主体」，学習者は「対象」，学級は「共同体」であり，教科内容や教材にあたる「道具」を用いて，説明，発表，話し合いといった「分業」を行ないながら，学習規律のような「ルール」のもとで授業は成立する（エンゲストローム，1999, 79ページ）。

2　教師の指導技術

1　教師の話し方

　授業中における教師からの発言は，主として説明，指示，発問の3つから成る。このうち，指導すべき教科内容である出来事や解法を伝えたり，用語の意味を解説したりするのが説明である。講義中心の授業では説明が多く見られるが，学習者は話を聞くばかりの受け身の授業となってしまう。そこで，教科書や板書を声に出して読む，ノートに書かせたり話し合いをさせたりするといった，学習者に活動させるための指示も授業では見られる。さらに，教師が問いかけ学習者の思考を促すのが発問である。

　教師からの発言は，内容はもとより話し方によって授業の効果に影響を及ぼす。山元悦子は，教育話法について，「情熱的」「冷静」「親しみやすい」「的確」「筋道の通った論理的な話し方」「心に訴えかける情緒的な話し方」「日常生活の言葉を交えたわかりやすい話し方」「正しい規範的な話し方」「身振り手振り（演技性）」「心に響く内容（傾聴性）」「おもしろい（ユーモア性）」の11項目から成る調査を教師に対して行った。その結果，教師は「傾聴性」「親しみやすさ」「的確さ」とともに，「スピード」「声の大きさや高さ」「間」を重視していることが明らかになった（山元，1996，19〜31ページ）。

　また犬塚三輪は，わかりやすさという観点から，話す技術として(1)ミクロ構造が明確で，文法的なあいまいさの少ない文を用いる，(2)授業全体のマクロ構造を反映させて話す，(3)どこで話題が転換するのか，次に話される内容はこれまでの話題とどのように関連するのかを示すようなシグナリングを意図的に入れる，(4)授業全体の概要や枠組みを示す先行オーガナイザーを置くという4点を示した（犬塚，2016，68〜71ページ）。

　これらの研究から，教師の話し方は論理性，具体性，感情，非言語性といった要素から成ることがわかる。このうち論理性については，「大切なことは〇〇です」のように重要なことを焦点化したり，「第一に」「第二に」といった順序や「なぜなら」「その結果」といった接続詞を差し挟んだりすることで，伝えたい内容を明確にすることができる。具体性については，「例えば」と例を取り入れて，子どもたちの生活や経験と関連づけることで，わかりやすさにもつながる。感情については，子どもをほめたり学級に緊張感をもたせたりすることで学習意欲を高める。さらに身振りや表情といった非言語的な振る舞いも，視覚的な働きかけによって内容や感情を伝える補助的役割を果たす。

　この他にも，声の大きさ，抑揚と強弱，常体敬体といった口調も，話法とし

▷5　教育話法
教師の話し方について，国語教育学者の野地潤家が，『教育話法の研究』（柳原書店，1953年）を著している。

▷6　ミクロ構造とは把握した文と文の関係性のことであり，ミクロ構造をまとめ全体像を明らかにするような上位構造がマクロ構造である。

て配慮する必要がある。例えば、大きな声ばかりでなく、注目させたい時や子どもを落ち着かせたい時にはあえて小さな声で話すなど、授業の状況に応じて使い分けることが求められる。抑揚や強弱も、話している教師と聞いている子どもとの間で受け止め方が異なる場合もある。口調については、教師が子どもの距離を縮めたい時や子どもの意表を突いて関心を向けたい時などに、くだけた口調で話すこともあるが、たとえそれが効果的であっても、教師と子どもの関係性といった点で望ましいかを考慮すべきである。

２　発　問

　発問は、授業において教師によって発せられる問いかけのことである。発問は教育独自の用語であるが、それは質問や「問い」とは区別される。すなわち、「問い」は学習者の内部に生じ、それを学習者が授業において表出するのが質問である。それゆえ、発問は単に教師からの問いかけというだけでなく、発問が学習者の「問い」となる、あるいは学習者に「問い」を生み出させる必要がある。そうであれば、「～だろうか」のような問いかけの形でなくとも、教師の発言や働きかけが発問となる可能性もある。

　宮坂義彦は発問を、子どもの予備知識を調べたり注意や興味を喚起したりする「試験発問」、授業における主要な発問で法則を抽象化する「発展発問」、子どもが習得した知識を点検、評価する「復習発問」に分類した（宮坂、1970、38ページ）。また吉本均は、何を思考するのかをしぼる「限定発問」、知識や問題設定の固定化を排して否定的にゆさぶる「否定発問」、さらには一人ひとりの知識・認識を真の確信や思想にまで結びつける「関連発問」の３種類をあげている（吉本、1995、147～153ページ）。宮坂の分類は、試験、発展、復習といった発問の機能に着目しているのに対して、吉本の分類は、宮坂の発展発問を具体化して、学習者の思考や活動に迫っている。

　さらに、ブルームの提案した「教育目標の分類学」における認知領域の６要素は、発問の分類にも用いられる。具体的には、想起・知識（「東京オリンピックはいつ開催されたか」）、理解（「他家受粉とはどういうことか」）、応用（「三角形と四角形の公式を使って台形の面積を求められるか」）、分析（「不忍池の水質にはどんな特徴があるだろうか」）、総合（「日本の景気は回復しているか」）、評価（「主人公のとった行動は適切だったか」）のように、認知的操作に応じた発問のレベルが設定される。

　これらを踏まえて、発問は授業の展開に即して次のように用いられる。まず導入段階では、前時の既習事項の確認や動機づけの発問が行われる。例えば大津和子は、高等学校現代社会の実践「一本のバナナから」の授業において、生徒にバナナを食べさせながら「今みんなが食べたバナナはどこで作られたと思

▷７　**教育目標の分類学**
1956年に、ブルームが人間の心理的・行動的能力や特性を体系的に整理するために考案した。認知領域のほか、情意領域、感覚運動領域がある。

いますか？」と問いかけ、開発途上国の南北問題へと結びつける（大津，1987，8ページ）。この導入発問は、身近な食べ物を題材に、海外の生産地と価格の安さに目を向けさせる動機づけの役割を果たしている。次に展開段階では、多様な意見や解釈が出るよう、解法や説明を理由とともに発問する。例えば有田和正は、小学校第2学年「バスの運転手」において「運転手は、運転しているとき、どこを見て運転しているでしょう？」と発問したが、これは「前」だけでなく鏡を通して後方やドアを確認するなど、乗客の安全や案内といった多くの業務を行っていることに気づかせるための発問である（有田，1988，95ページ）。最後にまとめの段階では、多様な意見を集約したり、授業で学んだ事柄を確認したりする発問が行われる。

発問においては、学習者の実態を踏まえた指導が求められる。例えば、「麦には花が咲きますか」という発問について、麦畑を見慣れている地域の子どもにとっては麦に花が咲くことは当然知っている。だが、麦畑の横を通っていても関心のない子どももいるだろうし、農村地域であっても麦を栽培していなければ回答は難しい。逆に、街中で畑のない地域であっても、事典やインターネットで麦の花を知っている子どももいるかもしれない。それゆえ、学習者や学級の実態を把握するとともに、学習者どうしの「問い」へとつながるような発問を準備することが求められる。

3　話し合い

授業における話し合いは、学級全体で行われる場合と、グループに分かれて行われる場合とがある。前者は教師も関わるが、後者は7～8人の比較的大きな班、3～4人の小グループ、ペアでの話し合いと多様である。話し合いは、一人ひとりの意見や考えを全体に反映できるようにすることが目的であり、特定の者だけが発言することのないように配慮する。それとともに、消極的な者でも発言しやすくするグループ編成や雰囲気づくりも必要となる。

話し合いには、情報や意見の伝達のほか、アイディアの創出、自分の考えの主張や説得、あるいは他者理解や共感といった側面もある。他者から未知の情報や異なる意見を知り、自分との相違に気づいたり、一人では浮かばなかった解決策や新たなアイディアを思いついたりすることもあるだろう。そのような話し合いが進んでくると、意見を出し合うだけでなく、自分の意見の正当性を主張するため、対立点や他者の論理的矛盾の指摘といった議論も行われる。相手の伝えたいことはこういうことではないかといった、他者の立場から考えを説明することもある。

教師は、話し合いのグループを編成する際、メンバーやリーダーについても配慮する必要がある。また方法としては、まず何を話し合うのかについて課題

を確認する。何も言わなくとも，あるいは「どう思いますか」といった漠然とした問いかけで話し合いが始まる場合もあるが，そうでなければ「賛成ですか，反対ですか」「なぜそう思いますか」「どうすれば良いですか」といった問いかけが必要な場合もある。それとともに，自分の意見をもつことや問いかけに答えるために，個人の時間を確保することも必要である。さらには司会を立てたり，時間やルールを定めたり，挙手だけでなく指名や代表者の発表によって，全員参加の話し合いが可能になる。

　授業での話し合いには，教室ディベートと呼ばれる方法もある。そこでは，任意に「肯定側」と「否定側」に分かれて自分の意見が正しいことを主張する。ディベートには審判もしくは聴衆がいて，どちらの主張が説得的であるかをいくつかの観点から採点して勝敗を決定する。ただしディベートはゲーム的な要素を含んでおり，参加者は自分が肯定─否定のどちら側に立つことも可能であるとともに，勝敗についても勝者側の主張が実際場面でそのまま採用されるとは限らない（安藤・田所，2002）。

　ディベートでは，肯定側立論─否定側質疑─否定側立論─肯定側質疑─否定側反駁─肯定側反駁（以下，反駁の繰り返し）といった形で，双方から立論と質疑のやりとりが行われる。それぞれの活動には，準備も含めて数分間の時間が設定されており，制限時間内で相手の主張の矛盾点を指摘したり，質問に対して理由や根拠とともに反論したりする。ディベート甲子園では，例えば「日本は小売店の深夜営業を禁止すべきである。是か非か」（中学校），「日本は企業に対する正社員の解雇規制を緩和すべきである。是か非か」（高等学校）という論題が出されている。ディベートは，自由な発言あるいは内容のおもしろさというよりも，主張に至るまでの論理性を重視する点が特徴である。

▷8　ディベート甲子園
全国教室ディベート連盟が主催する，全国中学・高校ディベート選手権。夏休みに，中学生と高校生それぞれを対象にしたディベート大会が開催される。

4　板書とノート

　板書とノートは，学校の授業を特徴づける大きな要因である。黒板とチョーク，鉛筆と紙のノート以外のICT教育機器を活用することも可能であるが，現在でも板書とノートの果たす役割は大きく，多くの教室で使用されている。

　板書には，視覚化，授業内容の整理，学習過程の共有といった機能がある。視覚化とは，説明や発言を黒板に記し，情報を確認することである。音声だけでは消えてしまう情報も，黒板に記録することでいつでも確認できるし，全員が注目することも可能になる。授業内容の整理についても，キーワードの提示や図式化等によって要点を理解しやすくなる。さらに学習過程の共有については，授業の進行に応じて，意見の付け足しや解答の添削等を書き加えながら板書することで，授業中に何を行っているかが明確になる。

　具体的な板書の方法および配慮事項として，まず，黒板の大きさを考えなが

らどのようなレイアウトにするかを計画する（岩瀬・川村，2010）。学習過程に配慮すれば，1時間の授業で黒板が埋まるのが標準的である。教科書に合わせて，国語と道徳は板書も縦書き，他の教科は横書きとなるだろうが，横書きの場合には黒板を2～3分割した方が見やすい。書き切れなかったり文字の大きさが異なったりすることのないよう，どこに何を書くかもあらかじめ計画する。

次に，板書の速さについて留意する。授業の進行に沿って書くことはもちろんであるが，教師が教科書やメモを見たり発言を要約して書いたりすると板書に時間がかかることがある。逆に，説明しながら板書すると，学習者はノートを書き写すことに精一杯で教師の話に集中できない。それゆえ，説明と板書を別々に行うか，ノートを作成する時間を別途確保すべきである。

さらに，色チョークや図，絵，マグネット等も準備することが望まれる。例えば青チョークは課題，黄チョークは重要事項，赤チョークはまとめといったように，チョークの色ごとに板書での位置づけを統一しておけば，学習者が理解する際の補助になる。図や絵，記号についても同様である。学習者一人ひとりの名前を記したマグネットを用意して発言者を明確にすることや，賛成―反対のどちらかを全員が黒板上に示すといった授業も実践されている。

この他にも，書いた板書を消したり隠したりすることで，学習者の関心を引き寄せるとともに，復習に役立てることも可能である。教師だけでなく，学習者である児童生徒が自分の意見や解き方を板書して説明することも，一方通行にならない方法として重要である。

これに対して，ノートには記録と備忘，練習，および思考を深める機能がある。記録と備忘については，その日の学習内容を整理することで定着を図るとともに，1冊のノートに毎時間記録することで前後のつながりと積み重ねができるようになる。また，漢字や計算，英単語等をノートに書くことで，学習内容の定着や，誤字や解き方を確認することが可能になる。さらに，自分の考えや意見をまとめ表現するためにもノートは用いられる。この場合にも，下書きや思考の過程を書き残すことで学習内容の理解が深まるとともに，ポートフォリオ評価の一部にも利用できる（加藤，2007）。

▷9 ポートフォリオ評価
ポートフォリオとは書類ばさみを意味しており，授業中に学習者が収集・記録したメモやレポート，製作物等すべてを意味する。それによって，学びの過程を評価することに主眼を置く。

ノートづくりにおいては，罫線，無地，方眼紙のように，用途に応じたノートを選ぶことから始まる。罫線ノートも，行間幅の違いを考えたり，自分で罫線を書き足したり，左右ページで使い方を変えることもできる。また，色ペンやマーカー，シールやスタンプ，記号や囲み線の使用，さらには教材や付箋紙を貼り付けて書き込むことで，自分独自のノートを作成できる。教師は，学年や教科に応じたノートの書き方を指導するとともに，ノートを集めて学習状況を点検し，記述内容を添削することで理解を把握し指導に結びつける。それは，対面とは別の形でのコミュニケーションの場ともなる。

ホワイトボード，電子黒板，パワーポイント，タブレットコンピュータ等の ICT 機器は，従来の黒板にはない機能を有している。例えば，ノートを実物投影機でそのまま提示することや，一人ひとりがタブレットに意見を書き込み，全員の意見をスクリーン上に同時に示すこともできる。また，デジタル教科書を電子黒板上に示せば，それを全員で注目することも可能となる。教師は，これらの新しい機能や操作方法に習熟しながら，授業における活用可能性を考えることも求められている。

3　授業の形態

1　一斉授業と学級

一斉授業は，一人の教師が多数の学習者に対して共通する教育内容を同時に指導する形態である。日本においては学級を単位とした教育が行われており，現在では学校設置基準により，小・中・高等学校の1学級は40人（ただし公立小学校は，法律により35人）と定められている。それゆえ，学級の同一成員を対象とした一斉授業が行われることが多い。

一斉授業の原型は，モニトリアル・システム（助教法）に見ることができる。その後，一人の教師が大教室で多人数の生徒を教えるギャラリー方式という一斉授業も実施された。これらの方法が明治期の師範学校において導入されることで，日本においても一斉教授は広まった（柳，2005，66～78ページ）。

河村茂雄は，望ましい学級集団の要素として，(1)集団内の規律，共有された行動様式，(2)感情交流や内面的な関わりを含んだ親和的な人間関係，(3)学習や学級活動に意欲的に取り組もうとする意欲と行動する習慣，(4)自主的に活動しようとする意欲，行動するシステムの4点をあげている（河村，2010，76ページ）。これは，一斉授業が成立する学級の条件でもある。また久保齋は，学習規律という観点から授業の到達度を5段階に設定した（久保，2009，9ページ）。このことから一斉授業は，単に教師が指導内容を一方的に伝達するだけでなく，一人ひとりの学びを保障し他者とも関わり合う発展的な営みということができる。

一斉授業を成立させるためには，以下の3点に留意する必要がある。第一は，学習規律の指導である。多人数の授業においては，集中しない児童生徒が一人でもいると，それが他にも影響を与えてしまう。そのためには，話の聞き方，言葉遣いと話し方，発表や話し合いのルールといった，学習規律を指導することで，緊張感や集中力を維持させる。

第二は，「教え」と「学び」をともに保障することである。一斉授業において，教師はまず基本的な知識や技能を教え，学習者はそれを模倣し習得する。

▷10　モニトリアル・システム（助教法）
19世紀イギリスで，ベル（A. Bell）やランカスター（J. Lancaster）によって行われた。大教室に生徒を収容しつつ，生徒を能力別に分類してグループごとにモニターと呼ばれる生徒が他の生徒を指導していた。

▷11　具体的には，次の5段階である。(1)立ち歩きや私語なく授業が受けられる。(2)教師の発問に全員が反応し，素直に指示に従う。(3)教師の発問に一人ひとりが答えを用意し，友だちの意見に反応する。(4)その場その場の学習課題を理解し，教師の発問や友だちの意見と響き合った発言ができる。(5)学習課題をもって授業に参加し，教師・友達とともに授業をつくることができる。

それは，久保のいう初期の段階であり，それを踏まえて，「なぜ，どうして」や解釈といった，学びを深める働きかけが行われる。このような，基礎基本の習得にあたる「教え」を前提としながら，しかもそれにとどまらない学習者の主体的な「学び」の両面が，一斉授業では目指される。

　第三は，集団における他者との関わりである。一斉授業の場合，一人の教師対学級全員のように，学習者は受け身となり教師や他者との関わりが少なくなりがちである。それゆえ教師は，例えば教科書を読む場合でも，一斉音読や相互読みのように，他者と交流するように工夫する。また，授業中に個人学習の時間を確保して，机間巡視によって個別に対応する機会を設ける。そうして出された個々の考えの比較や，異なる解答を検討することで，一斉授業においても学習者相互の交流が可能になる。

2　小集団学習とティーム・ティーチング

　日本の学校教育においては，学習だけでなく，清掃や給食，校外学習等の生活場面においても小集団（班）が用いられる。小集団には，くじ引き等で決める無意図的集団と，話し合い等によって構成員を決める意図的集団とがある。意図的集団においては，希望者どうしのような学習者の自主性に任せる場合と，教育的意図を達成するために教師が積極的に関わる場合とがある。

　学習場面において小集団を活用する意義は，一人ひとりの学習者が自分の考えを反映させ，それを相互に深めるところにある。一斉授業において小集団を活用することも可能であるが，少数意見も取りあげそれを全員で検討することや，全員が積極的に発言できる場を設けるためには，小集団を学習活動の中心に据える必要がある。その点でも，小集団が効果的に機能するためには，リーダーあるいは班長の役割が重要になる。

　全国生活指導研究協議会（全生研）においては，民主的な集団の自己指導を確立するために，リーダーを積極的に活用する。具体的には，学級がどのような状況にあり変える見通しをどのようにつけるか，不利益や差別を受けている者がいることに気づかせ個人的自立と集団的参加に共感するように，リーダーに対して働きかける。学習についても，班員全員が理解できるように各班内で自己指導できることが重視される（全生研常任委員会編，1990）。

　意図的集団には，等質集団と異質集団という分類もある。これは，集団成員の質に着目しており，例えば性別や年齢等，何らかの基準で同質の者どうしをグループにするのが等質集団である。とくに学校教育においては，成績や学力において集団を編成する場合を，習熟度別指導と呼んでいる。学習指導要領においては，中学校では1989（平成元）年版から，小学校では2003（平成15）年修正版から「学習内容の習熟の程度に応じた指導」という表現とともに導入され

た。加配教員[12]の対象となったこともあって、例えば2学級を基礎─標準─応用といった3集団に分けて、学級担任と加配教員が各集団を担当する形態が増えてきた。そこでは、基礎クラスにおいてはつまずいている内容の復習や個人指導を行う一方、応用クラスでは複数の解法を検討したり発展的内容を扱ったりする（加藤，2004）。

　このような小集団学習に対して、授業において複数の教師が担当するのがティーム・ティーチング（TT）である。例えば、説明を一人の教師が行い練習問題の個別指導を二人の教師で行うことや、T1とT2が議論して、どちらの考え方を支持するか学習者に考えさせるといった、同一教科の教師が複数で授業を行う場合があげられる。また、社会と数学の教師が協力しながら地域における交通の発達にともなう将来の人口を推計するといった教科横断的な授業や、学習課題を複数設定して各テーマに教師が一人ずつ担当するといった方法も考えられる。さらに、英語におけるALTや、外部人材によるゲストティーチャーのように、教師以外とのティーム・ティーチングも可能である。習熟度別の基礎クラスだけを複数の教師で担当するといった、小集団学習とティーム・ティーチングを組み合わせて用いる場合もある（新井・天笠編，1999）。

　これらの学習は、いずれも少人数指導を可能にするという点で意義がある。また、学習者自身に自分に合うグループを選択させたり、1グループあたりの人数を弾力化してグループによる違いを出したり、異学年でグループを編成するといった工夫も考えられる。その一方で、上位下位に分けられることに対する自尊感情への影響、学習習慣や態度の二極化、内容や進度の差がつくことへの対応といった課題も残されている。さらに、教師の担当クラスが多様化することによる個々の学習者との関わりや、ティーム・ティーチングにおける教師間の意思疎通や役割分担といった点も課題である。

③ 個別学習と授業のユニバーサルデザイン化

　学習指導要領においては、「個に応じた指導の充実」が強調され、個別学習やグループ学習、習熟度別学習、興味・関心等に応じた課題学習、補充的な学習や発展的な学習などが例示されている。この背景には、臨時教育審議会「教育改革に関する第一次答申」（1985（昭和60）年）における、個性重視の原則がある。それは、画一的な教育にとどまらない工夫を求める一方で、一人ひとりに対して異なる目標および内容を設定して、その結果生じる学力格差を自己責任として容認するという意味も含まれる。

　個に応じた指導のうち、教師と学習者が1対1で学習する形態が個別学習である。個別学習は、学習者の理解や学習スタイル、興味等の実態に合わせた指導が可能になるため、学習効果は大きい。その一方で、一方的な説明やノート

▷12　加配教員
学校の教職員定数は、「公立義務教育諸学校の学級編制及び教職員定数の標準に関する法律」によって定められるが、政策や特別な条件を満たすことによって、標準を上回る加配定数を受けることができる。習熟度別指導やティーム・ティーチングも、これに該当する。

▷13 プログラム学習
スキナー（B. F. Skinner）のオペラント条件づけ理論に基づいており，問題に正解すると発展問題に進み，不正解の場合はフィードバックの説明や復習問題等に戻るといったプログラムが作成される。学習者は，正解不正解に応じて自発的に次の問題に取り組む。

▷14 ノーマライゼーションとインテグレーション・インクルージョン
高齢者や障害者等，社会的に不利な人たちが健常者とともに生きることがノーマライゼーションである。学校教育において，障害のある子どもと健常児とを一緒に教育することをインテグレーションというが，とくに，障害を個性および特別なニーズとみなし，それらを通常の学校教育の場に包み込んで必要な教育を行うことが，インクルージョン，もしくはインクルーシブ教育である。

▷15 広汎性発達障害
興味や関心が狭く特定のものにこだわりをもつ，他者との社会的関係の形成が困難であるといった特徴がある。

▷16 注意欠陥多動性障害（ADHD）
集中力が持続せず，じっとしていられないといった特徴をもつ障害である。

▷17 学習障害（LD）
知的障害はないが読み，書き，計算あるいは聞き取りのうち特定の技能が習得困難な障害のことである。

添削のように単に1対1の指導を行うだけでは，学習者の実態を踏まえた指導にはならない。また，学習者どうしでの話し合いや解法の比較等ができないため，この点についての工夫も求められる。

具体的には，教材を変える場合と，指導や学習のしかたを変える場合とがある。前者については，例えば基礎から発展まで段階別の練習問題を準備しておき，学習者の理解度に合った問題を選択して，理解できたら次の段階に進むという方法である。後者については，学習者の興味に合わせた具体物や事例を用いることや，学習者に説明を求め対話しながら進めるといった方法がある。さらに，教師ではなくコンピュータを用いたプログラム学習◁13もある。コンピュータ技術が進化した今日では，映像や音声等を活用しながら，理解度や学習の速さに応じた教材の提供が可能になっている。

このような個別学習とともに，発達障害をはじめとした通常学級に学習面や行動面で困難を示す児童生徒に対する配慮という観点からも，個に応じた指導は求められる。教師に対する調査によれば，そのような児童生徒は学級に6％程度存在すると考えられている。ノーマライゼーションおよびインテグレーション・インクルージョン◁14の流れに沿って，他の児童とともに学習可能な授業をつくり出す必要があり，そのような背景の下に考案されたのが，授業のユニバーサルデザイン化である。

発達障害でよく見られるのは，自閉症やアスペルガー症候群といった広汎性発達障害◁15の他，注意欠陥多動性障害（ADHD）◁16や学習障害（LD）◁17である。このような児童生徒は，ひとり遊びが多い，難しいことを知っているが一方的に話す，こだわりが強い，文字や行を読み飛ばす，集中力がない反面一つのことに没頭すると話しかけても答えない，順番やルールが守れない，興奮すると感情を調整できないといった特徴がある。

授業のユニバーサルデザイン化は，このような児童生徒に対する配慮を心がけるだけでなく，それが他の児童生徒に対しても理解しやすい指導となることを目指す。指導方法の工夫としては，共有化，身体性の活用，視覚化，スモールステップ化，展開の構造化，焦点化，時間の構造化，場の構造化，刺激量の調整，ルールの明確化，クラス内の理解促進があげられる（授業のユニバーサルデザイン研究会・桂・石塚・廣瀬編著，2014，26ページ）。これらは，授業の形態上は一斉授業であるが，一人ひとりの特性に応じた工夫を行っている点で，個別化を図っているということができる。

例えば，教室環境の工夫として教室の前面や黒板の周囲には掲示物を少なくすることで，他の掲示物に気をとられるのを防ぐ。また，スケジュールや手順を視覚化して提示することで，何をすればよいかが明確になるとともに，指示や応答における集中力の欠如も減少する。児童生徒とのやりとりにおいても，

接続詞や「一つ目，二つ目」といった順序を提示することで，記憶や複数の指示への対応といった負担を減らして集中できるようにする。授業内容についても，課題設定からまとめまでの構造化や協働学習を取り入れたりする等によって，学習状況を明確化するとともに一人ひとりの違いを児童生徒にも実感させる。さらに ICT の活用も，障害に応じた補助とともに集中力を高め視覚化するという点で，効果が期待される（さいたま市教育委員会，2017）。

Exercise

① 授業はどのような構成要素から成り立つのか，また同じ構成要素であっても「授業」といえる場合といえない場合があるかについて，教授の三角形やエンゲストロームのモデルを具体化しながら考えてみよう。
② これまでの経験から，わかりやすいまたはおもしろい授業と，わかりにくいまたはつまらない授業を取りあげ，そのような違いがなぜ生じるのか考えてみよう。
③ 学校において少人数指導や習熟度別授業を行う意義や必要性とともに，効果的な実施方法について考えてみよう。

📖 次への一冊

稲垣忠彦『授業研究の歩み──1960-1995年』評論社，1995年。
　「教授学研究の会」の中心的人物として，斎藤喜博や林竹二らとの実践とともに，教育史，授業カンファレンス，教師教育といった観点から教育方法学研究に取り組んだ論文集である。
山住勝広『拡張する学校──協働学習の活動理論』東京大学出版会，2017年。
　エンゲストロームの拡張的学習の他，ヴィゴツキーや野村芳兵衛等も取りあげながら，活動理論をどのように実践するかについて，具体例とともに示している。
豊田久亀『明治期発問論の研究──授業成立の原点を探る』ミネルヴァ書房，1988年。
　「問答」から「発問」への教育史上の転換を通して，明治期の教授法および指導技術の進展を描いており，その理論や方法は現代の授業を考えるうえでも参考になる。
全国特別支援学級設置学校長協会編著，田中裕一監修『小・中学校でできる「合理的配慮」のための授業アイデア集』東洋館出版社，2017年。
　特別支援学級を対象とした事例集であるが，インクルーシブ教育やユニバーサルデザインの授業を実践するうえでも，どのように配慮すべきか参考になる。

引用・参考文献

安藤香織・田所真生子編著『実践！アカデミック・ディベート——批判的思考力を鍛える』ナカニシヤ出版，2002年。
新井郁男・天笠茂編『学習の総合化をめざすティーム・ティーチング事典』教育出版，1999年。
有田和正『社会科発問の定石化』明治図書出版，1988年。
エンゲストローム, Y., 山住勝広ほか訳『拡張による学習——活動理論からのアプローチ』新曜社，1999年。
林竹二『林竹二著作集 授業の成立』（第7巻），筑摩書房，1983年。
犬塚三輪「授業における指導の技術」岡田涼・中谷素之・伊藤崇達・塚野州一編著『自ら学び考える子どもを育てる教育の方法と技術』北大路書房，2016年，65〜81ページ。
岩瀬直樹・川村卓正『子どもの力を引き出す板書・ノート指導のコツ』ナツメ社，2010年。
授業のユニバーサルデザイン研究会・桂聖・石塚謙二・廣瀬由美子編著『授業のユニバーサルデザイン』（7）東洋館出版社，2014年。
加藤辰雄『誰でも成功する 板書のしかた・ノート指導』学陽書房，2007年。
加藤幸次『少人数指導・習熟度別指導——一人ひとりの子どもをいかに伸ばすか』ヴィヴル，2004年。
河村茂雄『日本の学級集団と学級経営——集団の教育力を生かす学校システムの原理と展望』図書文化，2010年。
久保齋『一斉授業で子どもが変わる！』小学館，2009年。
宮坂義彦「発問の概念と発問分析の概念」『教授学研究 1』国土社，1970年，32〜62ページ。
大津和子『社会科＝1本のバナナから』国土社，1987年。
さいたま市教育委員会『ユニバーサルデザインの考えを取り入れた授業づくりガイドブック』2017年。
斎藤喜博「授業」『斎藤喜博全集』第5巻，国土社，1970年。
山元悦子「教育話法に関する力量形成過程の研究」『論叢 国語教育学』（4）広島大学国語教育学研究会，1996年。
柳治男『〈学級〉の歴史学——自明視された空間を疑う』講談社，2005年。
吉本均『思考し問答する学習集団』明治図書出版，1995年。
全生研常任委員会編『新版 学級集団づくり入門（小学校編）』明治図書出版，1990年。

第6章
個に応じる指導と学習集団

〈この章のポイント〉
　班やグループなど，集団を用いた学習・生活の学校体験を多くの読者はもっていると思われる。しかし，そこでの体験のなかには，"道徳的な"集団であったり，教師にとっての機能的な集団であったり，集団に対して否定的な印象を与えるものもあったのではないか。そこで，本章では，集団の意義を再考し，その意義のためには，授業づくり・集団づくりはどのように変わる必要があるのかについて学ぶ。

1　個に応じる指導

1　"個に応じる指導"を問いなおす必要性

　巷間に広がる教育産業の隆盛とともに，「個に応じる」という表現は，教育の「サービス」としての質を表すものとして定着したように見える。そこでは，教師と子どもの比率が小さければ小さいほど，質の高い教育が与えられているかのように捉えられている。と同時に，個に応じる，一人ひとりの子どもを大切にする教師こそが理想の教師であるという教師像もすでに定着しているようである。
　しかし，そこで言われている「個に応じる」とは何を意味しているのだろうか。本項では，「個に応じる」を構成する2つの要素，「個」と「応じる」について考えてみたい。
　「個に応じる指導」といった時の「個」とは何を指しているのだろうか。まず，大前提として，人間は一人ひとり異なる特質をもつ存在だということがある。その一人ひとりの特質を考慮することなく，ひとまとめに教育を行うなど，時代錯誤的であり，そのことを批判して済むような単純な話ではない。だからといって，オーダーメイドのように，一人ひとりに個別に行う指導が理想のものといえるのか，ということである。つまり「一人ひとり違う」といったときの「違い」を一緒くたにするのではなく，丹念に捉える必要がある。その際，安彦忠彦による，「個性」と「個人差」とを次のように対照的に整理したものが手がかりとなる（安彦，2004，35ページ）。

「個性」＝質的・主観的・全体的な個人の特性
「個人差」＝量的・客観的・部分的な個人の特性

この区別を踏まえれば，教育産業のなかでしばしば散見される「個に応じる指導」の多くが個人差に応じる指導であることがわかる。テストの点数に象徴されるいわゆる成績は，量的に，かつ客観的に示される部分的な特性であるゆえ個性ではなくて，個人差と呼ばれるものだからである。同様に，学校教育のなかでも個に応じる指導として進められた，典型的な施策である習熟度別指導もまた個人差に応じる指導として展開されてきた。

習熟度別指導は，一見効果的な指導法のように思える。よく"できる"子には，より難しく進んだ内容を与え，そしてあまり"できない"子には丁寧に指導をする，そのような指導法は確かに効率的に見える。しかし，その「丁寧さ」とは何なのだろうか。

公立中学校で実施された数学の習熟度別授業を比較し，発展コースと基礎コースとで見られる差異をかつて明らかにした（髙木，2006，28〜30ページ；深澤・髙木，2005，124〜126ページ参照）。象徴的な違いとして，基礎コースでは，授業のはじめに全体で，$\sqrt{8}$や$\sqrt{50}$の数が一つずつ書かれたカードを使い，それぞれ$2\sqrt{2}$や$5\sqrt{2}$の形に展開する復習を行っていたのに対し，発展コースでは，そのまま本時の内容に入っていたこと，「$3\sqrt{2}+4\sqrt{2}$」を「$7\sqrt{2}$」にしてよい根拠としての「分配法則」という言葉を，発展コースでは子どもたちから出させていたのに対し，基礎コースでは教科書のまとめを読み，「ちょっと，言葉難しいから無視してて」と述べていたこと，の2点をあげた。

いずれも基礎コースでは，表層的にしかわかっていない，あるいは解けるけどわかってはいないという状況になる危険性をはらんでいる。そうではなくて，学び方などの質的な特性を重視した指導が個性に応じた指導なのである。換言すれば，できる／できないという習熟"度"別指導でなく，でき方／わかり方の差という習熟"法"別指導が考えられねばならない。例えば，国語の文学作品の読みの場面で，「本文にこだわる学習者」と「自らの実生活から考える学習者」などの差異があげられる。両者の差はわかり方の差であって，その間に優劣はない。むしろ，それら複数のわかり方が授業のなかで交流されることに個性に応じる指導の意義が見出されねばならない。

また，インクルーシブ教育の視座からもこの点は重要なものになる。涌井恵は，「言葉で説明してもらった方がわかる子，図や絵と一緒に説明してもらった方がわかる子，全体像をぱっと示してもらった方がわかる子，順番を追って説明された方がわかる子，子どもたちの学び方は一人ひとり違ってい」（涌井，2014，22ページ）ることを前提とし，「どんな学び方がうまく行くのかをふりかえるメタ認知の力を子どもたちに育てる」（同上），「学び方を学ぶ」授業を提

▷1 インクルーシブ教育
障害のある者と障害のない者が共に学ぼうとする教育。

唱している。

　さて，もう一方の「応じる」についてであるが，個性にしても個人差にしても，個人の特性というときに，その特性は固定的に捉えられてはならない。生活綴方教育方法の代表的実践記録の一つである『学級革命』のなかで小西健二郎は，"気になる子"であった良文の詩を読んで，考えたことを以下のように記している。

　　☆左右の耳の大きさが少し違う。これは生まれつきだからなおそうと思ってもなおらない。☆うるしに負けたあとは，薬をつけて少し時間をかければなおる。☆ずるっと出たはなは，紙でかめば，今すぐきれいにすることができる。良文には，☆今すぐやらせればできること。☆今すぐはできなくてもやがてやらせることができること。☆どうしてもできないことがある。この三つをできるかぎり，はっきり区別しなければならない。今までのことを考えて見ると，今すぐできることでも，本人がしなかったら，仕方がないと思って，させないでいたようなことがある（小西，1992，108ページ）。

ここには，他者との差異が3つに分類されている。とりわけ，日々変化している子どもについて考える際には，このような分類は重要となろう。「この子には，苦手なこともあるが，それも個性として認め，得意なことを伸ばしていこう」などと，特性を変わらぬものとして固定化して単純に捉えるのは，「応じて」はいるものの，「指導」とは言えない。

　さらに，学習の経過との関連も考えられる必要があろう。水内宏は，「全教育活動の結果として個々人に体現されるもの」（水内，1987，41ページ）と個性を捉えた。つまり，個性的になるということを目標にして，教育を行うことは一般的にはありえないが，教育の後に生じてしまうものとして個性を捉えたのである。

２　個別指導の限界

　前項で述べたように，一人ひとりの子どもはさまざまに異なった存在である。そのため「個に応じた指導」とは，一人ひとりに対する指導である個別指導になりやすい。とりわけ，熱心な教師ほど個別指導を重視しやすい。しかし，そこには重大な落とし穴がある。ある新任教員の授業場面に対して，鈴木義昭は次のようにコメントしている。

　　今回の授業では，それまで「授業中は人（教員と級友）の話をよく聞こう」という方針に基づいて指導を重ねてきていたにもかかわらず，丁寧に個別指導をしてあげようという善意からの行為が，結果として，「先生の話を聞いていなくても，後で手を挙げれば，自分一人に詳しく教えてくれる」

▷2　生活綴方
「綴方」は今の作文にあたる。生活綴方とは，生活のなかで感じたことや考えたことをありのままに表現させようとする作文。さらにそれらを読み合うことで見方や考え方を深めようとした実践。

という意識を生じさせてしまいました（鈴木，2006，138ページ）。

ここには，"丁寧な"個別指導のもつ危険性が端的に表されている。全員に向かった説明を聞くよりも，先生が自分だけにしてくれる説明を聞く方が子どもにとっては容易であり，そして嬉しい。他方，教師にとっても個別に対応することで丁寧な指導を行っていると自らの実践を振り返ることができる。しかしそのことが，一斉指導を入りにくくしている一因にもなりうるのである。一人ひとりに対する指導が子どもを育てていることになっていないかもしれない，そのような危険性もふまえられておかねばならない。教師はずっとその子に対応できるわけではない。子ども一人でできるようにしなければならないのである。そのときに求められるのが，他の子どもとの関わりという視点である。

> Sくんは一対一対応が必要で，指示が全く通らない子どもだ。私がSくんの所に「はりつく」と，他の子どもを「放っておくこと」となってしまった。その時，他の子どもの力が必要だと身にしみて感じるようになった（長谷川，2016，63ページ）。

このような若手教師の率直な願いに表れているように，教師の側からも，個別から集団への流れが求められているのである。

2　育てるものとしての集団の意味

1　「なる」集団と「作られる」集団

本書を手にする読者のなかには，教職に就く準備のためと，家庭教師や塾の講師をアルバイトに選んでいる人も多いだろう。子どもが何をどのように感じ考えているかなど，子どもを学ぶうえでは，確かに将来の参考になることもあるだろう。だが，教えるという営みは，学校における教師のそれと家庭教師や塾でのそれとでは大きく異なる。それは，集団を相手に，そして同時に集団を使って指導するか否かという決定的な違いによる。学校の教師は，やはり学級という集団のなかで指導をしなければならないのである。

集団を指導するといった時に，例えば班をつくるなどといったことが考えられる。しかし，とくに若い教師から，「ちゃんと話し合える班と，何もしゃべらないような班とに分かれてしまう」といった声が出てくることがある。そのような際に問われなければならないのは，集団観である。つまり，集団というものを教師自身がどう見ているかということである。あたかも子どもどうしが集まれば彼らは仲良くなるかのような幻想とともに，集団を捉えてはいないだろうか。確かに，自然に出会って仲良くなる場合も確かにある。だからといって，学級における集団をつねに自然発生的集団にのみ依存してはならない。

子どもたちは最初から「共生＝共同」の関係にあるのではない。むしろ「排他」と「競争」のなかで，「自尊感情」や「学習意欲」を喪失し，教室のなかで，教師や他者を伺いながら，身のおきどころを探しているのではないか。だから教師は，いちはやく，子どもたちに「まなざし」で身に語りかけることで，安心感を演出し，子ども同士の「かかわり」を評価することで居場所をつくりだしていこうとする（深澤，2004，66ページ）。

▷3　まなざし
教育方法学のキーワードの一つとしてのまなざしについては，『学級の教育力を生かす吉本均著作選集5』（2006，141ページ以降）などを参照してほしい。

なかでも一文目に注目してほしい。子どもたちは最初から違いを認め合い協力できる関係にあるとは限らないのである。「限らない」と述べたように，確かにはじめから仲の良い友だちになっている子どももあろう。しかし，だからといって「はじめから」の仲の良さに頼るのではなく，「はじめ」の仲の悪さに失望するのでもなく，子どもどうしの関わりをつくり出すのが教師の仕事だという，集団観をもつ必要があるのである。

より正確に言えば，複数の集団観をもつ必要がある。例えば，「第一次集団」と「基礎的集団」をあげることができる。全国生活指導研究協議会（全生研）による，これら2つの概念（全生研常任委員会編，1990，67〜68ページ参照）を，諸岡康哉はより対比的に表現している。「第一次集団とは，日常的に接触し親密な仲間関係をもち子どもの人格形成に第一次的な影響を及ぼすインフォーマルな集団のことであり，基礎集団は集団組織の基本的単位となる日常生活を共有するフォーマルな集団である」（諸岡，1999，96ページ）。インフォーマルな前者は，居場所集団と表現されることもあり，自然発生的な仲良しグループが含まれる。対してフォーマルな後者は，"組織"の単位ということからも明らかなように人為的に構成されたものである。この2つの集団を，学級づくりの際どのように関係づけることができるだろうか。

まず第一に，第一次集団をそのまま基礎集団にするという方法が考えられる。つまり仲良しグループで学級の班をつくる，というものである。教師から見て，学級外ですでに良好な集団が形成されている，何より居場所のない子どもがいない，という稀有な状況に限って可能であるのだが，その一方，そもそも子ども間の人間関係にデリカシーのない教師がとる場合もある。

　今日は実験だから，適当に座って五人で一班を作れ。先生が何の気なしに言った一言のせいで，理科室にはただならぬ緊張が走った。適当に座れと言われて，適当な所に座る子なんて，一人もいないんだ（綿矢，2003，4ページ）。

このような場面に直面した経験のある読者も多いであろう。

そこで，第二の方法として，第一次集団とは別に基礎集団を形づくるというものがある。この方法による利点は，およそ2つある。まず，学級外での人間関係をもち込ませないということである。先の綿矢の描写に象徴的に表されて

いるように，子どもたちは複雑な権力関係のなかで生きている。授業や学級活動では，その権力関係といったん距離をとるというねらいが，そこにはある。そして幅広い人間関係を構築させようというねらいが，もう一つにはある。第一次集団のみでは，学級のなかで"島化"が進んでしまう。学級外では出会うことのなかった他者に，授業等を通して出会わせる機会を与えようとしているのである。

しかし，近年，これらの方法ではうまくゆかない状況が報告されている。というのは，自然発生的として，自明のものとして捉えられてきた第一次集団が形成されないことが多くなってきたからである。そこで，第一次集団，基礎集団，という風に集団を区分するのではなくて，機能として捉えようとする動きも見られる。藤井啓之は，両者の機能を過程的に次のように述べる。「当面，第1の機能（第一次集団的機能……引用者）と第2の機能（基礎集団的機能……同）を班にもたせながらも，徐々に第1の機能は班以外のグループへと派生させていき，班をできるだけ自治の基礎集団（決議・決定の単位や当番活動の単位）としての第2の機能に絞り込んでいくことが指導のポイントとなる」（藤井，2014，180ページ）。この第一次集団の形成をめぐる状況が問い直しを迫るのは，教師の管理の下にいるより，友だちどうしのなかにいる方が楽だ，という構図である。子どもどうしのなかで変な発言をして空気が読めないなどと白い目で見られるよりは，先生の前ならば拾ってもらえて楽だ。SNSで閉じられた子ども集団を形成している彼らのなかには，このような声が一定数存在している。そのような「なる集団」の今日的状況だからこそ，「作られる集団」の重要性が増していると言える。

２ 「集団」の今日的意義

前節で確認したように，今日も集団づくりに困難さが生じている。それでもなお，なぜ集団で学ばせる必要があるのだろうか。「授業で集団思考を大切にするのは，集団思考をくぐり抜けることでしか育たない学力があるからである」（深澤，2005，16ページ）として，深澤広明は，その学力を以下のように示している（同上）。

- 子どもたちが自らの頭で思考したり，判断していることを，お互いに比較したり，吟味したりすることを通して，より普遍的で客観的な思考や判断にまで高め，共有していくプロセスのなかで育まれる学力
- 子ども自身が自ら「納得」し，他者に対して自分のことばで「説明」でき，他者と「合意」することで「共有」される学力

このような集団過程を通して育まれる学力の必要性は，今日ますます大きくなっている。近年の国際的学力議論の契機となった，OECDのDeSeCoプロ

ジェクトでは、キー・コンピテンシーのカテゴリーの一つに「社会的に異質な集団での交流」(ライチェン、2006、105ページ)が選ばれている。ここでのポイントは異質性である。共通点の多い者どうしで盛り上がる関係構築能力ではないのである。異質な人々と関わり合うことのできる力を育むためにも、異質な人々からなる集団のなかで学ぶ必然があるのである。

▷4 DeSeCoプロジェクト
第2章▷10を参照。

3 授業づくりにおける集団づくりの視点

1 学習形態の交互転換

集団を育てるために、授業づくりの際、どのような点に注意しなければならないか。その問いに対しては、さまざまに考えられるが、まずは学習形態へ着目する必要があろう。

ここでいう学習形態とは、コミュニケーション形式に着目して分類される以下の3つのことである(吉本、2006b、164ページ)。

・ひとり＝個別学習
・班＝小集団学習
・学級＝一斉学習

ここで、「コミュニケーション形式に着目して」というのは、そのコミュニケーションが誰から誰へ向かってなのかによって分類されていることを意味している。個別学習とは、学習者一人ひとりが、個々に書いたり考えたりする学習であり、自分自身に向かったコミュニケーションを行う学習である。小集団学習とは、それぞれの班ごとに班員間で相互にコミュニケーションを行う学習である。そして一斉学習とは、学級全体に向かって話をされるような学習を指している。しばしば一斉学習というと、教師から子どもに向かっての一方通行の講義形式として、批判の対象にされることも多いが、子どもが学級全体に対して、自分の意見を発表するような場面も一斉学習なのであり、一斉学習がすべて否定されるべき形態なのではない。

いずれにせよ、これら3つの学習形態は広く存在しており、誰しも自身の受けてきた授業を振り返れば、多かれ少なかれ思い出すことができよう。教壇に立つ経験の乏しい実習生などのなかには、授業をデザインする際、自分の言わなければならないことを羅列することに終始してしまう者も多い。つまり、一斉学習のなかでも、教師から全体の子どもに向かっての一斉学習しか構想されていない場合が多い。授業構想の際には、教授内容の視点のみならず、学習形態の視点も含めて行うと、授業をいっぺんにダイナミックなものにする可能性が秘められている。

学習形態を考える時に、しばしば、「3つのうち、最も良い学習形態はどれか」といった発想や、「一斉学習は古い、これからは……」といった主張が見られる。しかし、教育方法学においては、学習形態はそのようには捉えられてきていない。"交互転換"させることが重要と捉えられているのである。では、どのように交互転換させるか。吉本均は「1つの定石」として以下のようなモデルを提示している（吉本，2006b，173ページ）。

(1)問いかけによる課題の明確化⇄(2)班におろす→(3)時間制限→(4)個人思考（作業・ノート）→(5)班話し合い→(6)机間巡視→(7)うち切り→(8)評価しながらの班指名→(9)個人発表→(10)「接続語」による集団思考の展開→(11)個人指名→(12)教師が立場をとる→(13)新しい次元での対立が生じる→課題を明確にして班におろす。

▷5　机間巡視
今日では、机間指導あるいは机間支援の表現が一般的である。

ここで描かれている授業のイメージがつくだろうか。

多くの授業は、学級全体に対する教師の問いかけ＝発問によって始められる。その問いかけを明確な課題として受けとめられる子どももいれば、受けとめられない子どももいるかもしれない。そのため、班に下ろし、班のなかで話し合い、場合によっては教師や学級に対し問い返すことでより課題が明確化される。(1)と(2)の間が双方向の矢印で結ばれているのは、その対話性を示しているものと考えられる。

続いて個人学習へと進む。明確にされた課題に子ども一人ひとりが取り組む時間である。「個人思考をさせずに班話し合いをさせた場合、一部の子どもの意見でかんたんにまとめられてしま」（吉本，2006b，175ページ）うからである。そして個人学習のなかで形成された成果をもち寄る班話し合いへとつながっていく。

そして最後に、班で話し合ったことを学級全体で共有する、という流れである。

3つの学習形態が交互転換している流れではあるが、もっとも、あくまで、これは"一つの"定石なのであって、異なる流れも考えられる。「今日はこの問題を解いてみましょう」（一斉学習）→「まずは一人ひとりで考えてごらん」（個人学習）→「それでは、発表してくれる人？」（一斉学習）→「Aという意見とBという意見、大きく二つに分かれていますね、班で話し合ってみましょう」（小集団学習）→……など、いくらでも考えられよう。

では、交互転換させさえすればよいのかというと、それほど単純でもない。それぞれの学習形態には特質が存在し、その特質に合った学習形態を選択する必要がある。例えば、同じ「読む」作業であっても、登場人物の気持ちが読み取れる部分を探すために読むこと、最も心情を表している部分はどこかを見つけるために読むこと、連帯感・一体感を感じるために声を合わせて読むこと、

では，適切な学習形態は異なってくる。

2 「応答し合う関係」の指導に向けて

集団を指導するためには，どこから手をつければよいのだろうか。というのは，集団を指導するというのは，一朝一夕にできるものでもなく，学年全体を通したロングスパンの指導だからである。

吉本は「『応答し合う関係』の質的発展とその指導」として，次の5つの次元で述べている（吉本，2006a，27～28ページ）。

(1) 対面する関係の指導

(2) うなずき合う（首をかしげる）関係の指導

(3) 「わからない」をだすことの指導

(4) 発問（説明・指示）による対立，分化とその指導

(5) 「接続詞でかかわり合う」関係の指導

教師と子ども，あるいは子どもどうしの間で，向かい合う関係を形成し，そこで話される内容をめぐって同意し合ったり，疑問を出し合う関係を形成する。

そして，(3)は教師に対して，「わからないから，もう一度言ってほしい」「わからないから，もう少し時間がほしい」という要求を発することができるようにする指導である。

吉本は，「『既知・既習』と『未知・未習』との間において発動しなければならない」ということと並べ，発問の基本性格として「ただ一つの答をひきだすのではなく，学習集団内部に対立・分化をよびおこすものでなくてはならない」ことをあげる（吉本，2006a，30～31ページ）。教師の問いかけは，多くの場合，子どもの思考を喚起するためになされる。その際，思考を呼び起こす問いかけの特徴の一つに，意見や立場が分かれるものがある。逆に言えば，答が一つに決まるような問いかけでは，思考する必要はないのである。単に「Aである」から，「なぜBではないのか」「BよりもAが優れているのはなぜか」という疑問を通して，思考は始まる。さらに，そのことを通して，思考は深まりを見せるのである。

そして，最後の「接続詞でかかわり合う」関係とは，「教科内容の理解のし方や表現のし方のちがいをめぐって『問答』『論争』を組織し，よりいっそう普遍的な共感や統一をつくりあげていく応答的関係」（吉本，2006a，32ページ）を比喩的に表現したものである。他者の話をふまえ，「だから……」「でも……」「付け加えて言うと……」などの言葉を含んだ発言の指導となり，子どもと子どもをつなぐ指導となっている。

これら5つは，「決して授業指導の『段階』を示すものではない」（深澤，2009，66ページ）。しかしながら，集団づくりに熱心な教師の授業を観察し，子

どもどうしの意見が絡み合う様子を見つけ，このような授業をやってみたいと思ったとしても，それは一朝一夕にできるものではない。また，「友だちの意見を聞いて，接続詞をつけて発言しなさい」と直接的に指示を出してもうまくいかない。どこから始めればいいか見当もつかないというわれわれにも，この5つの次元は「対面する関係」という第一歩から，「かかわり合う関係」という目指す方向への指針を示している。

Exercise

① 小学生・中学生・高校生時代に，どのような「班」「グループ」「係」「当番」などの活動があったか，振り返ってみよう。
② 「個に応じる指導」と「平等な指導」「公平な指導」とは矛盾するのだろうか，考えてみよう。
③ それぞれの学習形態の特質をあげ，どのような学習が合う／合わないか，できるだけ多く具体例をあげてみよう。

📖 次への一冊

土井隆義『「個性」を煽られる子どもたち』岩波ブックレット，2004年。
　「個性」を「キャラ」と呼ぶ現代の子どもたちは「個性的であること」をどう捉えているのかなど，70ページほどのブックレット（小冊子）でありながらも，現代を生きる子ども世界を解釈する視点を与える一冊。
菅野仁『友だち幻想』ちくまプリマー新書，2007年。
　友だちについてのみならず，教育や教師についての「べき論」から解放する視点を与える一冊。教師になって「クラスはみんな仲良く」という前に，読んでおきたい。
岩垣攝／子安潤／久田敏彦『教室で教えるということ』八千代出版，2010年。
　「みんなで学ぶ授業」である「共同探究型の授業」や「対話的な授業」の実現のための指針を，学力や学級，子どもとさまざまな視座から与えてくれる一冊。
インクルーシブ授業研究会編『インクルーシブ授業をつくる』ミネルヴァ書房，2015年。
　具体的な授業や子どもたちの様子を踏まえつつも，特別なニーズのある子どもの指導にとどまらない，インクルーシブ授業をつくるための「考え方」を解説する一冊。
学習集団研究の現在Vol.2『学習集団づくりが描く「学びの地図」』渓水社，2018年。
　学習集団をめぐる今日の理論的状況のみならず，学習集団づくりによる実践記録も読むことができる。その試行錯誤の軌跡からは，完成された一つのモデルとしてではなく，フレキシブルな学習集団論のあり方を読み取ることができる。

引用・参考文献

安彦忠彦「個性重視の教育」日本教育方法学会編『現代教育方法事典』図書文化，2004年。

学級の教育力を生かす吉本均著作選集5『現代教授学の課題と授業研究』明治図書出版，2006年。

小西健二郎『学級革命』国土社，1992年（原著は1955年）。

鈴木義昭『教師誕生――新任教員と指導教官の記録』東洋出版，2006年。

全生研常任委員会編『新版　学級集団づくり入門（小学校編）』明治図書出版，1990年。

髙木啓「中学校数学の習熟度別授業における「基礎」と「発展」の関係性」深澤広明研究代表『少人数習熟度別に編成される学習集団での授業指導と学級指導との相互作用に関する研究』科学研究費補助金研究成果報告書，2006年。

長谷川清佳「みんなで楽しく，みんなで解決する」学習集団研究の現在 Vol.1『いま求められる授業づくりの転換』渓水社，2016年。

深澤広明「学習集団づくりの現在」『心を育てる学級経営』2004年4月号，明治図書出版。

深澤広明・髙木啓「「少人数習熟度別」編成の学習集団における授業研究」中国四国教育学会編『教育学研究紀要』第51巻，2005年。

深澤広明「集団思考をつくる教師の立場」『授業研究21』2005年11月号，明治図書出版。

深澤広明「集団づくりアプローチ」日本教育方法学会編『日本の授業研究（下巻）』学文社，2009年。

藤井啓之「子ども集団づくりと生活指導」山本敏郎・藤井啓之・高橋英児・福田敦志著『新しい時代の生活指導』有斐閣，2014年。

水内宏「「個性」は公教育内容の編成原理たり得るか」日本教育方法学会編『個性の開発と教師の力量』明治図書出版，1987年。

諸岡康哉「第一次集団と基礎集団」恒吉宏典・深澤広明編『授業研究重要用語300の基礎知識』明治図書出版，1999年。

吉本均「授業における教授行為とは何か」学級の教育力を生かす吉本均著作選集3『学習集団の指導技術』明治図書出版，2006年a。

吉本均「学習形態とは何か」学級の教育力を生かす吉本均著作選集4『授業の演出と指導案づくり』明治図書出版，2006年b。

ライチェン，D. S., 平沢安政訳「キー・コンピテンシー」ライチェンら編著，立田慶裕監訳『キー・コンピテンシー』明石書店，2006年。

涌井恵「「学び方を学ぶ」授業とは？」涌井恵編著『学び方を学ぶ』ジアース教育新社，2014年。

綿矢りさ『蹴りたい背中』河出書房新社，2003年。

第Ⅲ部

授業を実施する際の教材と授業づくり

第7章
教材と教科書

〈この章のポイント〉

　教材とは，単なる学習素材ではなく，学習者の有する経験や学習環境，学習指導要領等に示された学習目標および内容との関連から創造されるものである。教材のなかでも，各教科・領域の系統性や計画性を反映し編纂された「主たる教材」が教科書である。教師には，教材と教科書の特性を生かしつつ，学習者の理解に基づき，学習効率の改善も目指した教材の研究と開発が求められている。本章では，教師による授業実践の創造の基盤となる，教材および教科書の基本的性格とそのあり方について，授業実践や教材研究との関わりから解説する。

1　教育実践における教材の役割

1　「素材」から「教材」へ

　教育はその本質に，何らかの変化を必要とする主体と，その対象へと働きかける主体という2つの主体を有している。そして，この2つの主体の間には，変化の目的とその過程で獲得すべき内容，そして働きかけに応じて用いられる方法と技術が介在している。このような教育の姿が，学校という場においては，主に教師による学習者への働きかけとなってあらわれる。教師は学校の教育課程全体，とくに授業という機会を通じて，学習者の変容と発達を促し，よりよい人間形成や，「生きる力」を育む，教育実践創造の主体である。

　教師による教育実践とその創造のあり方は，学習目標，学習内容，指導と評価の方法といった多様な要素と相互の関わりによって形づくられる営みであり，ときには「料理づくり」にもたとえられる営みである。そして，教育の方法と技術に関わる知見と体系は，教育実践のための学として捉えた場合，それらは「料理づくり」における「レシピ」に当てはまるものといえよう。

　「料理づくり」には，肉や野菜といった食物が必要とされる。しかし食物自体は，あらゆる調理に適した形で，あらかじめ環境のなかに存在しているわけではない。食物は，ただ存在しているだけでは，料理になる要素や可能性を有する「素材」でしかない。ときには大きさを変え，形を整え，不要な部分を取り去り，加熱や冷却される等，食物は調理の用途によって選別，加工されるも

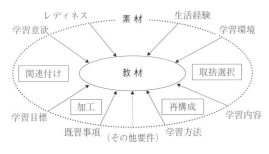

図7-1 「素材」と「教材」
出所：筆者作成。

のである。

同様に，食物が料理となる一連の過程では，「料理づくり」の目的や材料，道具や技術といったさまざまな要素が絡み合うため，適切な手順と見通しをもつことが求められる。食物に手を加えるか否かの判断は，どのような料理を作ろうとするのか，その見通しの下で判断される。「料理づくり」を支える手順や，美味しくするためのコツを記した「レシピ」のように，教育実践のための学としての教育方法とは，人間形成のあり方とその実践に関わる経験と知識の集大成であり，体系であるといえよう。

そして「教材」とは，文字通り，広く教育実践において取り組まれる学習活動の必要に従って用いられる，学習のための材料を指す。その材料は，学習活動に即して用いられる以上，学習目的に資するかどうかによって「教材」でありえるかどうかが判断される。学習目的の下，一つの材料は他の材料とも関連付けられ，加工，取捨選択，配列され，学習内容として構成されることで「教材」となりうる。したがって「素材」は，学習を成り立たせる材料になりうるが，「素材」即「教材」というわけではない。図7-1に示すように，「教材」とは，さまざまな学習活動に活用しうるという可能性を有する「ひと・もの・こと」といった「素材」を，特定の目的および条件の下で取捨選択，加工し，再構成された材料を指している。教育実践の担い手の一人として，教師には，「素材」の有する活用可能性のなかに学習目的および学習内容を見出し，「教材」として再構成を行う専門職としての能力を身につけ，発揮することが求められるのである。

2　学習者と学習内容の媒介

教育実践を担う2つの主体の間にあって，「教材」が学習活動に資する役割を果たすためには，大きく2つの要件が満たされなければならない。

第一の要件は，学習者が「教材」を媒介として，学習内容そのものの価値を学びつつ，「教材」の有する価値の獲得を通じて，自身の有する学習意欲を充足し，学習目的を達成することである。この場合，図7-2に示すように，学習内容を具体化し構成された「教材」には，2つの機能を果たすことが求められている。機能の一つは，教育の有する望ましい人間形成という目的や，各教科および領域それぞれに定められた目標や内容，取り扱いにあたっての注意をともないつつ，人間社会において普遍的に存在し妥当とされてきた文化的・社会的な価値を学習者に伝達することである。もう一つは，学習者自身の有する

経験を生かして，文化的・社会的な価値の再生産を通して諸能力の発達を促し，望ましい人間形成の実現といった，学習者が主体的に獲得した文化的・社会的価値を自らの生活環境において創り出すことである。

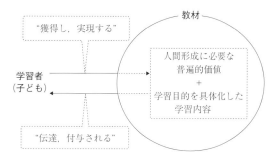

図7-2　教材を媒介とした学習者（子ども）による学習活動
出所：筆者作成。

第二の要件は，「教材」が，第一の要件を満たしつつ，学習者と学習内容を媒介する考察対象あるいは操作対象として具体化され，学習活動において機能することである。このような「教材」の機能のあり方は，学校教育を事例とした場合，大きく4つに分類することができる｡▷1　それらは，「教材」の活用場面において，学習活動のさまざまな場面での必要に応じて，よりよく発揮されることが期待されている機能である。

(1) 発表・表示用教材：学習者が表現活動や発表に用いる，または見て理解するための図示・表示の機能を有する教材（実物投影機，プロジェクター，電子黒板等）

(2) 道具・実習用具教材：学習者が実際に使って学習・実習の理解を深める機能を有する教材（裁断機，巻き尺，ストップウオッチ，カード教材（ピクチャーカード）等）

(3) 実験観察・体験用教材：学習者の実験観察や体験を効果的に進める機能を有する教材（携帯用拡声器，トランシーバー，栽培道具，室温度計，応急手当用具セット等）

(4) 情報記録用教材：教育実践に関わる情報を記録する機能を有する教材（ICレコーダー，デジタルカメラ，カラープリンター，イメージスキャナー，DVDプレイヤー等）

▷1　文部科学省「教材整備指針」(2011（平成23）年4月策定）より。

以上に示された「教材」のなかには，いわゆる「教具」とされているものも多く，とくに区別が必要のない場合は「教材・教具」と並列に示される。「教材」と「教具」の違いは，学習活動において果たす機能の違いによって定められる。学習者にとって，学習内容を直接的に媒介しているものを広く「教材」とし，間接的に媒介しているものを「教具」としている。

例えば，「理科」で植物の成長を観察する際に使用する栽培道具は，植物の育ち方やからだのつくりとはたらきそのものを理解する一連の学習の成立に必要な「教材」であり，植物を観察する器具として取り上げる際には「教具」となる。学習者は，「教材」として植物の成長に関わる概念や法則といった学習内容のみならず栽培道具の機能を理解し，「教具」としてその機能を用いた実験・観察活動を展開していくのである。

3 学習活動における対話と思考の促進

　「教材」は，教育実践を担う2つの主体の間にあって，媒介として教育実践を成立させる材料である。しかし「教材」は，結果として，人間社会において広く認められてきた，文化的・社会的な価値観や知識体系を世代間で引き継ぐための材料と認識され，実践に用いられるだけでは十分とはいえない。

　教育実践において，「教材」に関わる先の2つの要件をよりよく発揮していくためには，学習活動は単に「教材」を介して学習内容が「伝わる」「おぼえる」場から，学習活動における対話と思考によって「わかる」経験を獲得する機会となる必要がある。ここでは，学校教育における授業場面を想定し，水を「教材」の例として，いくつかの点から「わかる」経験を考えてみよう。

　まず，水がどのような性質をもつのか，「重量」「味」「色」等，なるべくたくさんの要素や指標によって「わける」ことができれば，水について「わかる」と想定してみる。すると学習者は，水に関する多様な要素や指標によって導き出された事実を結びつけて，誰もが受け入れられる，水に関する分析的で多様な説明を行うことが可能となる。

　次に，多様な要素や指標を用いて，水とは何か「あらわす」ことができれば，水について「わかる」と想定してみる。すると，学習者が「重量」「味」「色」といった水を説明する際に前提とした概念そのものや，概念同士の相互関係について理解できているかどうかが問題となる。学習者が自明のこととしたこれらの概念を本当に理解していたのか，知識が確かなものかどうかは，異なる他者へ改めて説明する機会を通して，学習者自身の理解の程度を正確に把握することも一つの方法である。

　そして，水を他の物質や要素と比較対照することで，これまで捉えてきた水に関する情報が新たな知識へと「かわる」のであれば，水について「わかる」と想定してみる。学習者は，水を「川の水」として流域に存在する生活者や産業と結びつけたり，「飲料水」として学習者の日々の生活場面における関わりを想起してみたりする。自身の生活経験や社会と結びつけて水の果たす役割を考えることで，学習者は，水に関する知識が単に物理的・科学的性質にとどまらず，社会的な知識として再構成されていく。ある学問的側面からしか構成されていなかった知識が，自身の経験や体験と結びつき，新しい知識へと変質し改めて獲得されていく。

　このように，授業場面において学習者自身の既習の知識や生活経験を活用し，学習者どうしによる多様な知識や経験の交流を通して「わかる」経験を獲得するためには，学習者一人ひとりが教育実践の場を共有する他の学習者との対話と思考の交流を通じた「かかわる」段階が必要である。学習者には，とも

に学ぶ学習者との間にある異なりを認め，それぞれが有する多様な資質や能力を十分に活用しうる，多様な学習機会と学習内容が保障されなければならない。

同時に，教師は，「教材」を媒介とした学習者の自発的な活動を組織し，刺激や援助によって学習者の多様性や個性を引き出しうる「教材」および授業を構築していかなくてはならない。教師は，学習者一人ひとりの課題解決に資する働きかけを絶えず見直しつつ，授業を作り出す教師自身の人柄，個性，教育観，力量等を生かし，「教材」に工夫を加えることが必要である。

2　「主たる教材」としての教科書

1　教科書の性格と定義

教育という営みのなかに身を置いた者であれば，教える立場であれ，学ぶ立場であれ，誰もが手に取った経験をもち，身近な「読み物」であったはずの教科書。とくに学校教育の場においては，一年の最初に真新しい教科書を手に取り，これから学ぶ新しい知識や学習活動を楽しみに想起した方も多いだろう。

この，一口に教科書と表現される「読み物」にも，多様な捉え方や定義が存在する。例えば，教科書の性格を端的に示す言い回しに「教科書どおり」という表現がある。この表現を用いて，「『教科書どおり』の答え」とはどのように説明できるのか，考えてみよう。

一つの説明は，「理念的で，理想的な」答えとなるだろう。教科書に記載された内容が普遍的で当たり前過ぎる，もしくは現実離れした理念的，理想的なものとして捉え，改めて検討したり改善したりする余地のないものを記載した書物であるとする見方を示している。もう一つは，「正確で，誤りのない」答えとなるだろう。教科書とは，人間が学ぶべき知識や経験の集成と捉え，人間の成長と教育において欠かせない規範や従うべきものが記載された書物であるとする見方も含んでいる。「教科書どおり」という表現からは，このように，教科書の有する「理念性」と「正確性」という，2つの性格を読み取ることができる。

これら2つの性格は，教科書のあり方を規定する諸制度によって担保されている。法制度上，教科書は学校教育活動に不可欠な教材として，以下の2つの法令上の規定という形で定義づけられ，そのあり方が保障されている。

一つは，「教科書の発行に関する臨時措置法」(1948年) に見られる規定である。第2条第1項では，教科書を(1)「教育課程の構成に応じて組織排列された」，(2)「教科の主たる教材」であり，(3)「教授の用に供せられる児童又は生

徒用図書」であるとしたうえで,「文部科学大臣の検定を経たもの」と「文部科学省が著作の名義を有するもの」の2種類があるとしている。もう一つは,「教科用図書検定規則」に見られる規定であり,第2条では,いわゆる「教科書」の正確な名称となる「教科用図書」という表現を用いている。法令ではそれぞれ「教科書」「教科用図書」という異なる表現を用いているが,同じ意味である。

このような,「主たる教材」として教科書の基本的な性格を規定した諸制度は,教育関連法規の有する「理念的」な学校教育のあり方を具体化したものでもある。その一つに,「義務教育諸学校の教科用図書の無償に関する法律」(1962年)および「義務教育諸学校の教科用図書の無償措置に関する法律」(1963年)に基づく,教科書使用における無償制の実現がある。さらに,「主たる教材」としての教科書の役割をいっそう確実に果たすため,「学校教育法」第34条においてその使用が義務づけられている。

2 教科書の制作過程

教科書の「正確性」を担保するのは,詳細に規定された制作過程である。学校教育においては,国民の教育権を実質的に保障するため,全国的な教育水準の維持向上,教育の機会均等の保障,適正な教育内容の維持,教育の中立性の確保等が要請されている。教科書の制作過程には,大きく「編集」「検定」「採択」「発行」という4つの段階があり,中立性確保のための仕組みが機能していることが読み取れる。

まず「編集」とは,「学習指導要領」や「教科用図書検定基準」等をもとに,民間の教科書発行者が創意工夫を加えた図表等を作成し,教科書としての使用を前提とした図書を制作する段階である。

次に,この一連の手続きのなかでも,とくに中立性の担保のために機能している段階が,教科書の記述が客観的かつ公正なものかどうか審査する「検定」,そして多種多様な教科書のなかから手続きの透明性と公正さをもって使用する教科書を選択する「採択」である。

「検定」とは,民間の教科書発行者が編集した図書を,文部科学大臣が「教科用図書検定基準」等に則り,教科書として適切かどうかを審査することである。発行者が検定申請すると,その図書は文部科学省内の教科書調査官の調査に付されるとともに,文部科学大臣の諮問機関である教科用図書検定調査審議会に諮問される。審議会から答申が行われると,文部科学大臣はこの答申に基づき検定を行う。

さらに,「採択」とは,学校で実際に使用する教科書を決定することである。教科書採択の権限は,公立学校で使用される教科書については学校を設置

▷2 いわゆる「検定教科書」を指す。

▷3 いわゆる「文部科学省著作教科書」を指す。

▷4 日本国憲法第26条第2項には「義務教育は,これを無償とする」とあり,義務教育諸学校で使用される教科書についてはこの理念を実現している。教科書の無償措置は,1963(昭和38)年度より学年進行で実施され,1969(昭和44)年度には小・中学校の全学年で教科書の無償給与が実現した。

▷5 第1項「小学校においては,文部科学大臣の検定を経た教科用図書又は文部科学省が著作の名義を有する教科用図書を使用しなければならない。」なお教科書の使用義務に関するこの規定は,中学校,高等学校,中等教育学校および特別支援学校にも準用されている。

▷6 教科書使用義務の例外として,高等学校(中等教育学校後期課程)および特別支援学校(特別支援学級)においては,学校教育法第34条第1項に規定する教科用図書以外の教科用図書を使用することが認められている(学校教育法附則第9条)。

する市町村（特別区を含む）や都道府県の教育委員会にあり，国・私立学校で使用される教科書については校長にある。その方法は，小学校，中学校，中等教育学校の前期課程および特別支援学校の小・中学部の教科書については「義務教育諸学校の教科用図書の無償措置に関する法律」に定められている[47]。

最後に，「発行（製造・供給）」段階では，報告された教科書の需要数の集計結果に基づき，文部科学大臣が各発行者に発行すべき教科書の種類および部数を指示する。この指示を承諾した発行者は，教科書を製造し，供給業者を通して各学校に供給する。供給された教科書は，学習者の手に渡り使用される。

▷7 高等学校の教科書については法令上，具体的な定めはない。公立高校については採択の権限を有する所管の教育委員会が採択を行うが，各学校の意見が尊重されることが多く，事実上，教師による自主採択がなされている。

3 教科書の歴史

教科書とその定義をより深く理解するため，歴史的変遷から振り返ってみると，そのあり方は学校教育での役割にとどまらず，いっそう多様な姿を現す。その際，教科書の有する性格として，広義と狭義に分ける必要性を指摘しうる。

広義には，教育や学習のために編集・使用される図書一般が，古くから教科書として扱われてきた。例えば，宗教の世界では，聖書がキリスト教の普及と発展に不可欠とされ，ムスリムにとってコーランが必読であるように，かつてはいわゆる経典や古典そのものもまた教科書であった。

一方，近代に入ると，教科書はその機能において，学習の用途に編集された書物へと大きく変化してきた。この変化に貢献した人物が，17世紀に活躍し「近代教授学の祖」と呼ばれるコメニウス（J. A. Comenius）である。コメニウスは，視覚に訴える方法を採用して，世界最初の絵入り教科書といわれる『世界図絵』を著した。また，『世界図絵』が著された頃の日本では，庶民の教育機関である手習塾（寺子屋）において，平安末期から明治初期にかけて作られた初等教科書である「往来物」が用いられていた。1688年には，往来物の一つである『庭訓往来』の内容を子どものためにわかりやすく絵図で示し，その意味を理解させようとした『庭訓往来図譜』という絵入り教科書が作成されている。さらに，学校教育の発展とともに，教育目的や子どもの発達段階に応じて教材が精選され，これらが教科書として編集されるようになる。狭義には，初等・中等教育段階の各学校で用いられる中核的な教材としての図書が教科書とされる。

▷8 「往来」とは本来，「往復の手紙」を意味しており，時季を反映した儀礼，諸行事等に関する往復一対の模範文例を集めたものを指す。

こうした狭義の「教科書」をめぐる制度は，その本質的に有するべき性格をめぐって，わが国では時代に即して大きく姿を変えてきた。日本における近代学校制度は，1872（明治5）年8月の「学制」公布を契機として成立した。「学制」期の教科書制度は，教科書の発行や採択について制約のない「自由発行・自由採択制」であった。近代国家を支える日本国民の育成を目指し，学校教育を通じて欧米の新しい知識を普及させるためには，それまでの「往来物」に替

わる新たな教材が必要とされ，数多くの教科書が作られた。欧米の書籍の翻訳物やそれを模倣した教科書が広く普及するとともに，民間が出版した啓蒙書も教科書として採用される等，教科書の種類は多種多様であった。

　1881（明治14）年5月に「小学校教則綱領」が制定されると，教科書は，使用する教科書名等を文部省に届け出る「開申（届出）制」となり，まもなく1883（明治16）年7月になると，教科書を選ぶ場合に文部省の許可を受けなければならない「認可制」になった。しかし「認可制」は，実際の使用までに相当の期間を要するという不便があったため，これを解消する必要が生じた。

　1886（明治19）年4月に「小学校令」が制定されると，小学校の教科書は「文部大臣ノ検定シタルモノニ限ルヘシ」と規定された。同年5月には「検定制」実施の施行細則である「教科用図書検定条例」，1887（明治20）年5月にはこれに替わって「教科用図書検定規則」が制定され，以後，検定規則に基づいた「検定制」が運用された。

　ところが，1892（明治25）年に検定規則が改正されると，「検定制」は教科用として弊害のある教科書を排除し，内容上の優劣は問わないとする消極的な姿勢から，積極的に教科書の内容を問題とする性格を有するようになった。さらに1902（明治35）年，教科書の採択権をもつ審査委員に対する教科書会社の売り込み競争が過熱化し，教科書採択をめぐる贈収賄事件として有名な「教科書疑獄事件」が起こった。この結果，当時の主要な教科書約2000万冊以上が文部省令の失効罰則の適用を受けて採択できなくなり，小学校の教科書は空白状態となって「検定制」の維持が困難となった。

▷9　この事件では，教科書会社等が贈収賄容疑で家宅捜査を受け，社長や県視学官を含む3名が検挙，県知事や文部省視学官，師範学校校長・教諭，小・中学校長，県会議長，教科書会社関係者等200名前後が召喚・検挙され，100名以上が有罪となった。

　これらの方針や事件がきっかけとなり，「検定制」は国によって定められた教科書のみ使用できるという「国定制」に改められた。1903（明治36）年4月の「小学校令」改正により，「小学校ノ教科用図書ハ文部省ニ於テ著作権ヲ有スルモノタルヘシ」（第24条第1項）とされ，その翌年から国定教科書が全国的に使用されるようになった。当初，国定教科書の使用が義務づけられたのは，修身，日本歴史，地理，国語，算術および図画であったが，国定教科書の使用範囲は次第に拡大し，第二次世界大戦後に「検定制」となるまで「国定制」は継続した。

▷10　戦前期において国定制が採用されていたのは小学校教科書であり，中等学校用教科書については，おおむね検定制が採用されてきた。

　戦後になると，1947（昭和22）年3月には学校教育法が公布され，同法第21条の規定により，教科書は「監督庁」の検定を経たものを用いるとする「検定制」となった。1948（昭和23）年4月には「教科用図書検定規則」が定められ，その翌年度から検定教科書が使用された。

4　教科書の役割と補助教材

　教育活動における教科書の位置づけとその役割をめぐっては，古くから，

「教科書を」教えるのか、あるいは「教科書で」教えるのかといった問いを通じて、そのあり方が広く語られてきた。まず否定すべきは、教師が「教科書を」教えること自体ではなく、獲得すべき知識や技術を記した「教科書を」そのまま学習者に注入すればよいとする考え方、すなわち「教科書中心主義」に基づく授業観であり、授業実践である。

　教科書が有する性質を鑑みると、先にも述べたように、学習内容とその価値や正当性を担保する学習材としての「教科書を」教えることは、学校教育における教育実践の中心に位置づけられてきた。とくに、教科書が古典そのものであった時代では、教科書に示された知識や技術の伝達、すなわち「教科書を」教えることが教師にとっての職務の中心にあり、「教科書を」暗記することが学習者にとっての学習内容であり学習方法であった。近代以降では、「検定制」に代表されるように、記載事項の細部に至るまで検討が重ねられた「教科書を」用いる学校教育において、その内容や記述の正確さは授業実践の場において重要な役割を果たしてきた。

　しかしながら、法令上規定されているように、教科書はあくまで「主たる教材」であり、教科書だけで教育実践が成立するわけではない。多様な教材を活用し、教師による主体的な取り組みの下、創造的に営まれる教育活動にあって、教科書は学習内容を示す、教材づくりのための「素材」でしかない。教師は、学習者の実態に基づきつつ、自らの研鑽を通じた教材づくりを行ってこそ、「教科書を」深く読み解き学習内容と方法に精通するだけにとどまらず、研究、解釈の成果をもって「教科書で」教える授業実践を実現しうるのである。

　そして教師は、自身の有する教材観や学習内容に対する見方・考え方を反映しつつ、学習者の興味や関心、既習事項といった実態を反映した教材を用いるには、教科書そのものではなく、教科書に基づいて何を・どのように教えるのか、教師自身の追究が必要になる。教師が教科書の性格と役割を生かし、学習内容の習得を促し、学習場面をよりいっそう効果的にするという目的の下、教科書以外の補助教材の使用も認められている（学校教育法第34条第2項）。補助教材には、副読本、学習帳、資料集、新聞、スライド、DVD等多様な形態を有しており、学習者による学習活動を豊かにするとともに、教師による授業展開の工夫を引き出すことを可能にする。

　このような補助教材の使用にあたっては、とくに教師による自作を行う場合、著作権の問題に注意しなければならない。基本的に、著作権者以外の者が著作物を利用するためには著作権者の承諾を得る必要があるものの、学校等の教育機関においては一定の条件の下で著作物を自由に利用することが認められている（著作権法第35条）。補助教材として著作物のコピーを作成・配布したり、テレビの放送番組を録画して使用したりする場合には、教育機関に対し認

◁11　なお、補助教材の選定はその教材を使用する学校の校長や教員が行い、教育委員会は補助教材の使用について「あらかじめ、教育委員会に届け出させ、又は教育委員会の承認を受けさせること」（地方教育行政の組織及び運営に関する法律第33条第2項）とされている。

◁12　著作権法第63条は、著作権者が「他人に対し著作物の」利用を許諾することができ（第1項）、許諾を得た者が「その許諾に係る利用方法および条件の範囲内において著作物を利用することができる」（第2項）ことを示している。しかし、第2項中「利用方法及び条件」の解釈とその適用範囲が明確ではないとされ、適切な利用の難しさも存在する。

◁13　第1項では、学校その他の教育機関における複製は「必要と認められる限度において」「著作権者の利益を不当に害すること」のない限り、著作権者の許諾を得ずに利用できるものとされている。

められている範囲とその趣旨を理解し，著作権の規定に抵触しないよう心がける必要がある。

3　教材研究に基づくよりよい授業の創造

1　授業の構造と教材の位置づけ

　教材の性格，そして「主たる教材」としての教科書のあり方は，教育実践の場において，学習者が自らの自己実現を遂げるために欠かせない要素である。教材と教科書の役割を，学校における教育実践の中心的な場となっている「授業」の有する基本的な機能に位置づけて，それぞれの有する多様な役割とともに相互の関係を改めて整理してみよう。

　そもそも授業とはどのようなものなのか。授業に関する経験や社会的立場によっても見解が分かれることはしばしばだが，あえて授業の定義を試みるならば，「教師（授業者）・子ども（学習者）・教材を主要な構成要素とし，三者が相互に関連しあって展開される学習指導の過程」といえよう。第1節 2 でも述べたように，教材は，教育という営みを担う2つの主体（ここでは教師と学習者）に介在する材料である。教育を営む場である授業もまた，教材を介する，教師と子どもによる営みとして説明されてきた◁14。すなわち，授業実践を構成する教材と他の2つの要素との関係を捉えると，子どもとは，一人ないし集団での学習を通して教材の有する文化的・社会的価値を含んだ学習内容を獲得する存在となる。そして教師は，教材の有する価値に迫ろうとする子どもの学習のあり方を方向づけ，支援する存在であることが読み取れる。

　同様に，授業における教材の役割を考える材料として，授業の計画書たる「学習指導案」における記載事項もまた参考にできる。学習指導案では，一つの学習範囲のまとまりを「単元」として，学習目標や学習内容，評価の観点，配当時間，使用教材が示される。同時に，学習指導案には「単元」全体の授業計画へと位置づけられた一時限分の学習目標や学習内容とともに，時間配分に合わせた子どもの活動と教師による支援の計画が示される。

　この「単元」がどのような観点からまとめられたのか（いわゆる「単元観」）を説明するには，授業計画全体に関わって「何が」「何のために」学ばれるのかという「教材観」のみならず，「どのような学習者が」学ぶのかという「児童（生徒）観」，そして「どうやって教師が」学習者の学びを支援するのかという「指導観」の3つの要素が示されなければならない。

▷14　この三者の相互関係を図形にたとえて「教授の三角形」と称することもある（第5章図5-1を参照）。

2　教材研究による授業改善への貢献

　教科書を含む広い教材のあり方という観点から，第1節 3 でも述べたように，学習者の主体性を発揮して「わかる」をひきだす，よりよい授業を展開するために必要とされる考え方を改めて整理すると，以下の3点になる。

　第一に，教材そのものの有する価値が高く，人間形成という教育の普遍的な目的実現に役立つことである。目的実現のためにはさまざまな学習目標が設定されるが，それぞれ異なる目標に合わせて教材を工夫することが必要となる。教師によるこのような工夫は「教材研究」とも呼ばれるが，これは(1)授業の目的と内容に合致した教材を選ぶ段階（教材選択），(2)素材の価値を見出し，学術的探究および学習指導要領等に示された教科・領域の目標・内容との関連を整理し意味づけること（教材解釈），(3)単元や時限での授業計画に合わせ，使用する教材を一定の順序で配列し組織立て，関係づけたり配置したりすること（教材構成）を含む創造的な営みである。

　第二に，工夫された教材と向き合う，学習者の主体的な条件を生かすことである。教育的な営みの有する，誰もが身に付けさせたい資質や能力のあり方が同じであったとしても，学習者が異なれば，学習者に合った方法や題材，道具等の具体的材料も異なる。授業に使用する教材を選ぶ際には，学習者の既習事項や生活経験，各教科・領域への興味・関心の程度，個人差等いわゆる「レディネス（学習への知的・態度的準備状況）」を捉え，教材に対して興味をもって向き合えるよう，学習者の実態を把握する必要がある。例えば，視覚（文字，イラスト，写真，映像），聴覚（言葉）等，学習者の認知特性には一人ひとり違いがあるため，学習者の異なりに合わせた教材とその伝達方法が用意されなければならない。

　第三に，教材を生み出す教師を取り巻く環境や諸条件の活用である。上記の2点をよりよく引き出すためには，学校の人的組織，施設・設備，教材・教具・資料，地域の環境条件等が十分活用されなければならない。そのうえで，学習者は，教材がもつ価値そのものだけではなく，価値を自らのものとするための働きかけを実現する方法そのものもまた，獲得できるようになる。

　すなわち，よりよい授業づくりのための要件とは，教材に込められた価値や目的，内容が，学習活動および指導・支援を通じてよりよく引き出され，獲得されることとなる。そして，教材のよさを引き出した授業づくりを実現するには，日々の教材研究への取り組みが単に授業の構想や実践に生かされるだけでなく，授業評価の観点として適切であったかどうか，一連の授業実践において評価の材料とならなければならない。上段に示した3つの要素が機能しているか否か，授業づくりの各段階とそのサイクル（計画 Plan・実践 Do・評価 Check

▷15　例えば，適性処遇交互作用（Aptitude-Treatment Interaction：ATI）は，パーソナリティーや認知能力といった学習者個人の特徴（適性）と学習者の個人差（個性や適性）に合う教授方法があるとの仮説をもとに，学習者と教授者の間で最大限効果を発揮する方法の探究と工夫を必要とすることを示している。

第Ⅲ部　授業を実施する際の教材と授業づくり

・改善 Action）において，教師自身が日々の授業実践を通じて反省的に振り返り，その成果と課題を蓄積していくことが求められる。

３　「教育の情報化」にともなうICT活用とその工夫

　近年の情報通信技術（Information and Communication Technology：ICT）の進歩は，社会のあらゆる場面で情報化を促進し，学校教育のあり方にも大きく影響を及ぼしている。いわゆる「教育の情報化」をめぐっては，臨時教育審議会答申（1985（昭和60）～1986（昭和61）年）において数次にわたり提言されており，約四半世紀にわたり政策として取り組まれてきた。この間，インターネットの普及を背景に，コンピュータ教室の整備から普通教室へのコンピュータ導入，学習者へ一人一台タブレットの導入を目指した情報通信技術の活用の進展，「情報教育」の目標の整理と拡充，教科「情報」の創設や各教科・領域における活用促進といった学習指導への導入，さらには情報環境を活用した学習指導力の向上および校務負担軽減を目指した教員研修の充実等が図られてきた。

▷16　「情報活用の実践力」「情報の科学的な理解」「情報社会に参画する態度」。

▷17　「教育の情報化ビジョン」（2011（平成23）年4月）のなかで文部科学省が，高度情報化時代に対応し，教育の情報化を進めていくにあたっての基本的な方針として「情報教育」「教科指導における情報通信技術の活用」「校務の情報化」という3つの側面を通して教育の質の向上を目指すことを明らかにした。

　こうした国によるICTの活用の流れは，その将来性や可能性を踏まえ，学びの手段や学習環境の変容を迫るとともに，授業改善に生かすことも目指した動向である。同時に，黒板やチョークといった「伝統的な」教具のみならず，「主たる教材」である教科書もまた，ICTの利活用促進のなかでその形態と活用方法に変容が迫られている。現行制度では，教科書は紙媒体で制作されたもののみが認められている一方，現在利用されているいわゆる「デジタル教科書」とは，あくまでも紙媒体の存在を前提に，教科書発行者から，指導者用あるいは学習者用に「補助教材」として制作・販売されているものを指す。この流れは，単なる技術革新への対応ではなく，すでに高度情報化をむかえた社会の情勢変化とそれに対応した子どもの資質・能力のあり方の見直しにともなう，教育観そのものの変容によるものである。

　例えば，文部科学省が，2020年度に向けた教育の情報化に関する総合的な推進方針としてまとめた「教育の情報化ビジョン」（2011（平成23）年4月）によれば，学習者用デジタル教材・教科書は，教材の有する情報の表示や伝達を補助，拡張する機能（拡大機能・音声再生機能・アニメーション機能・参考資料機能等）や，学習過程や学習活動の様子を記録し参照する機能（書き込み機能・作図，描画機能・文具機能・保存機能・正答比較機能等）を有するものとされている。

▷18　デジタル教科書の位置づけは，関連法の改正後でも，紙の教科書を主な教材としたうえでデジタル版を併用することが想定されている。視覚障害等で紙の教科書を使った学習が困難な児童生徒については，必要に応じてデジタル版を通常の紙の教科書に代えて使用することが認められた。

　デジタル教科書は紙の教科書と同じ内容だが，紙媒体では扱うことのできない音声や動画を利用することにより，とくに英語の発音の聞き取りや，理科での実験手順等では，メディアの特性を生かした理解促進につなげられる。また，文字の拡大や音声による読み上げ機能は，障害のある学習者の取り組みにもよりよい効果を期待できる。さらに，インターネットとの接続は，教師が

ネット上のさまざまな素材を教材とするチャンスを大きくし，学習者が自らの学習課題に応じて情報を検索，選択できるようになるだけでなく，通信の双方向性を生かして学習状況の把握と個に応じた指導の実現にも活用できる。このように，デジタルの特性とネットワークの機能との組み合わせをよりよく発揮することで，授業における指導の幅が広がることが期待されている。

しかし，デジタル教科書は，あくまでも紙媒体の教科書と同等の質を確保したうえで，デジタル版の有する利点を生かした使い方を進めていかなければならない。デジタル教科書も「教科書」である以上，これまで述べてきた紙媒体を前提とした現行制度における教科書の意義と位置づけには変更はない。その[19]ため今後，デジタル教科書は「補助教材」としてではなく，「無償性」「中立性」といった，制度的・理念的・性格的にも紙媒体の教科書と同等の扱いとなるのかどうかといった観点から検討されなければならない。あくまでも「使用義務」「質の確保」「経済的負担軽減」[20]「安定供給」「適切な著作物の利用による質の保証」[21]といった，教科書が本質として有する性格を基盤として利用することが必要である。

同様にICT環境は，教育目標の実現とそのための授業改善に向け，教材のもつ意義を十分に発揮するために使用されるべきものである。これまでも教育実践に求められてきた意義や役割を損なうことなく，学習者の学びを質・量ともにいっそう向上させるため，ICTの特性を教師による教材研究と授業実践に活用できるかという観点からも，環境整備が進められなければならない。

Exercise

① 「教材」の有する4つの機能を，自らの経験にある学校や教室等の教育環境のなかから探しだしてみよう。
② 日本以外の国々では，教科書と呼ばれる書物はどのような基準があり，どのような手続きで作られているだろうか。日本の教科書の制作段階や過程を参考にして調べてみよう。
③ 自分たちが学んだ学校では，補助教材等，教科書以外の教材・教具にはどのようなものがあっただろうか。「学校が準備したもの」「教員が準備したもの」「家庭で準備したもの」に整理し，あげてみよう。
④ 授業とはどのような要件や道具，環境から成り立っているだろうか。学校段階や教科，学年，単元等具体的に設定したうえで，整理してみよう。

▷19 改正学校教育法（2018（平成30）年5月25日成立）により，タブレット端末等で利用できる「デジタル教科書」を正式な教科書と同様に使えるようになった。

▷20 義務教育段階における紙の教科書は無償だが，デジタル版は無償とはならないため，自治体の方針によっては，保護者の費用負担が生じる可能性がある。

▷21 改正著作権法（2018（平成30）年5月18日成立）では，ICTを活用した学校教育の推進を前提に，メール等による配信でも教員から学習者に書籍や新聞記事等の著作物を教材として著作権者の許諾なしに配布することが容易となった。

第Ⅲ部　授業を実施する際の教材と授業づくり

📖次への一冊

藤岡信勝『教材づくりの発想』日本標準，1991年。
　　「教材」の特質・性格・論理について，「教育内容」と「教材」の区別，教材の選択と配列をめぐる「教材構成」とその方法をめぐる構成方法等，教材論をより詳細に検討するための概念枠組みを提供している。
中村紀久二『教科書の社会史──明治維新から敗戦まで』岩波新書，1992年。
　　教科書に示された教育内容や教材・教具とその変遷を題材に，明治期の文明開化をもたらした啓蒙的，自由主義的な性格が，国民国家形成のための国民統制の道具へと変容した近代日本の教育の歩みを論じている。
平田宗史『教科書でつづる近代日本教育制度史』北大路書房，1991年。
　　教科書検定制の是非をめぐるいわゆる「教科書裁判」や，アジア諸国との間の歴史認識をめぐる「歴史教科書問題」といった刊行時期における諸課題に対し，教科書の来歴にその本質を探りつつ，展望を探るもの。
佐伯胖・藤岡信勝・大村彰道・汐見稔幸著『すぐれた授業とはなにか──授業の認知科学（UP選書）』東京大学出版会，1989年。
　　「すぐれた」授業実践のあり方と捉え方が，著者の異なる視点より示されている。そのなかに「教師（授業者）・子ども（学習者）・教材」の三要素と相互の関わりがどのように実践場面へと表れているのか読み取ろう。

引用・参考文献

稲垣忠彦・佐藤学『授業研究入門』岩波書店，1996年。
海後宗臣・仲新・寺崎昌男『教科書でみる近現代日本の教育（第二版）』東京書籍，1999年。
鹿毛雅治・奈須正裕編著『学ぶこと・教えること──学校教育の心理学』金子書房，1997年。
唐澤富太郎『教科書の歴史』創文社，1956年。
佐伯胖『「学び」の構造』東洋館出版社，1975年。
佐伯胖『「わかる」ということの意味［新版］』岩波書店，1995年。
佐々木昭『授業研究の課題と実践』教育開発研究所，1997年。
佐藤秀夫編『新訂　教育の歴史』放送大学教育振興会，2000年。
高橋史朗『教科書検定』中央公論社，1988年。
日本教育方法学会編『日本の授業研究（上・下）』学文社，2009年。
米国学術研究推進会議編著，森敏昭・秋田喜代美監訳，21世紀の認知心理学を創る会訳『授業を変える──認知心理学のさらなる挑戦』北大路書房，2002年。
藤岡信勝『授業づくりの発想』日本標準，1989年。
日本教育工学会監修，水越敏行・吉崎静夫・木原俊行・田口真奈『授業研究と教育工学（教育工学選書6）』ミネルヴァ書房，2012年。
山住正己『教科書』岩波書店，1970年。

第8章
授業づくり

〈この章のポイント〉

　授業は，教師の周到な準備によって成立する。また，授業中も実践的知識を活用しながら授業を展開するとともに，授業後の省察が教師自身の成長にも結びつく。本章ではまず，目標設定や教材研究および学習者理解の方法について検討する。次に，授業計画にあたる学習指導案の書き方を，具体例とともに解説する。さらに，教師が働かせる教授学的内容的知識（PCK）およびその背景にある教授学的信念や情動といった，実践的知識についても学ぶ。

1　授業づくりの原理

1　授業目標の設定と単元計画

　授業は，教師の手によって日々計画される。これは当然のようだが，実際にはかつて実践した単元や教材を何年も繰り返すといった授業や，どの学級においても同じ展開の授業，教師用指導書に沿って教科書の内容を伝達するだけの授業も見られる。教師自身が工夫しつつ，学習者や集団の状況を考えながら，授業を準備して実施するといった，真の意味での授業づくりが求められる。

　授業づくりにおいては，まず授業目標が設定される。それは，学習者の実態と教材の特性，および教師の指導観や願いから構成される。とくに，教師自身が授業をどのように捉え学習者を変容させたいかという思いによって，同じ教材や学習者であっても授業目標は異なってくる。例えば，授業を学問の基礎概念を学ぶ場であると考える場合には，内容の系統性や習得に重点が置かれるのに対して，日常生活への準備や適用の場と考える場合は，作業や発表が重視される。

　また，授業目標は1時間にとどまることなく，月，学期，年間のような長期にわたっての設定も考えなければならない。それとともに，学校目標，学年・学級目標，教科ごとの目標というようにさまざまな角度から検討される必要がある。その際，授業づくりに深く関わるのが単元である。単元は，学習内容のまとまりを意味しており，教科書においても作品や時代および学習テーマごとに構成されている。それは，長期あるいは全体的な内容を表す大単元と，短期

あるいは部分的な内容の小単元とがある。単元の設定についても、教師が目標に即してどのような題材を選択して、1年間でどのような単元を扱うか、あるいは1単元を何時間かけて各時の内容を決定するといった計画が立てられる。

このように、目標設定と単元計画は一体化しており、発達段階を見通した全体目標から、各単元に即した詳細な目標まで系統的に計画する必要がある。それゆえ授業づくりにおいては、年間計画を立てる際にどのような目標や単元を扱うか考えるとともに、各単元の第1時を実施する前には最終時までを見通した各時の目標や内容を検討しなければならない。さらに、各時の目標が全体計画においてどのように位置づけられるかを考えながら、学力および人格の形成が一体となった授業づくりが目指される。

2 教材研究と学習者理解

単元および授業を計画するにあたっては、教材研究が不可欠である。これは、教科内容の理解、学習材への転換、教具の作成の3つに分けられる。

教科内容の理解については、教師自身が目標に基づいてどのような単元を扱うかを決定することから始まる。現実的には、教科書を用いて授業を行うことが多いだろうが、「教科書で教える」といわれるように、教科書に沿うだけでは工夫のある授業とはならない。教科書で扱う内容の解釈や解法について、教師が理解することはもちろんだが、それらの出典や教科書に掲載されていない部分の内容、事実や事象の背景や原理等についても調べる必要がある。

しかし、教師が内容に精通していても、それをそのまま伝えるだけで学習者が理解するとは限らない。それゆえ学習者の実態を考慮しながら、指導内容を学習材へと転換する必要がある。具体的にはまず、限られた時数のなかでどこまで内容を取りあげ、どこに時間をかけるのか、焦点化して絞り込む。また、学習者の発達段階や関心に応じた表現となるように工夫したり、具体例を考えたりする。さらに、教師の一方的な説明に終わらないように、実験や観察、話し合いや調べ学習あるいは発問といった、指導方法についても考える。

それとともに、そのような学習を可能にするための教具の検討も教材研究には含まれる。ここでの教具とは、教室や黒板をはじめとする施設・設備、地図や年表、楽器や実験器具といった備品、あるいはノートやワークシート等、多岐にわたる。例えば、調べ学習や制作が中心となる授業の場合は、図書室や作業スペースが必要となるし、話し合いや発表の場合は机の向きや椅子の配置等を工夫する。内容をまとめる場合でも、小学生はノート、中高校生はワークシートというように使い分けることや、授業のねらいによって用いる教具が異なってくる。ICTは、映像やアニメーションを投映したり、タブレットに記録した全員の答えをスクリーン上に提示するといった、複合的な教具といえる。

授業目標の設定と同様に，教材研究においても学級や学習者一人ひとりの特徴を把握する必要がある。具体的には，学力テストの成績や学習の記録等をもとに一人ひとりの状況を把握するとともに，単元の導入前に実態調査を行うことで，扱う内容に対する予備知識や興味関心の程度を把握する。また，話を聞くことが好きなのか，自ら活動することや発表が得意なのかといった点を検討しながら，学習者にふさわしい指導方法を考える。さらに，学級内の集団全体を見渡しながら，リーダーや人間関係について把握することで，集団としての学習活動を決定する。

このように，教材研究と学習者理解によって授業は準備される。授業の独自性という点でも，学習者の実態に合った授業が達成されるため，教師は教材研究と学習者理解に十分な時間をかけることが求められる。

2　学習指導案の作成

1　学習指導案の役割

単元および授業の計画について，一定の書式や項目に基づいて記したものを学習指導案と呼ぶ。学習指導案には，各時の授業における教師の指導と児童生徒の学習活動を詳細に記した精案と，大まかな流れだけを記した略案の2種類がある。

学習指導案は授業者にとって，授業を行う際の教材や指導方法を考え，確認するという意義がある。また，教材研究における解釈や児童生徒観について，授業実施前に検討されることもある。さらに，学習指導案と授業記録とを見比べることによって，計画と実際とのずれが生じる要因や対応について振り返ることが可能である。それらは参観者や研究者にとっても，同じ単元で授業を行う際の参考になるとともに，優れた指導技術を伝えるという点で意味がある。

学習指導案は1時間の授業だけでなく，単元を通しての教材研究や時間配分等も含まれる。それゆえ年間計画や学期計画と関連させながら，単元計画を学習指導案とは別に作成する場合もある。また，幼稚園のように時間割が弾力的な場合，1日の計画を記した日案や，幼児の活動に対する保育者の支援を中心とした保育指導案（指導計画）が作成される。学校教育においても，学習者の活動を中心とする場合には，支援案と呼ばれることもある。

2　学習指導案の形式

学習指導案は，特定の書式が定められているわけではなく，学校，教師および授業内容によって書き方は異なる。しかし，学習指導案に共通して記すべき

項目としては，(1)単元設定の理由，(2)単元目標，(3)単元全体の指導計画，(4)本時の指導目標，(5)本時の指導過程，(6)評価があげられる。

(1)単元設定の理由については，教材研究による解釈を書く。それは，教材観，児童生徒観，指導観の3つから成る。教材観では，なぜこの単元を取りあげたか，学習者が学ぶ意義はどこにあるのかといった点について，教材の概要や特徴とともに考察する。児童生徒観では，対象となる学級や児童生徒の特性について記述する。発達段階や学年を念頭に置きながら，適切な学習方法を検討するとともに，授業を行う学級の雰囲気や一人ひとりの学力や意欲についても考察する。指導観は，知識技能の定着を重視するのか，学習者の発表や活動を重視するのかといった教師の教授学的信念とも関係しており，この単元で強調したい点を記述する。

(2)単元目標においては，上記の教材観，児童生徒観，指導観を踏まえて，この単元で学習者が習得する目標について記述する。中心となる主題とともに，学習方法や資質・能力についても目標に含める。指導要録◁1にある「知識・技能」「思考・判断・表現」「主体的に学習に取り組む態度」のように，観点ごとに分けて目標を示す場合もある。

(3)単元全体の指導計画では，主として各単元の時間配分と主題を記述する。一つの単元は，複数の授業時数から成るのが一般的であり，配当時数を考えながら，各時の主題を設定する。10時間以上に及ぶ単元や，実験および学習者の活動を中心に複数時間を連続して充てることもあり，単元の内容や指導方法によって時間配分も変化する。なお，以上に記した(1)～(3)は同一単元内では共通であり，授業の進行にともなって適宜修正する。

(4)本時の指導目標では，本時で学習者が習得する目標について記述する。単元目標と本時の指導目標は重なる可能性があるが，単元全体における各時の位置づけを考えながら，本時で扱う教材や学習活動に即した目標を具体化する。また本時の指導目標は，評価の観点や規準にもなる。

(5)本時の指導過程は，学習指導案の中心となる部分であり，授業をどのように展開するか詳細に記述する。一般的には，「導入―展開―まとめ」を縦軸に，「教師の指導―児童生徒の学習―指導上の留意点」を横軸にとり，表形式で示す。展開については，1時間に2つの段落を解釈する等，細分化される場合はまとまりごとに記述する。授業は，教師の指導と学習者の学習活動が表裏一体となって進められるので，学習指導案もそれらが対応するように記述する。具体的には，教師が発問する場合には発問例とともに，予想される児童生徒の応答例や，発言が出てこない場合の対応等についても記述する。また，「学ぶ」「理解する」「考える」といった表現にとどまらず，「教科書のキーワードに線を引く」「話し合って意見をまとめる」等の具体的な活動を書く。板書

▷1　指導要録
学校教育法施行規則に定められている。学籍に関する記録（保存期間20年）と指導に関する記録（保存期間5年）からなり，子どもの学籍並びに指導の過程および結果を記録した原簿である。その後の指導や外部に対する証明等に活用される。その様式については，学習指導要領の改訂と時期を同じくして改訂が通知されている。

第8章 授業づくり

やワークシートについても，板書計画や実例を提示する。この他，使用する教材や児童生徒に対する配慮事項等があれば，「指導上の留意点」の欄に記述する。

(6)評価については，本時における児童生徒の評価をどのように行うかを記述する。定期テスト等，単元全体の評価と重なることもあるだろうが，その場合でも本時の評価として，評価の観点と方法について書く。評価の観点は，本時の目標と対応させるのが一般的であり，例えば「花のつくりについて説明できる」が目標であれば，「花のつくりについて説明できたか」が評価の観点となる。また評価の方法については，評価の観点に即してどのように評価するかを記述する。具体的には，学習者が口頭で説明するのか，ノートやワークシートにまとめるのかといった方法や，説明の良し悪しの基準について示す。

以下は，学習指導案の具体例である。

◎中学校　第2学年　社会科学習指導案

①　単元名　北九州の工業（日本の諸地域「九州地方」）
②　単元設定の理由
　九州地方は，太平洋，日本海，東シナ海に面した国内の南西部に位置しており，沖縄県も含め8県から成る。阿蘇山，雲仙岳，霧島連峰，桜島といった火山を含む山間の地形であり，火山の噴出物が堆積したシラス台地が見られるとともに，豊かな自然に恵まれている。気候は温暖だが，夏から秋にかけては大雨や台風の影響で洪水などの被害を受けることもある。農業では野菜，サツマイモやい草の他に沖縄ではさとうきびも栽培されており，九州山地では牧畜や林業も古くから行われている。
　本時で扱う北九州工業地帯は，かつて京浜，阪神，中京とともに四大工業地帯と呼ばれていた。それは，日清戦争後の1901（明治34）年に官営八幡製鉄所が建設され，鉄鋼生産の中心地になるとともに，筑豊炭田で石炭採掘を行い，エネルギーや製鉄所の燃料として利用したからである。北九州における鉄鋼生産は戦後も続くが，第二次世界大戦後は石炭から石油への転換が進み，1970年代には筑豊炭田は閉鎖された。また公害が問題化して鉄鋼生産も停滞した結果，工業生産額は他の工業地帯に比べて大きく差をつけられた。
　北九州工業地帯では窯業や石油化学工業も行われていたが，1970年代以降新たに発展したのが，自動車工業と半導体製造である。自動車工業は，日産が誘致を受けて福岡県苅田町に工場を進出すると，その後1990年代にはトヨタ自動車も現在の宮若市に工場を建設した。九州の自動車生産台数は輸出車も含めて130万台を超え，全国の10％以上を占めている。また，コンピュータの発達とともに，部品となるIC集積回路や半導体の工場を大手電機メーカーが建設した。現在の製造品出荷額は1兆円を超えており，国内の30％近くを占めている。
　「カーアイランド」「シリコンアイランド」と呼ばれる九州での工業は，地元の雇用促進にもつながっており，鉄鋼業や石油化学工業衰退からの転換に寄与している。生徒はこのような事実を十分には知らず，北九州に対する新たな認識を促すと思われる。それとともに，日本における近代化の歴史や，現代において欠かせない工業製品の製造という点において，歴史との関わりも深い。
　生徒は，小学5年生時に単元「工業生産を支える人々」を学習しており，とくに「自動車づくりにはげむ人々」では，自動車の生産や働く人々の様子とともに工場施設の配置や立地条件についても詳しく学習している。しかし，身近に工場はないためにどこで製造されているのかという点，および原材料や完成品がどこからどこへ流通するかといった地理的な感覚は十分育っていない。また，社会科見学の経験はあるが地図や統計を読み取る機会は不足している。本単元ではこれらの学習との関連を図りながら，この地域でなぜ工業が発達しているのかという観点から，北九州の工業の特徴を考えさせたい。

109

第Ⅲ部　授業を実施する際の教材と授業づくり

③　単元目標
　九州地方の人々のくらしについて，自然環境の特徴と農林業，工業との関係を踏まえながら地域的特色を理解するとともに，自然とともに生きるための方策を考える。

④　単元全体の指導計画（5時間扱い）
　第1時　九州地方の自然環境
　第2時　火山とシラス台地のくらし
　第3時　阿蘇山の野焼きと循環型農業
　第4時　北九州工業地帯の移り変わり（本時）
　第5時　環境保全への努力

⑤　本時の指導目標
　・北九州工業地帯の歴史と鉄鋼業の現状について，資料を読み取り理解する。
　・「カーアイランド」「シリコンアイランド」と呼ばれる現状と，そのような転換を果たした理由について調べる。

⑥　本時の指導過程

時間	教師の指導	生徒の学習	指導上の留意点
導入(10)	・昔のぼた山と現在のぼた山の写真を見比べる。 「二つは同じ場所の写真だが，どこが違うだろう。」 ・ぼた山は石炭の捨石からできており，ここで石炭を採掘していたことを確認する。 「筑豊地方の特徴を調べてみよう。」	「昔の写真には木や草が生えていない。」 明治から昭和にかけて，筑豊炭田で石炭を採掘していた。	白黒とカラー写真の違いに惑わされないようにする。
展開(15)	・教科書にある「福岡県の工業生産の変化」を比較する。 「50年間で，生産品にどのような違いがあるだろうか。」 「筑豊炭田の閉山と関係があるだろうか。」 ・どのような機械製品が製造されているのかを調べる。	「鉄鋼が減少して，機械が大幅に増えた。」 「石炭から石油に代われば，北九州で鉄鋼を生産する必要はない。」 現在は，自動車工業や半導体製造が盛んであることを確認する。	・鉄鋼の生産について，明治時代に官営八幡製鉄所が作られたことを調べる。 生産数，出荷額，全国比についても，教師が工業統計資料とともに示す。
(15)	・「カーアイランド」「シリコンアイランド」と呼ばれるようになった理由について話し合う。	「鉄鋼に代わる工業を，県や市町村が誘致した。」 「自動車も半導体も，現代になって新たに普及して生産需要が高まった。」 「土地や労働力に余裕があるとともに，港湾も近くにあり，原料や製品の輸送・輸出入がしやすい。」	・グループでの話し合いを10分間行った後，5分間で発表する。
まとめ(10)	・北九州工業地帯の利点と問題点をまとめる。	「工場があることで，地域住民の雇用先が増えるとともに，過疎化が避けられ商業も活性化する。」 「企業からの税収が見込まれ，暮らしや福祉に好影響を及ぼす。」 「公害や騒音，産業廃棄物等の問題を抱える。」	・話し合いや発表の結果も含めて，各自でノートにまとめる。 ・公害問題への対応については，次時の環境保全において扱うことを予告する。

⑦　評　価
・北九州工業地帯の歴史と鉄鋼業について理解できたか，生徒の発言やノートをもとに評価する。
・「カーアイランド」「シリコンアイランド」と呼ばれる現状と，そのような転換を果たした理由について，話し合いの様子やノートをもとに評価する。
・資料の活用や学習態度について，授業中の様子を観察しながら評価する。

3　教師の実践的知識

1　教師の知識研究と PCK

　授業の良し悪しは，教材研究や学習指導案だけでなく，授業中の教師の振る舞いによっても左右される。その背景にあるのは，授業に対する教師の知識や思考であり，認知心理学の発展とともに，教師の知識研究が盛んになった。

　ショーン（D. Schön）は，科学的知識・技術を実践に合理的に適用する「技術的熟達者」を専門職とみなす考え方に対して，教師は自身の行為を省察して複合的な問題に立ち向かう「反省的実践家」であるとする，新しい専門職像を提示した。教科内容の学問的専門性や指導技術の習得にとどまらず，熟考や省察による実践的知識の獲得によって教師の力量は形成されるという反省的実践家の考え方は，教師の知識研究における基盤となった（ショーン，2001；ショーン，2007）。

　実践的知識の研究に大きな影響を与えたのが，ショーマン（L. S. Shulman）による教授学的内容的知識（PCK）の概念である。ショーマンは，教師の保有している知識を，「内容に関する知識」「一般的な教育方法に関する知識」「カリキュラムに関する知識」「教授学的内容的知識」「学習者とその特性に関する知識」「教育の文脈に関する知識」「教育の目的，目標，価値，そしてそれらの哲学的歴史的基盤に関する知識」の7種類に分類した。この他に，グループや教室での学習，学区の政策やコミュニティの特性といった「教育の文脈に関する知識」も，実践的知識の特徴である（Shulman, 1987, p. 8）。

　それとともにショーマンは，教師が知識を働かせる際に用いる「教育的推論と行為モデル」として，理解―翻案―指導―評価―省察―新しい理解という一連の過程を提案した。とくに翻案は，準備―表現―選択―適合―仕立てのように，教材を批判的に解釈し，指導方法の可能性を考え学習者の特性に合わせるといった，授業を特徴づける行為である。PCK は翻案と密接に関わるとともに，授業実践を通して PCK がさらに深まるといった循環的な関係になっている。

▷2　教授学的内容的知識
（Pedagogical Content Knowledge：PCK）
教授学的内容的知識は，「内容に関する知識」と「教育方法に関する知識」の混合物であるとされており，教師に特有の専門職的な理解の特別な形である。

2　熟練教師の思考と意思決定

　教師の実践知を検討するにあたり注目されたのが，熟練教師と初任教師の違いである。これについて，佐藤学らは，熟練教師と初任教師に同じ授業ビデオを見てもらいながら，考えたり感じたりしたことを自由に語ってもらう方法で，両者を比較した。その結果熟練教師は，(1)授業過程の中で即興的に豊かな内容を思考している，(2)授業中に生徒の学習過程を推理し，学習の意味を発見して解決を図る，(3)授業者，観察者，子どもといった多元的な視点から，多義的な事実の解読と判断を行う，(4)子どもの発言を内容や他の子どもの思考と関連づける，(5)授業に固有な問題の枠組みを再構成する，といった特徴が明らかになった。そのような実践的思考は，PCK をはじめとする多様な実践知に支えられている（佐藤ほか，1991，177～198ページ）。

　また，授業における教師の思考を具体化するために，教育工学的な意思決定モデルの作成が進められた。例えば，吉崎静夫は海外の研究を参考にしながら，図 8-1 のようなモデルを提案した（吉崎，1991，64ページ）。それによれば，まず生徒，教材内容，および授業構造（教授方法）についての知識があり，これに教授ルーチンを加える形で授業計画が立てられる。次に授業が実施されると，教師は授業状況を把握するためのモニタリング・スキーマを発動させている。とくに，生徒の注意，反応，行動や，時間等をキュー（手がかり）としながら，授業計画と実態との間のズレやその原因を認知する。そしてモニタリングにおけるズレの有無によって，教授ルーチンや教材内容と授業構造についての知識から代替策を呼び出すといった対応行動をとる。

　このような教師の意思決定は，例えば授業中の学習者の予想外応答場面に見られる。教師が発問する際には，教師の発問意図に沿っていない応答や，そもそも応答自体がない場合もある。その際教師は，意識的あるいは無意識的に学習者の応答が予想とどの程度ずれているかを見極め，対応行動を考える。具体的には，予想水準通り，あるいは予想水準以上の場合は，当初の指導計画通りに授業を進めることが多い。これに対して予想水準以下の場合には，別の者に対して同じ発問を繰り返してみるか，あるいは質問の内容を変えるか，その応答をさらに深めてたずねるといった，即時的な意思決定や判断を教師は行っている（樋口，1995，103～111ページ）。

3　教授学的信念と情動

　教師の実践的知識は，教授学的信念（pedagogical belief）という形でも表れる。信念は，教師の思考や行動を規定するため，その背景や理由も含めて，聞き取りやエピソード記述の分析といった方法で明らかにされることが多い。

▷3　教授学的信念
（pedagogical belief）
教育や授業について教師が抱くイメージ，感情，価値づけおよび考え方の総称であり，教師の意識や教授行動を規定する。

第 **8** 章　授業づくり

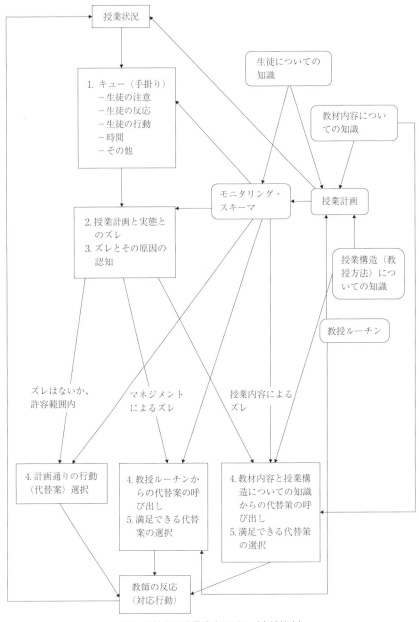

図8-1　教師の意思決定モデル（吉崎静夫）

出所：吉崎（1991）。

　これについて黒羽正見は，ある23年目の小学校教師を対象にして約1年間の参与観察と面接を行い，信念を解明している。例えば，教材研究では「教師の高まりが子どもの高まりを促す」，授業では「教師は確固たる自分の実践を持つべき」や「授業は柔軟かつ臨機応変に対応すべきである」，自主研修では「教師は地道な努力で子どもの豊かな可能性を引き出すべきだ」とする信念のように，それらは場面ごとに異なる。これらから，「効力感を秘めた教師観」

「受容的な授業観」「肯定的な子ども観」といった，この教師の信念体系が見出される（黒羽，2005，15〜21ページ）。

　それとともに教授学的信念は，教師の指導方法を特徴づける。例えばある高等学校教師は，(1)教師が選択した教材を通して，生徒が多様に考える，(2)教師から決まった正解を与えるのではなく，生徒自身が教材の本質に気づく，(3)話し合い中心の授業を進めるうえで，教師が重要な役割を果たすという信念をもっている。そして授業においては，(1)生徒の話し合いが活性化し，かつ教材の本質に迫れるような課題，(2)教師も一人の読み手として授業に参加し，多様な意見をつなぐ役割を果たすといった，臨機応変の実践を行った。このように，教師による生徒および話し合い中心の授業は，教授学的信念と対応している（清道ほか，2013，109〜119ページ）。

　またこれに関連して，教師は授業における学習者との関わりのなかで，さまざまな情動（emotion）を感じている。例えば，生徒の自発的な発言や，自らの予想を超えた発言が出てくると，教師は喜び，驚き，楽しさ，満足感といった快情動を経験する。これに対して，生徒の私語，居眠り，退屈，課題不遂行といった行為に出会うと，教師は哀しみ，不安，退屈感，落胆といった不快情動とともに，困惑，罪悪感，悔しさといった自己意識情動を感じる。また，このような情動は教師によって違いがあり，とくに授業目標や信念との関係が深い。例えば，生徒との対話を重視する教師は，生徒の私語や居眠りに対していらだちを感じていたが，生徒どうしの聴き合う関係を重視する教師は，私語を友達との関係やケアし合うことへの喜びと感じている（木村，2015）。

　以上のように，教師は具体的な手続きや形式に沿いながら授業を計画する一方で，暗示的な知識や思考さらにはその基盤となる信念や情動を即時的に用いながら授業を実践している。そして日々の授業を省察しながら，授業の計画と実践の力量を高めることが，教師の成長へと結びついている。

▷4　**情動**（emotion）
感情（feeling）のうち，恐怖，不安，怒りなど，比較的急激に生起し反応振幅の大きい状態を情動という。

Exercise

① 同一単元を扱った，異なる複数の教科書を比較しながら，題材や順序，資料の示し方にどのような共通点と相違点があるか考えよう。
② 任意の単元について学習指導案を作成するとともに，模擬授業としてそれを実践しながら計画のどこが不十分であるか確認しよう。
③ 教師が有する実践的知識にはどのようなものがあるか，ショーマンの7種類の分類に即して調べてみよう。

📖 次への一冊

伏見陽児・麻柄啓一『授業づくりの心理学』国土社，1993年。
　「ルール学習」という心理学の考え方に基づいて，子どものつまずきやそれを生かした発問・説明・作業等の工夫について具体的に解説している。

高垣マユミ編著『授業デザインの最前線Ⅱ　理論と実践を創造する知のプロセス』北大路書房，2010年。
　2005年に出版された同名書籍の続編であり，動機づけ，メタ認知，学習方略，概念学習，協調学習，議論といった多様な観点から，授業デザインや実践について研究動向とともに論じている。

吉崎静夫『教師の意思決定と授業研究』ぎょうせい，1991年。
　教師の役割をデザイナーおよびアクターとみなして，それぞれにおける意思決定とともに，授業における子どもの認知・情意過程についても論じている。

木村優『情動的実践としての教師の専門性――教師が授業中に経験し表出する情動の探究』風間書房，2015年。
　教師の情動と認知，思考，動機づけ，行動との関連や，教師の情動表出様式およびそれを受けて生徒が示す授業参加行動に関する実証的研究を行っている。

引用・参考文献

樋口直宏「授業中の予想外応答場面における教師の意思決定――教師の予想水準に対する児童の応答と対応行動との関係」『日本教育工学雑誌』18，1995年，103～111ページ。

木村優『情動的実践としての教師の専門性――教師が授業中に経験し表出する情動の探究』風間書房，2015年。

清道亜都子・水野正朗・柴田好章「生徒の主体的な学びを実現している教師の実践知――ナラティブとエビデンスを統合した研究アプローチの提案」『教育方法学研究』日本教育方法学会，第38巻，2013年，109～119ページ。

黒羽正見「学校教育における『教師の信念』研究の意義に関する事例研究――ある小学校教師の教育行為に焦点をあてて」『富山大学教育学部研究論集』8，2005年，15～22ページ。

佐藤学・岩川直樹・秋田喜代美「教師の実践的思考様式に関する研究（1）――熟練教師と初任教師のモニタリングの比較を中心に」『東京大学教育学部紀要』第30巻，1991年，177～198ページ。

ショーン，D.，佐藤学・秋田喜代美訳『専門家の知恵――反省的実践家は行為しながら考える』ゆみる出版，2001年。

ショーン，D.，柳沢昌一・三輪建二訳『省察的実践とは何か――プロフェッショナルの行為と思考』鳳書房，2007年。

Shulman, L. S., "Knowledge and Teaching: Foundations of the New Reform," *Harvard Educational Review*, 57 (1), 1987.

吉崎静夫『教師の意思決定と授業研究』ぎょうせい，1991年。

第IV部

教育評価と授業研究の方法

第9章
教育評価

〈この章のポイント〉
　戦後に evaluation の訳語としてわが国の学校教育に登場した「教育評価」は，これとは無縁な活動はないといえるほどに教育実践の中心に位置づく概念である。本章ではこの教育評価を立体的に把握するために，５Ｗ１Ｈを用いた６つの観点からそれぞれ教育評価に接近し，その概要を解説する。

1　教育評価の５Ｗ１Ｈと教育評価の what

1　教育評価の５Ｗ１Ｈ

　「教育評価」と聞くと，教師が子どもに成績をつけること（＝成績評価）を思い浮かべる人が多いのではないだろうか。たしかに，成績評価は教育評価を構成する要素の一つではある。しかし，成績評価は教育評価のすべてではない。教育評価は，成績評価よりも広く深い概念として理解される必要がある。
　以下では，成績評価にとどまらない概念である教育評価について，その構造を立体的に理解するために，５Ｗ１Ｈ（What, Who, When, Where, Why, How）による６つの観点から，教育評価を解説する。

▷1　文部科学省はこの評価を「学習評価」と呼んでいる。本章では，学習における即時的・即興的な形成的評価との混同を避け，成績をつけるという点を強調するために「成績評価」で統一して記載する。

2　教育評価とは何か

　まずは，what の観点から「教育評価とは何か」について考察しよう。
　教育評価とは，戦後に evaluation の訳語として日本に導入された概念である。evaluation は，「価値（value）の査定」を意味する valuation を語幹にもっている。もし，評価が子どもの価値を査定するだけならば，valuation で事足りる。evaluation の訳語が「教育評価」となっているのは，価値の査定に加えて教育的な意義が evaluation に含意されているためである。
　さて，20世紀を前後する頃のアメリカでは，それまでの valuation に代わって measurement という概念が用いられるようになっていた。教師が主観的かつ恣意的に子どもを価値づけ序列づける傾向のあった valuation から，客観的で一貫した学習成果の測定を目指した measurement へと評価のあり方が転換したのである。measurement は，子どもの能力を固定的なものと捉えて，誰

が評価しても同じ結果をもたらす客観テストを用いて学習成果を測定する点にその特徴があった。valuation のもつ評価の主観性や恣意性を克服し，評価に科学的客観性を導入したのが measurement である。

さらにこれを批判して evaluation を提唱したのがタイラー（R. W. Tyler）である。evaluation とは「教育目標が，カリキュラムや学習指導のプログラムによって，実際にどの程度実現されているのかを判定するプロセス」（タイラー，1978，137ページ）を意味する概念である。タイラーは「当時の教育測定運動に生じていた，測定条件に統計学的手法を導入することによって測定行為の自己目的化をもたらす傾向を批判」（田中，2008，24ページ）して，教育的な意義を含意する evaluation という概念をそこに対置させたのである。

タイラーは evaluation を次の4つの原理から定式化している。その原理とは，(1)理念的な「教育目的（educational aims）」から具体的な「教育目標（educational objectives）」を導出すること，(2)設定した目標を達成するうえで有効な「学習経験（learning experiences）」を考案すること，(3)その学習経験から最大の累積効果を生むカリキュラムを編成すること，そして，(4)その学習経験の「成果（outcomes）」を測定して学習経験の「改善（revise）」を図ることの4つである。

これらの原理からわかるが，子どもの学習成果を測定することは，教育評価において，必ずしも中心的な位置づけを与えられてはいない。評価の主な対象は，子どもの学習成果ではなく教育目標の達成度であり，教育目標の達成度の評価を教育実践の改善へとつなげることに evaluation の神髄がある。

タイラーは，子どもの学習成果の測定を目的とした measurement から，教育目標の達成度の測定を手段として教育実践の改善を目的とする evaluation へと，評価のあり方を大きく変えたのである。evaluation の訳語が単なる「評価」ではなく「教育評価」とされているのはこのためである。

▷2 一般的に，子どもの学習成果の評価を手掛かりに教育実践の改善を図る営みの全体を指す「教育評価」を evaluation の訳語としてあて，教育評価がその内に含む個別的な「評価」を assessment の訳語としてあてる。

▷3 現在，子どもの集団のなかでの相対的な位置づけについては，指導要録における「総合所見及び指導上参考となる諸事項」欄に記載することができる。また，これらの評価の他に，スクリヴェン（M. Scriven）が提唱した「目標に準拠しない評価（goal free evaluation）」もある（Scriven, 1967）。

3 目標に準拠した評価と集団に準拠した評価とは何か

この「タイラー原理」は後に，「目標に準拠した評価」につながっていく。目標に準拠した評価とは，いわゆる絶対評価のことで，子どもの学習成果を目標の達成度を基準に評価することである。

子どもの能力や学習成果を目標の達成度から評価するのではない評価として「集団に準拠した評価」がある。これは，学年または学級における集団内での相対的な位置づけで子どもを評価する手法であり，一般に相対評価と呼ばれる。日本の学校では，絶対評価を加味した相対評価が広く用いられていたが，2000（平成12）年を境に子どもの評価は「目標に準拠した評価」に統一されている。目標に準拠した評価には，子どもの目標達成度を基準に個々の子どもを

評価するために，その目標がそもそも想定していない子どもの成長や発達を見落としてしまうおそれがある。目標に準拠した評価だけに拠らない多様な子どもの評価が求められる。

2　誰が評価をするのか（who）

1　評価主体の二類型——他者評価と自己評価

ここでは who の観点から，「誰が評価するのか」ということ，つまり評価の主体について考察を進めていこう。例えば，成績評価の主体は誰かと問われれば，「教師が（子どもの成績を）評価する」となる。しかし，教師がすべての教育評価の主体となるわけではない。教育評価は，成績評価だけにとどまらないし，必ずしも教師から子どもに対してなされる一方向的なものだけでもない。who の観点（誰が評価するのか）から，教育評価には次の2つの類型を確認することができる。一つは，成績評価のように他者が評価の主体となる(1)「他者評価（assessment by others）」である。もう一つは，自身が主体にも客体にもなる(2)「自己評価（self assessment）」である。

2　他者評価（assessment by others）の三類型

まずは，他者評価から見ていこう。他者評価には，さらに3つの類型を確認することができる。一つ目は，教師が子どもを評価する(1)「教師評価（assessment by teachers）」である。教師による子どもの評価の代表例は成績評価である。とはいえ，教師評価のすべてが成績評価になるわけではない。どの段階で評価をするのかによって教師評価は成績評価以外の機能をもつことになる。これについては，次節（when）で確認していこう。

二つ目の他者評価の類型は，子どもが別の子どもを評価する(2)「相互評価（peer assessment）」である。これは，共に学び合う子どもの間で相互になされる評価で，子どもどうしの学び合いを学習指導過程の基本に据える「協同学習」や「協働学習」や「協調学習」等で積極的に用いられる評価である。

相互評価を通して，子どもたちは自身の能力や課題を他の子どもたちとの学び合いのなかで確認する。これは，子どもからは評価規準が確認しにくい成績評価とは違って，目の前の同世代の級友が評価規準として常に明示されることを意味している。子どもが自分には何ができて何ができないのかについて理解しその改善を図るためには，自分の今を評価する「ものさし」が必要になる。相互評価においては，子どもはその「ものさし」を級友の能力や課題のなかから見出すことができる。そのため，評価規準が不透明な成績評価よりも，自己

▷4　評価規準
評価規準と評価基準の違いについては，一般的に，子どもに身につけさせたい能力を評価の観点から具体的に文章化して表したものを「評価規準」と呼び，評価基準がどの程度達成されたのかを表す数的な指標（1・2・3やA・B・C等）を「評価基準」と呼ぶ。

省察 (reflection) のきっかけを子どもはより多く得られるのである。

　また，級友を評価することを通して，評価が目の前にいる他者を値踏みするだけではなく，その評価が集団のもつ能力を改善するきっかけとなりうるという経験を子どもたちは得る。つまり，評価が他者の現状分析にとどまらないこと，そしてこれからの自分たちのあるべき姿に向けた現状の改善手続きであるということ，つまり評価の未来志向的な側面について子どもたちは相互評価のなかで学んでいく。そして，評価する側が別の場面では評価される側に回るという評価の双方向性によって，子どもの集団を互恵的相互関係として再構築する契機となりうるということが相互評価の重要な教育的意義である。

　また，相互評価の特筆すべきもう一つの点は，相互評価を通じて子どもに「メタ認知 (metacognition)」の能力を獲得させうるということにある。メタ認知とは，自分がどのように考えているのかについて考えること (thinking about thinking) である。自身が抱く特定の価値観や立場がどのようなものであるのかの確認を，自らを俯瞰的な立場から見直すことによって可能にするこのメタ認知の能力は，子どもが自らの課題を自己認識して主体的に改善を図ろうとする「自己指導能力」を獲得するうえで不可欠である。そしてメタ認知を獲得するためには，つまり自分を俯瞰的な立場から省みるためには，その前段階において，より客観視しやすい他者を評価する経験が有効だと考えられる。メタ認知を子どもにもたらす自己評価は，相互評価という他者評価を経由して可能になるのである。

▷5　自己指導能力については『生徒指導提要』（文部科学省，2010）における説明も確認しておこう。

　最後に，教師評価，相互評価に次ぐ三つ目の他者評価の類型について考察しよう。三つ目の他者評価とは，地域住民等が子どもを評価する第三者評価 (third party assessment) である。地域住民等の第三者とは，例えば総合的な学習の時間における外部講師や，特別活動における職業体験やボランティア活動で関わる地域住民，あるいは地域学校協働活動における地域の教育力の提供者等である。

▷6　地域学校協働活動
地域の高齢者，成人，学生，保護者，PTA，NPO，民間企業，団体・機関等の幅広い地域住民等の参画を得て，地域全体で子どもたちの学びや成長を支えるとともに，「学校を核とした地域づくり」を目指して，地域と学校が相互にパートナーとして連携・協働して行うさまざまな活動のこと。

　これら第三者による評価のメリットは，教師とは異なる価値規準で子どもたちを評価する人たちが学校内外に存在するという点にある。多面的な存在である子どものよさを把握するには，そこには同時に多様な価値観をもった評価者の存在が欠かせない。第三者が学校の内外で子どもたちを評価することは，その子どもを見てくれる他者の目が増えるということであり，多様な子どものよさが評価される機会を増やすことになるのである。

3　評価のもつ権力性

　さて，ここまで who の観点から他者評価（教師評価・相互評価・第三者評価）について考察をしてきた。ここからは，他者評価のもつ権力性について考察し

よう。他者評価は，望むと望まざるとにかかわらず，評価主体と被評価者との間に一定の権力関係を構築する。以下では教師評価，相互評価そして第三者評価の順に，評価のもつ権力性について考えてみよう。

まず，一つ目の教師評価であるが，これは成績評価に直結する評価である。成績評価が進学や進級といった子どもの進路に大きな影響を及ぼす評価であること，そして教師から子どもたちに対して一方向的に行われるものであることから，成績評価は評価主体である教師と被評価者である子どもとの間に一定の支配・被支配関係を形づくることになる。

この関係性は，子どもたちに自らの言動が評価主体である教師にどのように受け取られるのかを不可避的に考えさせ，ともすれば過剰に教師の思惑を忖度する「よい子」として子どもたちを方向づけてしまうおそれがある。教師は自らがもつこの権力性に常に自覚的でなければならない。また，その評価が真正であり公平・公正なものであるかについて自問自答の姿勢を忘れてはならない。成績評価が子どもの能力の測定で終わるのではなく，その評価をきっかけとして自らの教育実践を不断に改善することを目的としなければならない。

このように教師評価が成績評価に直結することで一定の権力性を帯びる一方で，二つ目の相互評価および第三者評価は必ずしも成績評価に直結するものではない。その意味において，相互評価や第三者評価は，教師評価がもつ権力性とは距離を置くことができるため，子どもたちは自分の外側にある評価主体の「目」を気にすることよりも，自分の内側にある「興味・関心」を中心に据えて学習活動に参画することができるという特徴をもっている。

また，先述の通り，相互評価や第三者評価は，教師以外の多様な価値観を抱く人々によってなされることに教育的意義があった。異なる評価規準をもつ複数の他者によって，子どもたちはさまざまな評価を受け，自身がもつ学びや成長の可能性について，単一の価値規準や評価規準からは見出せない何かを確認できる機会を相互評価や第三者評価から得る。ここに，権力性から距離を置いた多様な他者による相互評価や第三者評価の教育的意義がある。

成績評価の不可避的な権力性を相対化して子どもの主体的な学びを保障するために，相互評価や第三者評価の積極的な運用が望まれよう。

4　自己評価 (self assessment)

ここまで，「だれが評価するのか」という観点で，まずは他者評価の三類型（教師評価・相互評価・第三者評価）を確認し，そして他者評価の権力性ついて考察してきた。ここでは，自己評価について考えていこう。

自己評価とは，読んで字のごとく，自分で自分を評価することである。一見すると大変わかりやすい自己評価であるが，その内容は実に深い。その深さを

体験するために，自己評価の2つの類型について考えていこう。自己評価の2つの類型とは，(1)「他者評価に依存した自己評価」と(2)「他者評価から自律した自己評価」である。

(1)「他者評価に依存した自己評価」とは，自分で自分を評価する際の規準を他者評価に求める評価である。他者が自分をどう評価したか（あるいは，すると予想するか）を前提に据えた自己評価，と言い換えてもよい。この評価はさらに，「他者評価を予期できない段階」と，「他者評価を予期できる段階」の2つに分類することができる。

このうち，「他者評価を予期できない段階」（他者が自分の言動をどう評価するかが他者から評価されるまでわからない段階）では，他者から評価されなければ自己評価を行うことができない。そして何より，他者評価を予期できないがゆえに評価主体のあらゆる言動に注目して自分の行為がどう評価されているのかを逐一確認しなければならない。つまり，評価の主体性を他者に譲り渡す以外に選択をもたない段階である。この段階にいる子どもは影響力をもっている他者（significant others）による他者評価に自己評価の規準を提示してもらわなければならず，それゆえに他者評価と自己評価が実質的に重なることになる。

もう一つの，「他者評価を予期できる段階」（他者が自分の言動をどう評価するかについて他者からの評価を待たなくても予想できる段階）とは，影響力をもっている他者による評価に加えて一般的な他者（generalized others）が自分をどう評価するかについても一定の予期ができる段階である。他者の評価規準を自身に内面化している段階と言い換えてもよい。内面化された他者の評価規準を「ものさし」にして自身の言動に対する他者の評価を予期できるため，他者評価が出される以前からそれを予期した自己評価を行うことができるし，他者評価が行われる前であってもその予期にしたがって適宜自身の行為を修正したり改善したりできる。つまり，他者評価を予期できる自己評価の方が，より主体的に自己評価を行える段階であるといえる。

しかしながら，他者評価を自己評価の規準としているという点で両者は変わりがなく，このことから他者評価に依存した自己評価とは「消極的な自己評価」と呼ぶことができる。

他者評価に依存した自己評価が消極的自己評価なのであれば，積極的自己評価とはどのような評価であろうか。それが上述の(2)「他者評価から自律した自己評価」である。この段階の子どもは，他者評価を踏まえたうえでその評価を乗り越えて自己評価を行うことができる。つまり，他者が自分をどう評価するのかを予期したうえで，場合によってはその他者評価の予期とは異なる形で自己評価を内発的・自律的に行うことができるのである。この点において，他者評価を全く顧みない，あるいは他者評価を全く予期できない段階とは（仮に他

者評価に逆らう言動を選択するという結果が同じだとしても）明確に区別されなければならない。

　生徒指導論において他者評価によらず自身の内的な価値観や倫理を規準にして，自身を省みて改善を図る能力を「自己指導能力」と呼ぶ。「他者評価から自律した自己評価」とはこの「自己指導能力」を備えた段階と言い換えることができる。内発的・自律的な子どもの育成とはすなわち，自分を省みてそこに課題を発見し，それを乗り越えることを通じて成長を図ることのできる子どもの育成である。そのために，教育評価には他者評価だけではなくこの自己評価の観点が欠かせないことをここで強調しておきたい。

3　いつ評価するのか（when）

1　教育評価の三類型

　ここでは when の観点から教育評価を実施する時期や段階について考えていこう。教育評価の一つである成績評価を例にあげれば，子どもの学習成果を学期末や年度末といった学習過程の終末期において評価するものであることがわかるが，本章で繰り返し述べている通り，教育評価は成績評価をその内に含むより広範な概念として理解する必要がある。つまり，教育評価には，最終的な成績評価以外の時期や段階が存在しているし，教育評価の立体的な理解には成績評価以外の時期や段階にこそ注目する必要がある。

　教育評価の実施時期について考察するうえで，繰り返し引用されるのがブルーム（B. S. Bloom）の教育評価の三類型である。ブルームといえば「完全習得学習（mastery learning）」の理論を構築したことで有名だが，完全習得学習の理論的主眼は指導と評価が一体となり，指導の改善のための手段として評価が用いられる点にあった。つまり，評価の結果が次の指導の改善に生かされ，そこで実施された指導がさらに評価されて次の実践の改善に生かされ，といった指導と評価のフィードバックを基本とするのである。

　ブルームは教育評価をその評価の時期や段階に着目して(1)「診断的評価（diagnostic assessment）」，(2)「形成的評価（formative assessment）」，(3)「総括的評価（summative assessment）」の3つに類型化した。以下では，その一つひとつを確認していこう。

2　診断的評価（diagnostic assessment）

　診断的評価とは，教育のプロセスをスタートさせる前段階に行われる子どもの実態把握のことである。診断的評価を通して把握される子どもの特性や発達

段階や学習へのレディネス等をもとに，その子どもが現在抱えている課題を析出し，その課題の克服を目指した学習経験や個別計画を策定するために行われる。この診断的評価は，現代の教育実践の文脈においては一般的にアセスメント（assessment）と呼ばれ，具体的な実践に入る前段階における査定・評価の意味に加えて，その子どもに提供しうる合理的な配慮の検討とそれを踏まえた教育実践の策定までを含む広い概念として重要視されている。

診断的評価は，一人の教師によってなされる場合もあれば，異なる専門性をもったメンバーによって構成される集団によってなされる場合もある。例えば発達障害を抱えた子どもが幼稚園から小学校に進学をする場合，幼稚園教諭と小学校教諭に加えて教育委員会指導主事やスクール・ソーシャルワーカーや医師や大学教員といった複数の専門家による就学支援委員会や就学相談支援委員会等が組織され，その子どもの特性や課題に適した合理的な配慮の検討や適切な進学先の検討を組織的に行うことが一般的である。

▷7　就学支援委員会
就学予定者の就学時の健診結果を受けて，学校教育法施行令第22条の３に定められた障害の程度を判定し，進学先について特別支援学校・一般の学校の特別支援学級・一般学級のいずれが適切かを判断し，各教育委員会が，保護者に通知するための組織のこと。この制度には，当事者である子どもや保護者が進学先を決定できないという批判もあり，進学先の決定ではなく進学先の相談にその機能を限定している自治体もある。

3　形成的評価（formative assessment）

形成的評価とは，教育実践プロセスの渦中で行われる評価のことである。教育プログラムが意図した通りの効果を生んでいるのかについて，教育の中途段階で評価をし，その評価をもとに教育プログラムの改善を図るために行われる。形成的評価の主眼は，そこで得られたデータやエビデンスをもとにして教育プログラムの改善のために評価結果を使用することにある。ブルームの評価の三類型のなかでは最も重要視される評価である。評価を学習過程の最終段階とするのではなく，評価を教育実践の改善と結びつけることによって評価と改善をループさせるこの考え方は，「指導と評価の一体化」と呼ばれ，わが国の教育実践において広く受け入れられている考え方である。

しかしながら，ここには一つ見過ごされがちな重要な論点がある。それは，形成的評価とそれに基づいた教育実践の改善を図る主体が常に教師であること，つまり，子どもは評価や改善の主体とは考えられていないことである。この論点については，それまでの議論を踏まえたうえで本章の最後でもふれよう。

4　総括的評価（summative assessment）

ブルームの評価の三類型の三つ目である総括的評価とは，カリキュラムの最終段階に行われる目標の達成度を測定する評価のことである。総括的評価のうち，子どもの学習成果を報告することが成績評価と呼ばれる。総括的評価は，評価した結果を子どもや保護者に通知表を通じて報告し，指導要録に記録するカリキュラムの終着点として考えられがちだが，そうではない。総括的評価は終着点ではなく，実施したカリキュラムが子どもにとって有効であったかどう

▷8　指導要録
第８章▷１を参照。

かを総括的評価の結果から検証し，次期に実施されるカリキュラムを改善する糸口をつかむために行われる次に向けた再出発地点である。

つまり，総括的評価は，その評価が次期のカリキュラムの診断的評価として生かされなければならないし，さらに，中長期的なカリキュラムを見据えたうえであれば，その改善点を導き出すための形成的評価として生かされなければならない。その意味で総括的評価とは，次のカリキュラムにとっての診断的評価であり，より大きな視点からは形成的評価にもなる。大切なことは，本章で繰り返している通り，教育評価は評価そのものに目的があるのではなく，その評価を通して子どもの成長を次の段階に向かわせるための手段として理解されなければならない，ということである。

4 どこで評価するのか（where）

1 評価の場所

ここでは where の観点から教育評価を実施する場所について考えていこう。「評価の場所についての考察」と聞くと奇妙に感じるかもしれない。しかし，評価の内実はその評価が行われる場所に大きな影響を受ける。

以下では，評価の場所を「学校内」と「学校外」の２つに大別したうえで，それぞれの場所が評価のあり方をどのように規定しているのかについて考察を進めよう。その際に，前節で確認したブルームの３つの評価（診断的評価・形成的評価・総括的評価）を手がかりにしていこう。

2 学校内での評価

教育評価には，学校内で行われる評価がある。学校内で行われる評価には，さらに「学校内で行われるべき評価」と「学校内でしか行えない評価」の２つがある。

まず，「学校内で行われるべき評価」について考えてみよう。これは，「べき」という助動詞からもわかるように，学校内で行うことを原則として，学校外で行うことについては否定的・消極的な判断がなされる評価である。なぜこの評価は学校内で行われることが望ましいとされるのか。それは，この評価が子どもの個人情報を扱うことにその理由がある。

例えば，教師は，子どもの学習成果を数的・質的に外形化するために，極めて慎重な扱いが求められる子どもの個人情報を扱う。「個人情報の保護に関する法律」は，第５条（地方公共団体の責務）において個人情報保護に係る規程を策定する義務を地方公共団体に課している。この法律を受けて，個人情報の漏

洩・減失・毀損事案を未然に防ぐために，各地方公共団体は個人情報の保護・管理・運用に係る条例を，私立学校法人は個人情報保護に係る諸規程をそれぞれ定め，個人情報の必要かつ適切な管理措置を講じている。これらの規定により，教師は子どもの個人情報を許可なく学外に持ち出すことが原則としてできない。そのため，成績評価は学校内で行うべき評価となる。

次に，「学校内でしか行えない評価」とは，前述の「学校内で行うべき評価」が法律や条例および諸規程によって学校外では行うべきではないとされているのとは異なり，原理的に学校の外では行えない評価である。すなわち，教育実践が展開され，子どもを前にしてのみなしえる評価のことである。

先に述べた形成的評価が，この学校内でしか行えない評価の代表例である。形成的評価とは，学習過程の中途段階で行われる評価を意味するが，この中途段階というのは年度や学期の途中という意味のほかに，授業の途中という意味としても理解する必要がある。学校では年度ごとに作成される教育の基本計画をもとに，各学期の教育計画が作成され，そこから授業単元ごとの計画が作成される。授業とは，この単元ごとの計画に位置づく教育実践の最小単位である。それぞれの授業には各単元の目標から設定される個別のねらいがあり，このねらいの達成を目指して行われる授業実践のプロセスにおいて，当初計画されていた授業手法が，例えば生徒の予期せぬ反応等によって修正を余儀なくされることがある。その場合，授業実践を担う教師には，目の前にいる子どもたちに最も適した授業手法をその場で編み直す即時的・即興的な改善姿勢が求められる。これが「学校内でしか行われない評価」である。

3 学校外での評価

前述の「学校内での評価」は，総括的評価（学校内で行われるべき評価）と形成的評価（学校内でしか行われない評価）の2つを指すのであった。ここではもう一つの「学校外での評価」について考察を進めよう。

学校外での評価とは，さまざまな専門家との協働でなされる診断的評価がそれに該当する。診断的評価とは，教育プログラムが開始される前段階において子どもの特性や学習へのレディネスを把握し，子どもの抱えている課題を析出したうえで，その課題の克服を目指した教育計画や個別の支援計画を策定する際に用いられる評価であった。この診断的評価は，担当教師によって行われる他に，担当教師を含んだ複数の異なる専門家によって編成される集団によってなされる場合がある。先述の就学支援委員会や就学相談委員会が，それにあたる。これらの複数の専門家集団によるネットワーク支援は，設置主体の地方自治体や教育委員会の建物を会場として実施されることが多い。これが診断的評価としての「学校外での評価」である。

▷9　個人情報保護法が直接的に適用されるのは専修学校や各種学校を含む私立学校のみで，国立学校には「行政機関の保有する個人情報の保護に関する法律」が，都道府県立あるいは市町村立等の公立学校には各自治体が定める条例がそれぞれ適用される。

5　どうやって（how），そしてなぜ評価するのか（why）

1　評価の手法

　ここではまず，how の観点から「どうやって評価するのか」，すなわち評価の手法についての考察を進めていく。わが国の学校教育において，これまでさまざまな評価の手法が実践されてきた。本節では，新学習指導要領における子どもに「育むべき資質・能力」について概括したうえで，近年注目を集めている「ポートフォリオ」と「ルーブリック」の2つの評価手法を掘り下げていこう。

　評価の手法を思い浮かべる際に，私たちの多くがそうされてきたように，筆記試験（ペーパーテスト）を連想するのではないだろうか。あるいは，芸術・体育系科目においては実技試験を連想するかもしれない。評価の手法として筆記試験や実技試験を連想することは間違いではないが，これ以外にも評価の手法が存在している。そもそも，筆記試験や実技テストで測ることのできる子どもの能力とは，「何を知っているのか」（知識）や「何ができるのか」（技能）のみである。これは，新学習指導要領で示されている「育成すべき資質・能力」の三要素のうちの一つにすぎない。評価の手法については，子どもに育成すべき資質・能力の包括的な涵養を目指して編み出されなければならない。

2　パフォーマンステストとポートフォリオ

　上述の通り，筆記試験や実技試験は，基礎的・基本的な知識・技能が獲得されているかを確認する手法である。では，基礎的・基本的な知識・技能が活用できているかを測るにはどのような手法が考えられるのか。その手法の一つにパフォーマンステストがある。これは，知識やスキルを活用・応用・統合することを通して子どもに実演させ，その成果（パフォーマンス）を評価する手法である。ここでいうパフォーマンスとは，例えば小論文やレポートの執筆，展示物等の制作，スピーチやプレゼンテーションの実演，級友と協働した問題解決学習の展開，実験の実施等が考えられる。上述の筆記試験や実技試験は教科ごとに系統づけられた断片的な知識やスキルの獲得を評価するものだとすると，パフォーマンステストはそれらの教科で得た個別的・断片的な知識・スキルを統合して応用的に活用できるかを評価するのである。

　また，パフォーマンステストは，子どもの実演成果を評価して完結させるものではない。あらゆる教育評価は次の教育実践の改善の手段として活用されなければならない。パフォーマンステストによって確認された子どもの実演成果を次に生かすために，子どもの実演成果を何らかの形で集積してそれまでの学

びの道程を振り返ることのできる工夫が教師には求められる。この振り返りを可能にする手法の一つが、ポートフォリオ評価である。ポートフォリオ（portfolio）とは紙（folio）をまとめて運ぶ（port）ことを可能にする書類入れを意味する。そのままではバラバラになってしまう個別的な実演成果をまとめておき、それを振り返ることで、子どもにはその時点での課題や到達目標を確認させ、教師にはカリキュラムの改善を図るための手がかりを提供する。この評価手法がポートフォリオを用いた評価である。

3　主体性のパラドックスとルーブリック

最後に、「学びに向かう意欲」と評価手法との関係性について考察しよう。これは教育実践がたびたび直面する「主体性のパラドックス」の問題として扱う必要がある。「主体性のパラドックス」とは、子どもの主体性や学習意欲を涵養しようと教師が教育実践の全面に出てくることで、子どもの主体性がかえって毀損されてしまう逆説的状況を意味する。子どもが教師による他者評価なしでも相互評価や自己評価を通じて自身の課題を把握でき、主体的な改善が図れるような工夫を学習環境に埋め込み、子どもが主体的・内発的・自律的に学びに没頭できる学習環境の構築をすることが教師には求められる。

これを可能にする教育手法の一つとして、近年注目されているのがルーブリックによる自己評価である。ルーブリック（rubric）とは、学習成果の達成度合いを数的に表す「評価基準」と、それぞれのレベルに対応するパフォーマンスの特徴を文章化した「評価規準」の組み合わせからなる「評価基準・規準表」のことを指し、ルーブリックを用いた評価をルーブリック評価と呼ぶ。

ルーブリック評価は、教師と子どもがこの「評価基準・規準表」を共有することによって、評価の「ものさし」を可視化することにその最大の特徴がある。子どもは、自分のパフォーマンスが到達目標からみてどこに位置づくのか、つまり今の自分には何ができて何ができていないのか、そして現在の課題を乗り越えるためには何をすべきかを教師による他者評価を待たずに自己評価・相互評価を通して確認する。そのための手がかりをルーブリックは子どもに与える。成績評価のように、子どものパフォーマンスが数的に評価されるだけでその評価の「ものさし」が子どもからは見えにくい場合、子どもは示された結果を次に生かすことが困難である。

ルーブリックは、子どもの主体性に基づいた学習意欲の涵養に大きなメリットを有するだけではない。これは、教師にとってもメリットが大きい評価手法である。ルーブリックに明示された「ものさし」によって、教師は主観的・恣意的な評価を改めて妥当で一貫した評価を行えるようになる。また、ルーブリックは、先述した教師評価のもつ権力性を弱め、教師と子どもとの関係性を

対等・並立なものに組み直すことが期待される。また学習の場にいる全員に学びのねらいが共有されることは、学び合いを基礎にしたこれからの学習のあり方にとって不可欠である。その意味において、ルーブリック評価は、子どもの主体性・内発性・自律性に支えられた学習意欲の醸成を可能にする教育評価といえよう。

4 なぜ評価するのか（why）――「真正な評価と学び」へ

　最後に、これまでの議論を踏まえて、whyの観点から「なぜ評価するのか」について考察し、評価のあり方の新たな可能性に言及しよう。

　ここまでの考察から、教育評価が子どもの知識・技能やパフォーマンスや学習意欲を評価して完結するのではなく、その評価から教育実践の不断の改善を図り、よりよい教育の実現に向けた教育実践の再出発を可能にするものであることを確認してきた。したがって、「なぜ評価するのか」と問われれば、「その評価から教育実践の改善を図るため」と答えるのが教育評価である。

　これはつまり、教育評価をゴール（終着点）からリスタート（再出発地点）に定義し直すことによって、標準化された筆記試験のみに頼って子どもを評価して終わりにしてきたこれまでの評価のあり方を批判する論拠を私たちは手にしたことになる。そして何より、この教育評価の再定義は、教育評価のみならず教育実践のあり方についても再定義を私たちに迫ってくる。

　これらを、「真正な評価（authentic assessment）」や「真正な学び（authentic learning）」と呼ぶ。教師として避けては通れない子どもの評価は、教師が不断に教育実践の改善を探究し続ける姿勢から行われなければならない。子どもを評価する過程で試行錯誤し、時には失敗しながらも協働的な職員集団のなかで相互に支えられ、「真正な評価」を目指して教育評価をより洗練させていかなければならない。教師は、教育評価を通して子どもと共に学習過程を振り返り、子どもと共に教師も学び直し、次の新たな学びに向けてリスタートを重ねていくことである。そこには、教師を主体とした旧来の評価のあり方についての見直しも含まれるはずである。

　旧来の、総括的評価としての成績評価のみを前提とした「学習成果の評価（assessment of learning）」は、診断的評価や形成的評価を強調した「学習のための評価（assessment for learning）」へと変わった。そしてこれからの評価や学びは、自己評価やメタ認知に中心的な位置づけをもたせた「真正な評価や学び」にそのあり方をシフトし始めている。これからやってくる「真正な評価や学び」とはきっと、学びのなかに埋め込まれ、学びと評価が同期し、学びと評価のフィードバックによって学びの環境そのものが変容していく「学習としての評価（assessment as learning）」ともいうべきものになろう。

Exercise

① 1974年に文部省（当時）と経済協力開発機構（OECD）が共催したカリキュラム開発の課題に関する国際セミナーにおいて，スタンフォード大学のアトキン（J. M. Atkin）は2つの教育評価のアプローチを提唱した。一つが工学的アプローチ（technological approach）で，もう一つが羅生門的アプローチ（rashomon approach）である（文部省，1975）。この2つの相違について調べたうえで，自分の言葉で説明してみよう。

② 近年，「形成的評価（formative assessment）」をさらに発展させた「変容的評価（transformative assessment）」という概念が注目を集めている。変容的評価について調べて，形成的評価との相違を踏まえて自分の言葉で説明してみよう。

次への一冊

Griffin, P., McGaw, B. & Care, E. (eds.), *Assessment and Teaching of 21st-Century Skills (educational assessment in an information age)*, Springer, 2012（三宅なほみ監訳『21世紀型スキル——学びと評価の新たなかたち』北大路書房，2014年）.

　　本書は，これからの社会を生きる子どもが身につけるべき資質・能力を「21世紀型スキル」と呼ぶ。このスキルを学校で子どもに獲得させるためには，これまでの学びと評価のあり方が抜本的に再考される必要があるとし，学校における学びと評価を改革する方向性を具体的・実践的に論じている。

引用・参考文献

タイラー，R. W.，金子孫市監訳『現代カリキュラム研究の基礎——教育課程編成のための』日本教育経営協会，1978年。

田中耕治『教育評価』岩波書店，2008年。

文部省『カリキュラム開発の課題——カリキュラム開発に関する国際セミナー報告書』大蔵省印刷局，1975年。

文部科学省『生徒指導提要』2010年。

Bloom, B. S., Hastings, J. T. & Madaus, G. F., *Handbook on formative and summative evaluation of student learning*, New York, NY: McGraw-Hill, 1971（ブルーム，B. S.・ヘイスティングス，J. T.・マドウス，G. F.，梶田叡一・渋谷憲一・藤田恵璽訳『教育評価法ハンドブック——教科学習の形成的評価と総括的評価』第一法規，1973年）.

Scriven, M., *The methodology of evaluation*. In Tyler, R. W., Gagne, R. M. & Scriven, M. (Eds.), *Perspectives of curriculum evaluation*, Chicago, IL: Rand McNally, 1967, pp. 39-83.

第10章
授業研究

〈この章のポイント〉
　わが国において授業研究は，その背景，目的，実施・推進主体，テーマ，スタイルといった点で，多様に展開されている。本章では，教育学研究と教師教育実践の2つの視点から，その主要動向を整理する。学術レベルについては，関連する学会での研究状況を概観する。現場レベルについては，校内研修としての取り組みに着目する。また授業研究とは何か，これまでどのように発展してきたのか，今後よりいっそうの充実に向けて，どのような課題が残されているのかについても解説する。

1　授業研究の定義と歴史

1　概念規定——「研究」と「分析」

　授業研究とは，授業における教師と子どもの教室行動，両者の間のコミュニケーションや子どもどうしの協調学習，教師と子どもの知識や思考，意思決定や学習過程の実態などを分析して，指導技術，教室風土，教授学的信念といった特質を明らかにする研究的・実践的営為の総称である。これに類似する概念としては，授業分析があげられる。両者は，授業開発と理論構築のどちらを志向するかによって異なるという見解もあるが（柴田，2002），それぞれを截然と区別することは困難である。むしろ相互補完的な関係にあり，また授業研究の方が，より包括的であると考える方が自然であり，妥当である。

▷1　授業分析
一見しただけではわかりにくい授業の特徴を，その事実（データ）に根ざしながら見出し，他者にわかるように表現する営み。

2　実践と研究の展開

　わが国において授業研究は，明治期に東京師範学校の実地授業批評として始まって以来，国家による管理・統制と拮抗しつつ，教師たち自身が，勤務する学校内部で，自らの手によって行ってきた歴史をもっている。大正自由教育期であれば，及川平治の明石女子師範附属小学校や澤柳政太郎の成城小学校など，師範学校附属学校や私立学校が，その中心的な役割を担い，公開研究会では毎年多くの参観者を集めていた。第二次世界大戦後になっても授業研究は，行政主催の初任者教員研修，各学校独自の主題に基づく研究授業，教員組合や民間教育団体の研究運動など，さまざまな形で行われてきた。そのあり方が大

きく変わるのは，1960年代前半になってからである。その頃から教育学研究としての授業研究が活発化し，大学／研究者と小・中・高等学校／実践家との協働が試みられるようになった。1963年には5大学（北海道，東京，名古屋，神戸，広島）の研究者を発起人として，全国授業研究協議会が結成されている。1964年には日本教育方法学会が設立されている。同年には Educational Technology が，教育技術学ではなく教育工学と訳出されて，初めて紹介されている。

初期の授業分析は，アメリカではフランダース（N. A. Flanders）の相互作用分析やベラック（A. A. Bellack）のコミュニケーション分析によって，わが国では重松鷹泰や上田薫の一連の業績によって代表される。重松は，フィールドノーツやカメラを持参して授業を観察し，逐語的な授業記録を内容に即して分節に分けたうえで，各分節間の関係を明確化しながら，特定の分節について検討するとともに，授業の場全体を捉え，その問題点を指摘している（重松，1961）。重松と上田は，相対主義的関係追求方式によって，授業諸要因の関連構造を検討している（重松・上田，1965）。上田は，静岡市立安東小学校との共同研究において，カルテと座席表を用いた授業研究を行い，「ひとりひとりを生かす授業」を追究している（上田・静岡市立安東小学校，1971）。

その後，わが国の授業研究は，1970年代のうちこそ行動分析カテゴリーの開発や統計的な数量解析ばかりにとどまっていたものの，1980年代には認知心理学の影響を受けたことにより，教師と子どもの内面過程を検討するようになる。1984年には日本教育工学会が設立されている。そして1990年代に入ると授業研究は，一方では，「学びの共同体」と「反省的実践家」という2つの概念装置の提唱を受けて，学校改革の中核に位置づけられ，教師たちの協同的な学び合い（「同僚性」）を促進している（佐伯ほか，1996）。また他方では，アクションリサーチが行われて，教室の談話分析が質的な視点から捉えられている（秋田，2005）。さらに1999年にはスティグラー（J. W. Stigler）とヒーバート（J. Hiebert）が，アメリカと日本とドイツの授業のビデオ記録を比較した『ティーチング・ギャップ（*The Teaching Gap*）』を著し，わが国の子どもの国際数学・理科教育調査（TIMSS）での得点の高さの背景には，教師の授業研究があることを指摘している（スティグラー・ヒーバート，2002）。これを契機として，授業案検討→授業実践・参観→授業後協議を1サイクルとして行われてきたわが国の授業研究は，「レッスンスタディ（Lesson Study）」の名前でアメリカに紹介され，教員研修の方法として取り入れられるとともに，全米各地で研究学校が活動するようになった。2006年には世界授業研究学会が設立されており，授業研究は，アメリカやわが国はもちろんのこと，世界諸国・地域の研究機関や学校現場で，今日も精力的に行われている。

▷2 反省的実践家
D. A. ショーンが提起した専門家モデルであり，理論の実践化とは異なる実践のなかの理論の獲得と駆使を主内容とする。これを受けて，教職の専門性の再定義が進められている。

▷3 同僚性
学校や授業を変えていくために，教師たちが日頃から授業を公開し合い，学び合うような関係性のことを指す。教師の成長は，個人的というよりも，共同的な過程である。

▷4 アクションリサーチ
直面している問題の解決に向けて，研究者と当事者の人々が共同で取り組む活動であり，現場での息の長い活動となることが多い。

▷5 談話分析
現実にやりとりされるひとまとまりの言葉に着目して，その社会的文脈や権力性・政治性にまで及んで分析しようとする超領域的な研究。

2　学術研究としての授業研究

1　教育方法学の場合

　1990年代以降の教育方法学において授業研究の対象は，歴史的遺産から現代社会の要求まで，外国の学習指導原理から身近にある個別の教室実践事例やそこでの抽出児の変容まで，幼稚園での保育や特別支援教育から大学教育や教師教育まで，授業技術論や教科指導論から学習集団論や方法的措置まで，チョークとトークによる一斉授業からタブレット端末をはじめとするICTツールを活用した反転授業やアクティブ・ラーニングまで，教師の手づくりによる教材・教具から検定教科書まで，学習指導要領からそれによらない特例的なカリキュラム開発まで，教師の授業準備から子どもの学力評価まで，というように，かなりの広範囲に及んでいる。

▷6　反転授業
教室で受けていた授業の動画を自宅でタブレット端末やパソコンを使って視聴し，家で学んでいた応用問題などは教室で取り組むスタイル。

　このことは，日本教育方法学会の『日本の授業研究』全2巻の構成にも反映されている。上巻「授業研究の歴史と教師教育」には，「授業研究とは何か」「戦後新教育と授業研究の起源」「授業研究運動の展開」「民間教育運動における授業研究」「授業研究の現在」「教員養成と授業研究」「現職教育と授業研究」「大学教育と授業研究」，下巻「授業研究の方法と形態」には，「日本の授業の構造と研究の視座」「カリキュラム研究と授業研究」「教科書教材の教授学的研究」「授業研究による教科指導の改善」「学級づくりと授業研究」「教育評価と授業研究」「授業研究を基礎とした学校づくり」「研究開発学校と授業研究」「教育メディアの革新と授業研究」「特別支援教育と授業研究」「『保育』研究と『授業』研究」「授業研究方法論の課題と展望」というタイトルの論文が収められている（日本教育方法学会編，2009a；2009b）。

　同時期に日本教育方法学会紀要『教育方法学研究』に掲載された授業研究関係の論文もまた，相当バラエティに富んでいる。その主題は，授業研究による教師の力量形成，談話分析と授業研究，授業研究のツールと観察方法の研究，教科教育における授業研究，授業研究の史的研究，大学の授業研究，授業研究による理論研究，以上7つのカテゴリーに大別することが可能である（日本教育方法学会編，2014a，170～177ページ）。

2　教育工学と教育心理学の場合

　教育工学における授業研究の主題は，1986～95年に日本教育工学会機関誌『日本教育工学雑誌』に掲載された関連の論文をレビューする限り，授業設計，教師と子どもの内面過程，教師と子どもの教室行動，授業過程の分析・評

価，教師の授業力量形成の5つにまとめることができ（生田・吉崎, 1997），追跡期間を2012年まで延長し，主な研究書まで含めると，授業設計，授業実施，授業分析・評価，授業改善，学習環境，教師の授業力量形成，授業研究の方法の7つに整理し直すことができる。代表的な方法としては，行動主義的アプローチ，認知主義的アプローチ，社会構成主義的アプローチ，システムズアプローチの4つがあげられる（水越ほか, 2012, 1～29ページ）。

　教育心理学においても授業研究は，とても活発に行われている。心理学研究者による授業への取り組みは，日本教育心理学会（1959年設立）の『教育心理学年報』誌上で定期的に紹介されている。その特徴は，内容的には，社会構成主義の観点からの学習の認知過程の研究，教室文化や教室ではたらくルールの解明を意図した研究，授業デザインの研究が見られ，方法的には，実験的方法，教室観察，臨床的面接，質問紙法，教師との対話，エスノグラフィー，アクションリサーチなどが，ときに単独で，しかし大抵はさまざまに組み合わされて，駆使されている点に認められる（栗山, 2001；伊藤, 2005；高垣, 2011）。

3　現場実践としての授業研究

1　学校での実施状況と教師の反省的成長

　2010年に国立教育政策研究所は，「教員の質の向上に関する調査」を実施している。具体的には，『全国学校総覧』から公立小・中学校各1000校をサンプリングし，2～3月にかけて質問紙を発送・回収し，それぞれ705件，665件の有効回答を得ている。それによると，授業研究を年1回以上実施しているのは小学校98.7％，中学校97.9％，全教員が研究授業を行っているのは小学校72.1％，中学校44.9％，学校として一つのテーマを設定し，授業研究に取り組んでいるのは小学校98.7％，中学校90.7％であった（日本教育方法学会編, 2014b, 10～21ページ）。

　これと同様の数値傾向は，文部科学省による全国学力・学習状況調査の学校質問紙における「教員研修」や「教職員の取組」といった項目に関する回答集計結果にも表れている。2007年の調査（「平成19年度全国学力・学習状況調査報告書・調査結果」）によると，授業研究を年1回以上実施しているのは小学校99.8％，中学校97.8％，5回以上だと小学校83.3％，中学校52.9％であった（北神ほか, 2010, 27～45ページ）。すなわちわが国の学校現場において授業研究は，そのほとんどすべてで行われていて，すでに教師・学校文化レベルで定着しており，その場合，校内研修の一環として位置づけられているケースが一般的である。校内研修としての授業研究は，授業について教師が同僚や指導教員

とともに，必要に応じて教育委員会指導主事や大学教員といった外部講師を招聘して，長期的に学び続け，職能的専門性や実践的指導力，とりわけ指導技術をはじめとする授業力量を高めることを保障する学習・活動システムとして，重要な機能を果たすと期待されている。

　教師の授業力量形成を目指す授業研究への注目は，教師の成長が，「反省（振り返り）／リフレクション」という行為によって支えられていると認められたことを契機として，よりいっそう高まった。教師の反省的成長とは，教師たちが自らの教育実践を何らかの手段によって対象化し，批判的に分析すること，そして過去や現在の営みの分析を出発点として，教育実践の新たな地平を切り拓くことを意味している。このための機会が，同僚らとのディスカッションや協議であり，それが展開される授業研究会のあり方を問い直そうという研究的な取り組みが促され，その結果として，早くも1980年代に「授業カンファレンス」が提唱されている。これは，同一学年・教材の2つの授業記録としてのビデオ映像の比較・検討という対話過程を中心的な方法とするものであり，教師の実践的知識の開発を志向している。このとき以降，研究者には，指導助言者やコメンテーターとして，理論を持ち込んだり，何かを検証したり，授業を一方的に評価したりするのではなく，実践家と対等なメンバーとして，より当世風にいえば，ファシリテーターやプロンプターとして，授業の複雑さを嚙みしめ，悩みを共有しながら，彼／彼女らとともに歩み，教師側の省察を促すような役割を果たすことが求められるようになった。大づかみにいえば，教師の学習に関する基盤的な理論や認識を含めて，具現化された専門性や実践知の学びの場としての授業研究のタイプが，「効果伝達モデル」から「協働構築モデル」へと転換したのである（21世紀COEプログラム東京大学大学院教育学研究科基礎学力研究開発センター編，2006，191～208ページ）。

２　校内研修の推進

　近年における教師の多忙化に加えて，団塊世代の大量退職と若手新規採用の拡大にともなう学校の教師集団構成員の世代交代が急速に進行するなかで，現場での授業研究は，とかく形骸化，定型化しがちである。あるいは自己目的化しているといってもよい。それが，よりよい授業の創造に貢献するのではなく，限定的な目標に向けたルーティンワークになってしまい，教師の成長にも子どもの学習にも寄与することなく，ただの行事や儀式と化し，後にはやらされ感や徒労感だけが残るという倒錯状況は，多くの関係者が実際に経験し，見聞してきた事実である（稲垣・佐藤，1996，141～237ページ）。

　では実効的で意義のある校内授業研究を持続的に推進するには，どうしたらよいのか。そのための条件としては，次の3つがあげられる（的場・柴田，

2013, 79～95ページ)。

(1) 授業の事実に基づく

観念的な授業観を披露し合うのではなく，全員で見合った授業の具体的な事実の省察と分析に基づいた事例研究が行われなければならない。そのためには，授業の様子を収めた音声・映像があればベストであり，あるいは簡単なものでも，せめて速記録を準備したい。

(2) 授業の改善につながる

参加者が，「こういうことが学べた」「これは授業で使える」「子どもの学びにつながる」という前向きな気持ちをもつことができなければならない。教師たちが，主に指導法について，教科や学年などの壁を越えて，互いに学び合えるようにする必要がある。

(3) 教師の成長に結びつく

特定の教師だけに役立つものや，その力量診断や評価のためのものであってはならない。一人の授業者のみならず，すべての参加者の力量形成と授業改善が図られ，学校全体としての教育力の向上につながるような組織的取り組みであることが求められる。

また授業研究を核とした校内研修の充実要件では，「校内研修の特性」である具体性・実践性，日常性・継続性，実効性，主体性，全員参加性・協業性を援用して（日本教育工学会編，2000，226～228ページ），具体性，継続・発展性，共同性，創造性，デュアルな志向性の5点があげられることがある（北神・木原・佐野，2010，64～82ページ）。ただしこれらと上述した3つの条件との間には，項目数や力点の違いこそあるものの，総体として見れば大差はなく，それどころか実質的に同義であると考えて差し支えない。

さらに校内研修としての授業研究の実施にあたっては，本質的な問題に加えて，限られた時間内での効率的な運営の仕方という現実的・実務的な問題が確かにある。その改善のためには，全国各自治体の教育・教員研修センターや一部の先進的な学校で流行のワークショップを導入することが得策であろう。これは，研究授業後の協議会で，司会を務める研究主任の指示に従って，各テーブルのグループごとにワークシートを囲んで話し合い，出された意見や課題を全体に対して発表し，模造紙やホワイトボードの上でとりまとめ，最後に改善策を提案するという流れになることが多い。例えば東京都東村山市立大岱小学校では，年間で一人2回以上，合計40回以上の研究授業が行われているが，事後に毎回決まって開催されるワークショップ型協議会は，次の手順通りに進行して，およそ60分間で終了する（村川ほか，2011，104～112ページ）。

(1) 準備

・全体コーディネーター，各テーブルコーディネーターを決めておく

▷7 ワークショップ
もともとは体験型講座のことであるが，参加者どうしが共同作業を通して，お互いに語り合い，何かを学び合ったり，つくり出したりする学びと創造のスタイルであると理解してよい。

・4～5人程度のグループを作り，テーブルごとに割り振っておく
　　・準備物：付箋（桃色，青色），サインペン，B4用紙（テーブル数分），模造紙，ホワイトボード（黒板），のり，セロハンテープ
　(2) 進め方
　　①授業の課題点を付箋（桃色）に記入する
　　②課題が書かれた付箋を各テーブルで出し合う
　　③出された課題をテーブルごとに発表する
　　④出された課題をコーディネーターが分類・整理する
　　⑤出された課題点について，改善策を付箋（青色）に記入する
　　⑥改善策が書かれた付箋を各テーブルで出し合う
　　⑦出された改善策をテーブルごとに発表する
　　⑧出された改善策をコーディネーターが分類・整理する
　　⑨大岱指導修自（＝指導役のこと，輪番制で全員担当）による助言，講師の指導・講評
　　⑩授業改善プラン発表

4　授業研究の課題と展望

1　理論的・実践的課題

　代表的な先行研究では，「今後の授業研究の課題」として，「教師の専門性」「研究者養成」「国際的連携」「解釈学というアプローチ」が列挙されることもあれば（村瀬，2007），「授業研究のさらなる発展に必要となる視座」として，「教育委員会等のイニシアチブによる授業研究のさらなるオープン化」「一人の教師のトータルな成長に資する授業研究の舞台の多様化」が指摘されることもある（水越ほか，2012，169～189ページ）。これら以外にも，さまざまな理論的・実践的課題，例えば授業研究を行う研究者が学んでいる特定の学問領域独自のアプローチに依拠した専門的な課題，それぞれの学校とそれを取り巻く家庭や地域にとって固有の切実な課題，各教師の地歩に応じたキャリア形成上の課題を追究することが，もちろん十分に許容され得る。それでも授業研究の課題は，管見の限り，類似したもののなかでは最も包括的な図10-1との照合を徹底することによって，進捗状況を確認しつつ，達成水準の違いに応じて，見直しも含めて，随時適切に設定されることが望ましい（名古屋大学・東海市教育委員会教育実践問題支援プロジェクト編，2004，150～151ページ）。

第Ⅳ部　教育評価と授業研究の方法

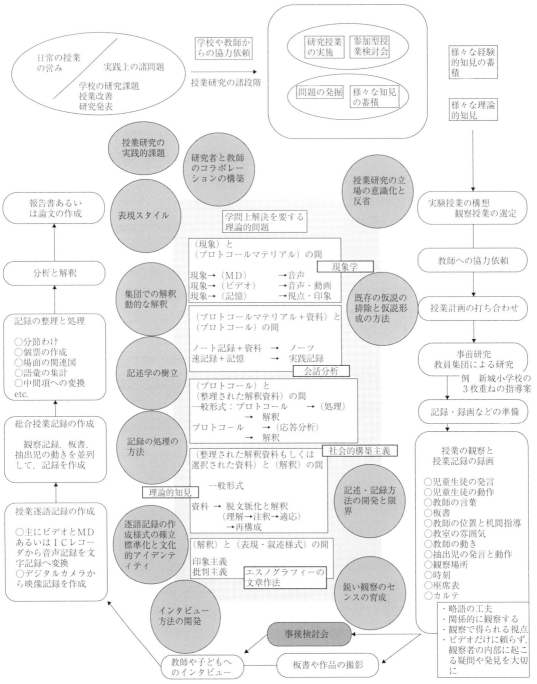

図10-1　授業研究における研究方法の課題と実践的課題

注：この図は，「授業研究の手順とその段階における授業研究の実践的課題と理論的課題を示したものである。外側の楕円は授業研究の内容を，矢印は手順の方向を示している。その内側の円に示している内容は，授業研究を進める上での教師や学校との関係や研究技術や方法の開発に伴う実践的課題である。中心の楕円が学問上解決を必要とする理論的問題である」(150ページ)。
出所：名古屋大学・東海市教育委員会教育実践問題支援プロジェクト編（2004, 151ページ）より。

2　教育改革への対応

わが国の実践家の間では，コンテンツベースからコンピテンシーベースへの学力観の転換と学習指導要領の改訂，小中一貫教育の導入と義務教育学校の創設，教師に対するゆるぎない信頼の構築と「学び続ける教員像」の確立，「特色ある学校づくり」の推進と学校教育の質保証・向上の要請など，矢継ぎ早に打ち出される教育改革プランの意図を踏まえることで，従来とは異なる授業研究の挑戦が拡大しつつある。少子化の進行に起因するクラスサイズの縮小，教育の情報化の進展にともなう電子黒板やデジタル教科書の普及，標準化された教室が並ぶ片廊下一文字型・兵営式校舎から脱却した学校空間のオープン化などによって，教授＝学習過程の様相が変わってきたこともまた，それに拍車を掛けている。研究者の側には，こうした新しい動向に対応することができるような資質・能力，換言すれば，センスといえるような部分も含めて，現場実践と学術研究，固有の文脈に依存する problem と構造的な一般性をもつ issue，実践と理論を往還すること，とりわけ現場の問題に反応しながら，学術的な課題を発見し，探究することができるような事例研究の力量が必要とされている。では両者のコミュニケーションとコラボレーションをどのように継続・蓄積していくのか。それが，それぞれの立場において，どのような成果として結実するのか。答えは，今後の実践と研究の進展に委ねられている。

Exercise

① 授業研究の代表的な著作物をいくつか読み，その内容や成果を整理し，理解するとともに，今後の課題を把握してみよう。
② 教室で実際に行われている授業を観察して，そこで教師の「教え」と子どもの「学び」がどのように成立・展開しているのかを記述してみよう。
③ 校内研修に参加して，授業力量を高めるため教師がどのような努力をしているのかを調べてみよう。

📖 次への一冊

秋田喜代美・藤江康彦『授業研究と学習過程』放送大学教育振興会，2010年。
　　授業をどのように研究することができるのかを心理学的理論から解説するとともに，共同のなかで学ぶ過程，授業をデザインする過程について論じられている。
秋田喜代美・ルイス，C.『授業の研究　教師の学習　レッスンスタディへのいざない』

明石書店, 2008年。
　わが国の学校で行われている授業研究を教師の学習という視座から，また世界的動向のなかで捉え直すことで，今後の学校改革や教師と研究者との協働の可能性を探っている。

木原俊行『授業研究と教師の成長』日本文教出版, 2004年。
　若手・中堅・ベテラン教師の授業力量の差異点とその形成の段階性，授業力量形成を可能にする他者との共同の重要性と成立条件について，豊富な事例をあげて論じている。

日本教育方法学会編『現代教育方法事典』図書文化, 2004年。
　教育方法に関する最も包括的な事典の一つであり，とくに第5章「学力の形成と授業の研究」では，授業研究に関わる基本的な原理・概念・用語についての説明がなされている。

引用・参考文献

秋田喜代美「授業への心理学的アプローチ――文化的側面に焦点をあてて」『心理学評論』第47巻第3号, 2005年, 318～331ページ。

生田孝至・吉崎静夫「授業研究の動向」『日本教育工学雑誌』第20巻第4号, 1997年, 191～198ページ。

伊藤崇達「教授・学習に関する研究動向」『教育心理学年報』第44集, 2005年, 82～90ページ。

稲垣忠彦・佐藤学『授業研究入門』岩波書店, 1996年。

上田薫・静岡市立安東小学校『ひとりひとりを生かす授業――カルテと座席表』明治図書出版, 1971年。

北神正行・木原俊行・佐野享子『学校改善と校内研修の設計』学文社, 2010年。

栗山和広「教授・学習研究の動向」『教育心理学年報』第40集, 2001年, 102～111ページ。

佐伯胖・藤田英典・佐藤学編『学び合う共同体』東京大学出版会, 1996年。

重松鷹泰『授業分析の方法』明治図書出版, 1961年。

重松鷹泰・上田薫編著『R.R.方式　子どもの思考体制の研究』黎明書房, 1965年。

柴田好章『授業分析における量的手法と質的手法の統合に関する研究』風間書房, 2002年。

スティグラー, J. W.・ヒーバート, J., 湊三郎訳『日本の算数・数学教育に学べ　米国が注目する jugyou kenkyuu』教育出版, 2002年。

高垣マユミ「教授・学習研究の動向――教育実践に貢献する授業研究」『教育心理学年報』第50集, 2011年, 117～125ページ。

名古屋大学・東海市教育委員会教育実践問題支援プロジェクト編『授業記録による授業改革のプロセス　東海市小・中学校教師の挑戦』黎明書房, 2004年。

21世紀COEプログラム東京大学大学院教育学研究科基礎学力研究開発センター編『日本の教育と基礎学力――危機の構図と改革への展望』明石書店, 2006年。

日本教育工学会編『教育工学事典』実教出版, 2000年。

日本教育方法学会編『日本の授業研究　上巻・授業研究の歴史と教師教育』学文社, 2009年 a。

日本教育方法学会編『日本の授業研究　下巻・授業研究の方法と形態』学文社，2009年b。
日本教育方法学会編『教育方法学研究ハンドブック』学文社，2014年 a。
日本教育方法学会編『授業研究と校内研修　教師の成長と学校づくりのために』図書文化，2014年 b。
的場正美・柴田好章編『授業研究と授業の創造』渓水社，2013年。
水越敏行・吉崎静夫・木原俊行・田口真奈『授業研究と教育工学』ミネルヴァ書房，2012年。
村川雅弘・田村知子・東村山市立大岱小学校編著『学びを起こす授業改革困難校をトップ校へ導いた"大岱システム"の奇跡』ぎょうせい，2011年。
村瀬公胤「授業研究の現在」『教育学研究』第74巻第1号，2007年，41〜48ページ。

第Ⅴ部

情報機器の活用とメディア・リテラシー

第11章
情報教育とICT

〈この章のポイント〉
　急速な情報化の進展により，情報教育の重要性が高まっている。文部科学省は「情報教育」「教科指導におけるICT活用」「校務の情報化」の3つを「教育の情報化」として整理し，情報教育に関しては情報活用能力を育成する教育と定義づけた。本章では文部科学省（旧・文部省）の定義や政策を主な視点として位置づけ，視聴覚教育から情報教育へ発展していく流れや情報社会の変化を踏まえたうえで，情報教育の本質的意義を正しく理解してICTを適切に活用していくことの必要性について学ぶ。

1　視聴覚教育から情報教育へ

1　ICTと視聴覚教育，情報教育

　ICTとはinformation and communication technologyの略であり，「情報通信技術」あるいは「情報コミュニケーション技術」と訳される。従来はIT（information technology：情報技術）と呼ぶことが多かったが，技術そのものだけを指す印象のITと比べて，ICTという用語はコミュニケーションの方法論としての側面が強調されていることから，近年ではICTと呼ぶことが多くなったように感じられる。どちらの用語を使うにしても，人間どうしが情報によってコミュニケーションを行う際に使われる技術を総称している点に変わりはない。ICTを使った営みの背景には，必ず人どうしのコミュニケーションが存在していることを，私たちは常に意識していく必要がある。
　本章では情報教育とICTについて学んでいく。情報教育ではICTを効果的に活用するが，必ずしもICTを活用するとは限らない。また，情報教育について学ぶ前に，まずは視聴覚教育についてその概要をおさえておきたい。なぜなら，現在の情報教育では多くの視聴覚教材をICT上で扱っており，また，伝統的な視聴覚教育も現在ではICTを活用したものに発展していることが多いからである。

2　視聴覚教育とは何か

　視聴覚教育（audio-visual education）とは，視聴覚メディアを利用する教育方

法の総称であり,「百聞は一見に如かず」という諺を具現化した教育ともいえる。視聴覚教育について『日本大百科全書』(デジタル版)では,狭義では「教授・学習過程において,言語教材と非言語教材の適切な組合せとそれらを提示する教具の適切な組合せを探究し,実践していく教育領域」と定義し,広義では全米教育協会 (NEA) 視聴覚教育部 (DAVI) による「授業システムにおける個々の要素および授業システムの全体について,その設計,製作,選択,管理,および利用に関することである」(Ely, 1963) という定義を紹介している。これらの定義を踏まえ,中野照海は「視聴覚教育とは,教育行為を適切(効果的)とするために,画像メッセージと言語メッセージとの特質を明らかにし,これの具体化としての教授メディアの制作,選択,および利用を主たる課題とする教育理論・実践の分野である」と定義した(大内ほか編著, 1979)。

視聴覚教育の底流にある考え方には4つの流れがあり,簡単にまとめると,(1)反言語主義の伝統,(2)映像による教育の可能性,(3)教育における「具体と抽象」,そして(4)科学・技術の成果の教育への導入である(佐賀編著, 2002)。「直観」を重視するルソーやペスタロッチらの教育も,理念の部分で視聴覚教育と通じる部分があるといえよう。

▷1　**反言語主義**(anti-verbalism)
言語を手段とする教育方法に対して,視覚や聴覚といった感覚に訴える教育方法を志向する考え方。言葉を知っているからといって理解しているとは限らないという立場をとる。

3　視聴覚教育の歴史的概観

視聴覚教育の発祥に明確な共通見解があるわけではないが,現在のチェコにあたる地域で活躍した教育者コメニウス (J. A. Comenius, 1592～1670, 図11-1) をその端緒とすることが多い。彼は『大教授学』(1657) において「すべての

図11-1　コメニウス

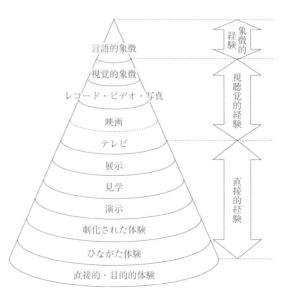

図11-2　経験の円錐
出所:デール (1957) を参考に筆者作成。

人にすべての事柄を教授する」ことの重要性を説き，その教育を実現するため，世界初の挿絵入り教科書である『世界図絵』(1658) を著した。視聴覚（この場合は視覚）によって読者に学習への興味関心をもたせるとともに，理解を助けることができるようになったのである。

近代的な視聴覚教育は，映画の開発によって映画教育が実践できるようになった頃からの発展が著しい。1940年代のアメリカにおいて，映画は軍事教育の一環として用いられ，その効果が認められて学校教育でも活用されるようになった。わが国においても戦前から映画教育はあったが，戦後に GHQ から16ミリ映写機が導入されたことを契機に活発化したといわれている。

また，この時期にはデール（E. Dale, 1900～85）の著書『学習指導における聴視覚的方法』等が紹介され，そのなかで提示された「経験の円錐」はよく知られている（図11-2）。視聴覚による経験は学習者が直接的に経験することと，象徴的に経験することの間に位置している。端的にいえば，「直接的な経験はできないが，象徴的な経験では理解が難しい」というような学習を，視聴覚による経験によってカバーできることを示唆している。

「経験の円錐」は1940年代に提唱されたものだが，この時期からすでにさまざまな視聴覚教材が教育に活用されていたことが読み取れる。とくに映画に関しては前述の通り，戦後期から映写機や映画作品の普及とともに活発化していく。また，テレビやラジオ等の放送媒体では教育放送が提供され，いわゆる放送教育も盛んになった。ラジオでの放送教育は戦前から実施されていたが，戦後は1959（昭和34）年に NHK 教育テレビジョン（現在の通称はEテレ）が開局するなど，さらに盛り上がりをみせていった。

4 情報社会の発展と教育の変化

現代は，高度に情報化が進展した社会（高度情報化社会／高度情報社会）である。この社会変化は，コンピュータや情報通信機器の発展によるところが大きいといえるだろう。当初は軍事目的の開発も多く，アメリカにおいて1946年には初の汎用コンピュータ「ENIAC」が開発され，1969年にはインターネットの前身となる「ARPANET」が運用を開始した。その後，科学技術は急速に革新を重ね，コンピュータの小型化や高速化が実現する。現代ではスマートフォンに代表される小型で非常に性能の高いコンピュータや高速ネットワーク通信が，手軽に活用できるようになった。

21世紀は，新しい知識・情報・技術が政治・経済・文化をはじめ社会のあらゆる領域での活動の基盤として飛躍的に重要性を増す，いわゆる「知識基盤社会」(knowledge-based society) の時代であるといわれている。社会の変化はすなわち，その社会を創る教育も変化しなければならないということである。モ

▷2 世界初のコンピュータをどのように定義するかはさまざまな意見がある。ここではわかりやすい例の一つとして ENIAC を取りあげた。

ノが重視されていたこれまでの時代から（もちろんモノの重要性は薄れてなどいないが），知識や情報をいかに活用するかが重視されるようになった時代において，どのような教育が求められているのか。これまで「読み書きそろばん」（3R's: reading, writing, arithmetic）と呼ばれてきたリテラシーに「情報活用能力」を追加することが，その一つの解となるのかもしれない。

情報社会が発展し，さまざまな情報がコンピュータや情報通信ネットワークを用いて扱われるようになると，視聴覚教育においてもICTの活用がなされるようになった。コンピュータはマルチメディアの活用が容易であり，文字情報に加えて画像，音声，動画等を複合的に用いることが可能である。この特性は視聴覚教育にとって大きな意義があるものであり，近年では多くの視聴覚教育がICTを活用することによって実践されている。

5　情報教育の始まり

わが国の初等中等教育における情報教育への関心は，専門教育としての情報処理教育から始まった。これは1970年代から高等学校の職業科などを中心に技術教育として行われてきたものだが，情報社会の発展とともに，より一般的で教養的な教育を示す語として1980年代から「情報教育」という用語が使われるようになった。「情報」を扱う立場が，一部の専門家から一般のすべての人々に移行してきた時代である。

1984（昭和59）年に設置された臨時教育審議会は，これからの教育が情報化への対応が必要であることを提言した。その後1989（平成元）年に告示された学習指導要領では，学校教育全体で情報教育を扱うものとされた。1997（平成9）年と1998（平成10）年には，文部省の「情報化の進展に対応した初等中等教育における情報教育の推進等に関する調査研究協力者会議」がそれぞれ第一次・最終報告を公表し，今後の学校教育における情報教育のあり方を方向づけた。こうした変化に呼応する形で，1999（平成11）年告示の高等学校学習指導要領では普通教科と専門教科に新教科「情報」が設置され，学校教育における体系的な情報教育の仕組みが整った。教科「情報」は学習指導要領改訂のたびに科目構成等が見直されながら，現在も重要な科目の一つとして位置づけられている。

また，情報教育やICT活用の実践的研究も活発に行われている。大きな成果をあげた例としては，総務省が2010～2013（平成22～25）年に実施した「フューチャースクール推進事業」と，それに連動して文部科学省が2011～2013（平成23～25）年に実施した「学びのイノベーション事業」がある。総務省によるICT環境整備と，文部科学省の実証研究が組み合わさることによって，ICTを活用したさまざまな知見が得られた。このような取り組みは他に

▷3　臨時教育審議会
中曽根康弘首相（当時）の諮問機関で，1984（昭和59）年に設置され，1987（昭和62）年までに4つの答申を出した。答申では個性重視の原則，生涯学習体系への移行，国際化並びに情報化への対応等が提言され，1990年代以降のわが国の教育に大きな影響を与えたことで知られる。

▷4　2008・2009（平成20・21）年改訂の学習指導要領以降は「各学科に共通する各教科」（共通教科）と呼ばれている。

も多数実施されているので、ぜひ各省のWebサイト等で調べてみてほしい。

2 教育の情報化と情報活用能力

1 「教育の情報化」の三要素

文部科学省は学校教育にコンピュータ等のICT機器を導入することや、情報について考える教育等を総称して「教育の情報化」と呼んでいる。とくに指導場面に着目したときの従来からの整理とともに、昨今の教師の事務負担の軽減等の観点も含め、教育の情報化は、次の3つから構成される（文部科学省, 2010）。

・情報教育　～子どもたちの情報活用能力の育成～
・教科指導におけるICT活用　～各教科等の目標を達成するための効果的なICT機器の活用～
・校務の情報化　～教員の事務負担の軽減と子どもと向き合う時間の確保～

高等学校の教科「情報」は、「情報教育」を担う教育の代表例といえよう。ICT教育と呼ばれる教育は「教科指導におけるICT活用」に関わる部分が大きい。これら2つは主に教室等での実践がイメージされやすい一方で、「校務の情報化」はどちらかといえば職員室等での事例が考えられるかもしれない。しかしながらこれらは完全に別個のものではなく、互いに関わり合いながら教育の情報化を構成している。詳説は次節に譲るが、ここでは、これら3つの要素それぞれについて、概要を順に見ていくことにしよう。

2 情報教育と情報活用能力

文部科学省の定義に基づいて情報教育を紹介すると、情報化に対応した教育、すなわち、将来の高度情報社会に生きる児童生徒に必要な資質（情報活用能力）を養うための教育となる。文部省は1996（平成8）年に「情報化の進展に対応した初等中等教育における情報教育の推進等に関する調査研究協力者会議」を設置し、情報教育の基本的な考え方について議論を開始した。1997（平成9）年に発表された「第1次報告」では、情報教育の目標としての「情報活用能力」を「情報活用の実践力」「情報の科学的な理解」「情報社会に参画する態度」の3つの観点に整理した。これらの詳細は次の通りであり、この定義は、現在に至るまで参照され続けている。

・情報活用の実践力
　　課題や目的に応じて情報手段を適切に活用することを含めて、必要な

情報を主体的に収集・判断・表現・処理・創造し，受け手の状況などを踏まえて発信・伝達できる能力
・情報の科学的な理解
情報活用の基礎となる情報手段の特性の理解と，情報を適切に扱ったり，自らの情報活用を評価・改善するための基礎的な理論や方法の理解
・情報社会に参画する態度
社会生活の中で情報や情報技術が果たしている役割や及ぼしている影響を理解し，情報モラルの必要性や情報に対する責任について考え，望ましい情報社会の創造に参画しようとする態度

そもそも「情報活用能力」とは，1986（昭和61）年に出された臨時教育審議会第二次答申においてはじめて用いられた用語である。同答申では情報活用能力を「情報リテラシー」と同義であると捉え，「情報および情報手段を主体的に選択し活用していくための個人の基礎的な資質」と定義した。この定義が数度の変更を経て，現在の定義に落ち着いたのである。

ここで注意しておきたいのは，情報教育はパソコンスキルの向上を目的とするような，いわゆる「コンピュータ教育」ではないということである。情報活用能力は情報を扱うときに普遍的に必要となる能力と考えられ，情報を扱うための手段（道具）が何であるかは問わない。もちろん，現代社会において多くの情報はコンピュータを用いてやりとりされているから，現代の情報教育においてパソコンのスキル等が重視されるのは必然である。だからこそ，教育の情報化における構成要素の一つとしてICT活用に着目しているのである。

3　教科指導におけるICT活用

教科指導におけるICT活用とは，各教科の目的を達成する際に効果的にICTを活用することである。文脈によってICT教育やIT活用等と呼ばれることもあるが，本章ではそれらも同義として扱う。ICT活用において重要な点は，「各教科の目的を達成する」ことが主眼に置かれていることである。教科指導においては当然ながら各教科の目的があり，学習指導要領等に明記されている。ICT活用はその点を意識したうえで，目的達成の道具あるいは手段としてICTを用いる点に特徴がある。情報教育とICT活用の比較については，次節で詳説する。

▷5　ICT活用については，その内容に沿ってさらに細かく区分している研究者も多い。そうした立場に立った文献では，用語を区別して用いることもあるので注意してほしい。

4　校務の情報化

校務の情報化の目的は，効率的な校務処理とその結果生み出される教育活動の質の改善にある（文部科学省，2010）。近年の学校現場において，教師の勤務実態は多忙を極めており，わが国における社会問題の一つとなっている。教職

員が児童生徒の指導に対してより多くの時間を割き，教育の本質的部分を充実させるためには，校務の効率的な遂行が必須である。校務の情報化はこの点において重要である。校務の情報化による教育活動への影響について，文部科学省は図11-3のように整理している。

図11-3　校務の情報化
出所：文部科学省（2010）。

3　情報教育とICT活用の関係

1　情報教育とICT活用の共通点・相違点

前節では，教育の情報化を構成する3つの要素について確認した。このなかでとくに「情報教育」と「教科指導におけるICT活用」については，混同して使われる例が散見されるため，ここでその共通点・相違点を確認しておきたい。なお，以下では出典の表記にあわせて「ICT教育」や「IT活用」という用語も用いるが，「教科指導におけるICT活用」とほぼ同義として扱う。

久保田賢一は情報教育を"learning about ICT"，ICT教育を"learning with ICT"と捉えた。情報教育ではICTが学習内容であり，ICT教育ではICTが学習手段である（水越・久保田編著，2008）。また，文部科学省の「初等中等教育における教育の情報化に関する検討会」による報告書「初等中等教育の情報教育に係る学習活動の具体的展開」（2006）では，情報教育とIT活用を，重なりをもったベン図で表現し，ITを活用しない情報教育や情報活用能力の育成を目的としないIT活用，そしてIT活用による情報教育があることを示した。こうした捉え方を参考に整理すると，「情報教育」と「教科指導におけるICT

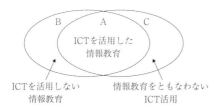

図11-4　情報教育とICT活用の関係
出所：筆者作成。

活用」は，図11-4のように位置づけることができよう。

この図において，左側の楕円は「情報教育」を示し，右側の楕円は「教科指導におけるICT活用」を示す。2つの楕円が重なるAの領域には「ICTを活用した情報教育」すなわち，ICTを手段（道具）として活用しつつ情報活用能力を育成する教育が位置づけられる。例えばパソコン上で情報を操作し，その科学的理解を深める学習等はここに該当する。Bの領域には情報教育のうち，ICTを活用せずに情報活用能力を育成する教育が位置づけられる。例えば情報社会に参画することの意義を，パソコンを使わず黒板で講義する学習等はここに該当する。Cの領域には，情報活用能力の育成を目的とせず，教科の目標達成のためにICTを活用する教育が該当する。例えば社会科の授業で江戸時代の様子をパソコンで紹介する実践等において，情報活用能力を意識しない場合はここに該当する。

ところで，図11-4ではAの領域を「ICTを活用した情報教育」と名付けたが，これは「情報活用能力の育成と教科指導を両立させたICT活用」と呼ぶこともできるだろう。例えば，美術の授業で絵画の題材をパソコンで検索させつつ，知的財産権についても同時に考えさせるような場合である。このように，「情報教育」と「教科指導におけるICT活用」は重複することが多いものの，「ICTは目的（内容）か，手段（道具）か」という観点と，「学習内容に情報活用能力の育成は含まれるか」という観点において区別することが可能である◁6。

2　情報教育におけるICT活用

情報教育においてICTを活用することは，現代において当然と思われるかもしれない。しかし，情報教育がコンピュータ教育とイコールではない以上，ICT活用に縛られない情報教育もまた，実践可能である。

例えば，情報教育の具体的な実践として高等学校の共通教科「情報」があるが，これは多くの学校でパソコン室を使った授業が実践されている。しかし，そこでワープロソフトや表計算ソフトの「使い方」を学ぶだけでは，それは情報教育とは呼べない。スキル学習は当然必要であるが，単なるスキル学習だけでは情報活用能力を育成することはできないのである。

一方で，情報教育のユニークな実践として「アンプラグド◁7」がある。これはパソコン等のICTを使わない情報教育の総称である。ベル（Bell）らによる「コンピュータサイエンスアンプラグド」（Bell et al., 2007）や，プログラミング教育に応用した「ルビィのぼうけん」（リウカス, 2016, 2017）等が有名である。こうした「ICTを使わない情報教育」は，教育方法の多様化に寄与するだけでなく，ICTの複雑さに抵抗感をもつ児童生徒や教師にとっても使いやすい

▷6　もちろん，「情報教育」と「教科指導におけるICT活用」を区別せずとも問題が生じない文脈は多いし，同義として用いることを全否定しているわけではない。しかし，これらはそもそも学習の目的が異なるのである。その違いを意識せず混同して用いることは，対象とする学習の本質を見失うことにつながってしまう。学びの本質を確実に見極めるためにも，用語は本質的な意味を正しく理解したうえで使い分ける（あるいは，理解したうえで「意図的に」同義とみなす）ことが適切であろう。

▷7　アンプラグド（unplugged）
ここではプラグが刺さっていない（電源を使わない）状態を意味する。

教材となることが期待される。ICTを過信しすぎることなく，ICTを活用した情報教育と同じように，ICTを活用しない情報教育も重視していきたい。

仮に，ICTが現代ほど普及していなかった50年前や100年前の学校で情報教育を実践するとしたら，われわれはどのような教材・教具を使うだろうか。もしかすると，新聞や図書館の役割が現代以上に大きかったかもしれない。しかし，それでも情報教育の本質的意義は現代とさほど変わらないのではないだろうか。そうした視点から情報教育とICT活用の関係を想像していくと，新しい視点に出会えるのではないかと考える。

3 教科指導における情報教育

教科教育の目標は各教科の学習指導要領に明記されている。国語科なら国語科の，社会科なら社会科の本質をつかむための目標が適切に設定されており，当然ながらそこに情報教育の視点が含まれない場合も多いだろう。しかし，広い視野で捉えれば，情報教育は教科指導のさまざまな場面で関わってくる。

例として，社会科の歴史的分野において史料を読む学習場面を想定してみよう。昔の人が書いた文書を教科書の図を通して読み，その意義を考えるとき，学習者は史料の何に着目すればよいのか（メディア・リテラシー），あるいは近年の史料であれば，著作権等の問題はどうなっているのか（知的財産権）等，情報教育に関わる話題には事欠かない。別の例として，数学科において素数や2進数等の学習を行う際に発展的な話題として，これらが現代の情報技術の何を支えているか（情報の科学的な理解）を紹介することもできるだろう。▷8 これらの学習例は各教科の目標を見失うことなく，付随する学習として情報教育を取り入れた例といえる。同様の事例はすべての教科等において見出すことができると考えられるので，ぜひ考えてみてほしい。

▷8 例えば，以前は実用性がないと思われていた数論（整数論）と呼ばれる分野は，現代ではコンピュータ上で情報を保護する暗号化の基礎として重視されるようになっている。情報化の進展が学問の位置づけを変えた好例である。

4 教育で活用できるICTの具体例

1 インフラとハードウェアの整備における留意点

教育でICTを活用するためには，教育現場にICT機器を導入しなければならない。この整備に関しては，一般家庭におけるICT環境整備とは異なる部分が多くあることを意識する必要がある。

例えば，家庭で同時に使用するICT機器は数台程度だが，学校では一つの教室から40台近いパソコンが一斉にネットワークアクセスを行うことが考えられる。複数教室で同時に使えば100台を超えることがあるかもしれない。環境によっては，それらが有線ではなく無線LANによって接続されることもある

だろう。学校ではそのような通信量（トラフィック）に耐えられるような回線や，安定して運用できる無線 LAN のアクセスポイントを整備しなければならない。また，コンピュータ等の ICT 機器は一般に数年経てば陳腐化してしまうため，定期的な更新（リプレース）が必要である。導入時は機器を買い取るのか，リース契約で運用するのか，この判断には教育委員会等が関わる場合も多い。さらに，コンピュータのユーザ情報はサーバで管理し，児童生徒や教職員が安全に活用できる環境を整える必要があるだろう。ユーザ管理に関してはセキュリティ面の検討も重要である。

こうした環境整備を，学校内の教職員だけで引き受けるのは非常に困難であると予想される。校務分掌あるいはボランティア精神によって，コンピュータに詳しい教師が整備・保守を一手に引き受けている学校もあるようだが，教師個人が責任を負える範囲は限られているし，人事異動でその教師がいなくなった途端に破綻してしまう。予算その他の兼ね合いもあるが，学校現場の環境整備に関する十分なノウハウをもった人材を適切に雇用したり，信頼できる業者の協力を仰いだりすることは不可欠といえるだろう。

▷9　教職員は職業として業務に従事しているのだから，この事例の場合，適切な対価が支払われないボランティアのような形で従事するのはそもそも不適切であるといえよう。

2　活用が期待されるソフトウェア

ICT 機器（インフラとハードウェア）の環境整備が整ったら，そのうえで活用するソフトウェアの検討をする必要がある。とくに，授業をはじめとした学校教育に特化したソフトウェアを導入し，教育の質を向上させたい。デジタル教材については第12章で詳説するが，ここでは学校教育で整備したいソフトウェアの類型について，一例を簡単に紹介する。

文部省は『情報教育に関する手引』(1990) において，教育用ソフトウェアを「学習指導用ソフトウェア」「学習計画用ソフトウェア」「学校運営用ソフトウェア」の3つに区分した。学習指導用ソフトウェアは，児童生徒が学習に直接的に利用するもの，あるいは教師が学習指導のために授業中に利用するものであり，ドリル学習型，解説指導型，問題解決型，シミュレーション型等の類型がある。学習計画用ソフトウェアは，教師の職務の専門性を高め，職務遂行の能率向上あるいは質的改善に役立つもので，教師が自らの教育活動に利用するためのものであり，教材作成，資料・データ集，成績処理，診断・評価等で活用が期待される。学校運営用ソフトウェアは，学校組織の運営のために利用され，教育情報を処理するために開発されたものであり，時間割作成，進路指導，体育測定，保健管理，図書管理，統計等を扱うことができる。

▷10　ソフトウェアとしてパッケージングされてはいないが，インターネット上の Web ページや各種メディア（CD-ROM 等）で提供されている，教育に役立つ情報サービスを総称して「教育用コンテンツ」と呼ぶこともある。近年はネットワーク環境の性能向上等により，こうした形態のサービスも増加傾向にある。

5 校務の情報化による教育の質向上

1 校務の情報化はなぜ必要か

　学校教育において，校務は児童生徒と直接的に関わるものではない部分も多い。それでも校務の効率化を意識することは，最終的には児童生徒に対する教育の質向上に貢献する。校務の情報化によって会議の時間を減らし，文書作成の手間を削減し，既存の情報を活用することができれば，そこで捻出された時間や労力を，教職員は児童生徒のために割り当てることができる。

　学校教育において，教職員は多くの業務を抱えている。とくに，いわゆる「過労死ライン」を超えて勤務する教師の実態はニュース等で報道され，社会問題となっている。校務を情報化によって軽減・効率化することは，教育の質向上のために喫緊の課題といえる。

2 校務の情報化の具体例

　校務の情報化にはさまざまな具体策が考えられる。文部科学省『教育の情報化に関する手引』には多くの例があげられているが，ここではその一部を紹介する。

　管理職は電子メールを活用することにより，教職員に対して一斉に情報を伝達できる。グループウェアを整備することにより，互いの予定を共有することが可能になる。教師はコンピュータネットワーク上で文書や教材を共有することにより，過去の資産を活用した校務・授業実践が実現できる。成績処理や指導要録作成等においても，ICTが活用できるだろう。養護教諭，司書教諭，学校司書，栄養教諭，学校栄養職員といった専門職においても，それぞれが抱える専門的データを処理したり管理したりするシステムを構築することにより，各業務の効率化が図られる。事務職員が年間を通して行っている定型的業務は，まさにコンピュータ等が得意とする業務である。このように，既存の業務のなかでシステムによって代替できるところを見出し，それぞれに適したシステムを導入することにより，校務の情報化は推進されるのである。

6 時代の変化と教育の情報化の未来

1 変化を続ける社会とICTに教育は追随できるか

　高度情報社会は私たちの情報に関するイメージを大きく変え続けている。現

第Ⅴ部　情報機器の活用とメディア・リテラシー

代では「遠く離れた人とお互いの顔を見ながらリアルタイムに会話する」「プロが撮影した超高精細画像をわずかな時間で入手し，（許可された範囲内で）自分好みに改変して用いる」「複雑な計算や処理を，手のひらサイズの金属のカタマリで瞬時に処理する」といったことが当たり前にできるが，これらはすべて，最近数十年の間に実現できるようになったことである。ICTの普及が一般化した後の数年間だけを見ても，コミュニケーションツールの主流は電話からメール，そしてTwitterやLINEへと移行した。Facebookに代表されるSNS（ソーシャルネットワーキングサービス）は，遠く離れた旧友や見知らぬ他人と気軽につながりをもつことを可能にしている。移動型情報端末はノートパソコンだけでなくタブレットも人気を博し，携帯電話は「ガラケー」からスマートフォンへと進化した。子どもたちの携帯ゲーム端末はインターネットに接続され，通信ケーブルを介することなく仲間と対戦プレイを楽しむことができる。これらはわずか十数年間で起こった変化であり，この流れが続くとすれば，私たちは5年後の未来すら正確に予想できないといっても過言ではない。ここで述べた数行の記述が，果たしてどれだけの期間「新鮮な情報」であり続けられるだろうか。そして，予測できないほど大きく変化を続ける現代社会に，情報教育は追随できるのだろうか。

　学校現場に目を向ければ，子どもたちは通信機能を活用した最新ゲームの話題に目を輝かせ，スマートフォンのアプリで家族や友人，あるいは見知らぬ人と気軽にコミュニケーションをとっている。教師がそれら最新のアプリの存在を知り，実際に使ってみてその利点・問題点に気づき，職員会議で対応を議論し，「このアプリは子どもたちに○○なので，本校では□□というルールを設けましょう」と決め，それを子どもたちに通知する……おとながそんなことをしている間に，柔軟で感受性の強い子どもたちはそれらにふれ，活用し，手放せなくなっているかもしれない。学校が権力を用いてそれらの利用を禁止することはたやすいし，禁止によって防ぐことができるトラブルも当然ある。しかし，それですべての問題が解決できるだろうか。禁止してももう遅い，子どもたちはおとなの目を盗んで使い続け，結果的に問題の発見が遅れる事態を招きはしないだろうか。どのような対応が適切かはケースバイケースであるが，学校や教師は現実を直視し，社会や子どもたちの変化に即した対応を行うことが求められているといえよう。

2　「想定外」の未来を生き抜くための教育

　2011（平成23）年3月11日に発生した東日本大震災（および，それにともなう災害や原子力事故）では，新聞やテレビよりも遙かに速い情報が，Twitterをはじめとしたインターネット上の新しいサービスの活用によってわれわれにもたら

▷11　Twitter
140文字以内の「つぶやき」で近況や感情を投稿・公開できるサービス。他のユーザ（知人以外でも可）を「フォロー」してつぶやきを読んだり，「リプライ」によって会話を行ったりできる。

▷12　LINE
テキストや「スタンプ」と呼ばれるイラスト，あるいは動画等を使ってリアルタイムに情報のやりとりができるアプリ。

▷13　Facebook
世界的な人気を博しているSNSの一種。ユーザは自分のプロフィール（原則として本名）を公開し，知人と「友達」になることでコミュニケーションをとることができる。

▷14　SNS
人どうしのつながりを促進することを目的としたサービスの総称。2000年代以降，世界的に普及が進んでいるサービスである。

▷15　ガラケー
「ガラパゴスケータイ」の略。スマートフォンに対し，それ以前に主流であった多機能型携帯電話の俗称。フィーチャーフォンとも呼ばれる。

された。有用な情報が多数入手できる状態であった反面，多くのデマや誤報が流れたことも報道され，政府が関係団体に対応を要請する事態となった。こうした問題は近年，大きな災害や事件・事故が起こるたびに問題視されている。国民全員が高い情報活用能力を身につける必要性があることを，これらの事例は示しているといえよう。

高度情報社会を生きるわれわれは，これからも情報が氾濫する「想定外」の時代を進んでいかなければならない。われわれが得ることのできる情報には，有用な真実も多くある一方で，マイナス要因となるデマや誤報なども多く含まれ，それらは区別なく混ざり合って世界中を高速で行き交っている。そうした時代を生きるために必要なことは，膨大な量の情報を受信し，取捨選択し，適切に発信していくことである。こうした「情報活用能力」の育成を担うのが情報教育である。学校教育において情報教育をどのように推進していくか，長年変わらない「不易」の核である情報活用能力を正しく踏まえつつ，社会の急激な変化に対応した「流行」の部分を適切に構築できるか，これからの情報教育ではこのバランスを考えなければならない。

Exercise

① 20世紀中盤から21世紀にかけて，社会の情報化がどのように進み，それが教育（学校教育に限定して考えてもよい）にどのような影響を与えたか，自分なりに年表形式で整理してみよう。
② 自分が興味をもっている校種・教科において，ICTを活用した教科指導と，ICTを活用しない教科指導の両方が実践できる領域・単元等を選び，それぞれの実践についてメリット・デメリットを比較検討してみよう。
③ 本章の内容を踏まえて，情報教育の「不易」の部分と「流行」の部分がそれぞれ何であるか自分なりに考察し整理してみよう。とくに「流行」に関しては，本章執筆時点ではなく"いま現在"の社会や教育事情等を踏まえて検討しよう。

次への一冊

文部科学省『教育の情報化に関する手引：追補版（令和2年6月）』2020年。
　文部科学省による，教育の情報化のあるべき姿をまとめた手引書。学習指導要領を踏まえたうえで，学校現場において実践すべき教育の情報化について，その方向性等を知ることができる。

水越敏行・久保田賢一編著『ICT教育のデザイン』日本文教出版，2008年。
　学校教育においてICT教育をどのように推進していくとよいかを整理した一冊。学術的な解説に加えて実践事例も掲載されており，ICT活用の観点から学校教育を見直すことができる。

久野靖・辰己丈夫監修『情報科教育法』（改訂3版）オーム社，2016年。
　タイトルの通り，本来は高等学校教科「情報」の教員免許状取得のための教科書だが，情報教育一般の知識を得るうえでも参考になる。情報活用能力の三観点に基づく指導法等が詳細に解説されている。

新井紀子『本当にいいの？デジタル教科書』（岩波ブックレット No. 859）岩波書店，2012年。
　ICT活用の代表格ともいえるデジタル教科書について，メリット・デメリットの双方を整理しており，70ページしかないので気軽に読める。闇雲にICTを導入することの危険性に気づかされる一冊。

引用・参考文献

Ely, D. P. ed., *The Changing Role of the Audiovisual Process in Education: A Definition and a Glossary of Related Terms*, Dept. of Audio-Visual Instruction（DAVI），National Education Association（NEA），1963.

水越敏行・久保田賢一編著『ICT教育のデザイン』日本文教出版，2008年。

佐賀啓男編著『改訂 視聴覚メディアと教育』樹村房，2002年。

デール，E.，有光成徳訳『学習指導における聴視覚的方法』政経タイムス社出版部，1950年。

デール，E.，西本三十二訳『デールの視聴覚教育』日本放送教育協会，1957年。

大内茂男・高桑康雄・中野照海編著『視聴覚教育の理論と研究』日本放送教育協会，1979年。

Bell, T., Witten I. H. & Fellows, M.，兼宗進監訳『コンピュータを使わない情報教育アンプラグドコンピュータサイエンス』イーテキスト研究所，2007年。

文部省『情報教育に関する手引』1990年（出版：ぎょうせい，1991年）。

文部科学省『教育の情報化に関する手引』2010年（出版：開隆堂，2011年）。

文部科学省『教育の情報化に関する手引：追補版（令和2年6月）』2020年。

情報化の進展に対応した初等中等教育における情報教育の推進等に関する調査研究協力者会議「体系的な情報教育の実施に向けて（第1次報告）」1997年。

情報化の進展に対応した初等中等教育における情報教育の推進等に関する調査研究協力者会議「情報化の進展に対応した教育環境の実現に向けて（最終報告）」1998年。

臨時教育審議会「教育改革に関する第二次答申」1986年。

リウカス，L.，鳥井雪訳『ルビィのぼうけん――こんにちは！プログラミング』翔泳社，2016年。

リウカス，L.，鳥井雪訳『ルビィのぼうけん――コンピューターの国のルビィ』翔泳社，2017年。

第12章
学習指導におけるデジタル教材の利用

〈この章のポイント〉
　学習指導における教材利用は学習理論から影響を受けており，デジタル教材の利用を検討するうえでも例外ではない。本章では代表的な3つの学習理論と，各学習理論を具現化するデジタル教材について説明する。そして，昨今学校教育において利用が注目される「デジタル教科書」の政策動向とともに，デジタル教材の利用を検討する手立てとして，インストラクショナルデザイン（ID：Instructional Design，授業，設計）およびガニェの「9教授事象」について解説する。

1　学習理論とデジタル教材

1　デジタル教材

　「デジタル教材」と聞くと，誰もがコンピュータやタブレットなどで使う教材をイメージする。しかし，その定義を辞書や教育学の用語集で調べても，その記載はなく，研究者同士の共通認識が図られていないのが現状である。本章では，「教育目標の実現のために，デジタル化された学習素材と学習過程を管理する情報システムを統合したもの」（山内，2010）をデジタル教材とし，論を進める。
　デジタル教材は紙教材と同様，学習指導活動に一定の教育目標を達成するために必要とされる。そもそも教材は生徒と教師を媒介する学習指導上の不可欠な要素であり，学習指導研究では「教師」「子ども」「教材」から構成される「教授の三角形」モデルが定着している。また，子どもの学習成立を目的とする学習指導の分野は「学習はいかに成立するか」を追究する学習理論から大いに影響を受けてきた。これは，学習現象の原理および法則を追究する学習理論が，教師の指導や指導を支える教材のあり方を検討する基礎になることを意味する。
　したがって，学校教育におけるデジタル教材の利用可能性は，学習指導活動を支える学習理論の変化と関連づけて検討する必要がある。以下では，代表的な3つの学習理論について，各理論の主な学習原理とともに，その原理を具現化するデジタル教材について説明する。

第Ⅴ部　情報機器の活用とメディア・リテラシー

２　行動主義学習理論と CAI 教材

①　行動主義の学習原理

行動主義は20世紀初頭心理学における一つのアプローチである。行動主義が教育学分野で注目されたきっかけは，学習メカニズムについて科学的に根拠づけたことにある。それ以前の教育学における人間の学習の説明は思想的な側面が強かったが，行動主義による実験に基づく学習および動機づけのメカニズムの解明は，教育学分野でも人間の学習を説明する一つの強力な学習理論となった。行動主義学習理論では，学習は「条件づけ」として説明される。条件づけには「古典的条件づけ」と「オペラント条件づけ」の２種類があり，前者はパブロフのイヌの実験から，後者はスキナーボックスの実験から説明される。

図12-１の実線は動物に本来備わっている刺激─反射関係（生得的な結び付き）であり，破線は条件づけによって新しく成立した刺激─反応関係を表す。パブロフは条件刺激（Conditioned Stimulus：CS）と無条件刺激（Unconditioned Stimulus：US）を繰り返し実施すること（強化，Reinforcement）によって，条件刺激（CS）だけでも条件反応（Conditioned Response：CR）が生起することを実験によって明示した。パブロフの条件づけは動物実験という限界はあるものの，それ以前の教育学における思想的な学習の捉え方に対し，科学的に学習メカニズムを明示化したことから，教育学分野でも大きな反響を得た。

また，オペラント条件づけは，スキナーボックスを利用したネズミの実験に代表される。ネズミの偶然のレバー押し行動に対し，直ちに餌（強化子）や電気ショック（罰）を随伴させることで，ネズミのレバー押し行動の頻度は増減し，結果的にネズミはレバー押し行動を学習する。

スキナーのオペラント条件づけは，人間の学習メカニズムにより近いとされるが，その大きな理由はネズミのレバー押し行動が自発的行動（オペラント行動）に対する強化であるためである。言い換えると，古典的条件づけはイヌの生得的な反応に対する刺激の結びつきを対象とし，学習者による行動の選択が想定されていない反面，オペラント条件づけはネズミの自発的行動のレバー押し行動を対象とし，「オペラント行動―強化」の繰り返しによる学習の成立を説明していることから，スキナーのオペラント条件づけは人間の学習への応用

▷１　パブロフのイヌの実験：
被験体のイヌに餌（US）と同時にメトロノームの音（CS）を聞かせることを繰り返すうちに，イヌはメトロノームの音（CS）を聞いただけでも唾液を分泌する（CR）ようになる。そして，この状態に対して，イヌがメトロノームの音（CS）に対して唾液を分泌する（CR）ように条件づけられたとされる（パブロフの条件づけ）。

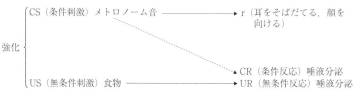

図12-１　パブロフの条件づけ
出所：下中（1999）を参考に筆者作成。

が見込まれたのである。

② 「プログラム学習」とCAI教材

　イヌやネズミの実験のように，行動主義学習理論では学習の成立が刺激による観察可能な学習者の行動の変化とされ，その行動の変化は強化によってより強められる。この原理に基づくと，学習指導は生徒の反応に対する報酬（強化）を調整することで生徒の学習が保障されるため，よい学習環境は生徒の望ましい反応に対して直ちに報酬を繰り返し提供できるように構成される。そして，このような原理を応用し開発された学習指導の方法が「プログラム学習」である。プログラム学習の原理として以下の5つがあげられる。

　⑴　スモール・ステップの原理（principle of small step）：学習行動を可能なかぎり細かく分析し学習内容を再構成していく。

　⑵　積極的反応の原理（principle of active responding）：小刻みの学習内容は学習者のオペラント反応を誘発する必要がある。

　⑶　即時確認の原理（principle of immediate confirmation）：オペラント反応が生じたとき，直ちに正か否か（強化）を示す。

　⑷　学習者自己ペースの原理（principle of self-pacing）：プログラムは個人差で展開される。

　⑸　学習者検証の原理（principle of student testing）：以上の諸原理で学習効果があがらない場合は，学習プログラムの修正が必要である。

　このプログラム学習は，学習内容のプログラムを搭載する「ティーチングマシーン」の開発に貢献し，生徒一人ひとりの個人差に対応し，確実に学習成果が得られることが期待された。ティーチングマシーンには「直接型プログラム」と「分岐型プログラム」の2種類がある。前者はすべての学習者に同じ情報が提示され，学習者が誤回答を選択した場合には次のステップに進まないように設計される。後者は学習者の回答によって提示される情報が異なり，学習者に学習内容の選択肢が設けられていることが特徴である。

　そして，この分岐型プログラムの考えは，それ以降のコンピュータによる学習（Computer Assisted Instruction：CAI）の基礎をなしている。CAIは，「コンピュータ支援教授」と訳され，最も広い意味では「コンピュータを使った教授・学習支援」と捉えられる。初期のCAI（1950年代）は，教える側の指導論理が強く反映され，学習者は学習目標に向かってコンピュータにプログラムされた学習内容を消化する受け身な存在であった。言い換えると，人間の教師を代行するコンピュータによって，学習者は教師が設定した学習目標を着実に達成できると考えられた。そして，行動主義の学習原理をベースとしたCAI教材は，学習を学習者の行動の変化とみなし，教師主導の指導的及び誘導的なプログラム学習による学習目標の達成を目指したことから，学習者の高次の思

第Ⅴ部　情報機器の活用とメディア・リテラシー

考力を育成することへの限界が指摘された。

3　認知主義学習理論とマルチメディア教材

① 認知主義の学習原理

　認知主義は外的な行動を研究対象とした行動主義に対抗する考えから生まれた。そして，人間の複雑な行動は外的な行動の変化だけでは理解できないため，目に見えない人間の思考プロセスを研究の対象とした。認知主義学習理論では，学習は学習者個々人が有する知識構造（スキーマ（環境との相互交渉の際に主体が使う既有の知識の枠組みや活動の枠組み））の変容として捉えられ，学習プロセスをコンピュータの情報処理のアナロジーとして採用した。それは，目に見えない学習プロセスを可視化するモデルの設定が不可欠であるためである。「情報処理モデル」は，コンピュータが行う情報処理の「入力」「出力」「記憶」「符号化」「検索」などの処理を，人間が学習においても同様に実施するとみなしたものである（図12-2）。

　情報処理システムは3つの情報貯蔵システム，「感覚貯蔵システム」（感覚記憶），「短期貯蔵システム」（短期記憶），「長期貯蔵システム」（長期記憶）から構成される。感覚記憶では視覚情報や聴覚情報をごく短期間しか保持できないため，それらの情報を記憶するためには「注意」が必要とされる。そして，注意された情報だけが短期記憶に移動するが，短期記憶の記憶保持期間は短く，「リハーサル」のような「符号化」をしないと，情報はすぐに忘れられる。また，短期記憶から送られた情報のなかで，学習者にとって今後利用価値があると判断された情報だけは「長期記憶」に送られ，その情報は一生忘れられることはない。

　私たちが普段の生活で「忘れた」という状況は，長期記憶から短期記憶へと情報が「検索」できない状況である。また，長期記憶の情報はスキーマを構成し，このスキーマが新しい情報と出会って変化されるのが学習である。認知主義学習理論では，学習者自らが積極的に情報処理（学習）を行う存在であるため，教師の指導には学習者の情報処理を手助けする工夫が求められ，学習者が新しい情報をより効果的に処理するための学習者の先行知識・前提知識の分析，それに基づく学習目標の設定，および教材づくりなどが必要とされる。

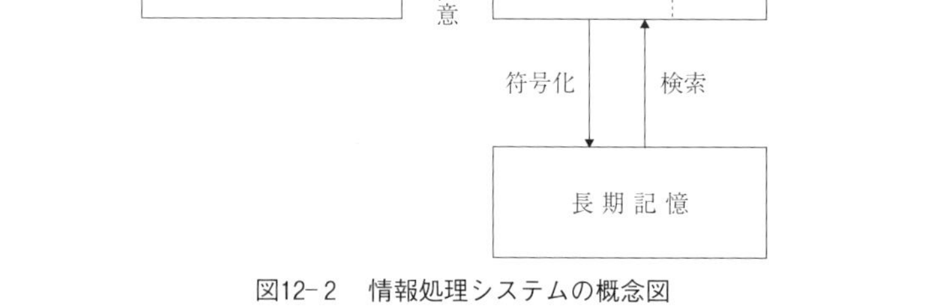

　このように，認知主義学習理論では学習者を自発的な存在として想定し，学習指導のために

▷2　類推ともいう。2つの特殊的事例が本質的な点において一致することから，他の属性に関しても類似が存在すると推論することを意味する。そして情報処理のアナロジーでは，人間も計算機のように1つの情報処理システムとして考える。計算機の「情報の読み込み，転送，記録，検索と照合，結合，演算」などの処理が，人間の環境からの「情報の認知，記憶，想起と再認，組織化，思考などが行われる」ことと類似すると考えられた。

図12-2　情報処理システムの概念図
出所：今栄（1992）。

は学習者側の状況を捉えることが最優先とされていることから，行動主義学習理論とは一線を画している。しかし，認知主義学習理論も行動主義学習理論と同様，学習者の外部に客観的な知識が存在すると仮定している。そのため，教師の指導では学習すべき知識を学習者により効果的に伝えるための工夫が重要とされ，教師は事前に学習目標を設定し，学習者の状態に基づいたより綿密な課題分析や教材づくりを行う。しかし，このような指導は，学習者が学習していない複雑な学習内容や状況，すなわち現実的な課題に直面する場合，学習者自らが対応しきれないことが限界として指摘される。

② 「二重符号化理論」とマルチメディア教材

学習を長期記憶への新しい情報の取り込みとみなす認知主義学習理論では，学習者の短期記憶から長期記憶への情報転送をよりスムーズにすることが学習成立の重要なキーワードとされる。そして，教師の指導では学習者が短期記憶に入ってきた情報を長期記憶へ転送する認知方略が容易に働くようにする必要があり，同様な考えは教材づくりにも適用される。このような指導原理に基づいてその利用が注目されたのが「マルチメディア教材」である。マルチメディアの意味は多岐にわたるが，「コンピュータを中心とし，ビデオ動画，アニメーション，静止画，多様な音声情報などを提示するマルチモードの情報表現ができるシステム」として捉えられる。

このマルチメディアによる指導を支える基礎理論として「二重符号化理論 (Dual Coding Theory)」がある（Clark & Craig, 1992）。この理論に基づくと，人間の知識は言語的 (verbal) コードか，非言語的 (non-verbal) コードの2つの形式で記憶される。そして，言語を覚える際，2種類の形式でコード化しておけば，それだけ手がかりが増え，情報は容易に再生される。言い換えると，蓄積される感覚モードが多ければ多いほど，記憶はより確実になる。このような考えは，マルチメディア教材の学習効果への期待に結びつくことになり，テキスト，絵，アニメーション，ビデオなどのように，学習内容がさまざまな形式で提供されると，学習者はより効果的に情報を記憶・検索することが可能であるとされた。

4 構成主義学習理論と情報ネットワーク

① 構成主義の学習原理

構成主義理論は多様な解釈があるが，その共通の考えとして，「知識」を学習者自らが外部との相互作用によって構成されるものであると捉える。これは行動主義および認知理論で支配的な前提，すなわち「知識」は学習者から独立した絶対的な真実として存在するという考えとは異なる。そして，「学習」は学習者の知識，ニーズ，そして興味などと関連して意味を構成する活動であ

る。とくに、学習者間の協同・協調活動を重視する「社会的構成主義」では、複雑で激しく変動するこれからの時代に必要な絶対的な知識は存在しないため、教師から児童生徒へ知識の伝達による指導は無意味とされる。

この構成主義の学習理論に基づくと、従来の学習理論のように、唯一無二の正解知識を学習者に定着させることを目標とする学習支援は否定される。言い換えると、教師が事前に用意した学習目標、課題分析、および教材づくりなどでは、学習者個々人の知識、ニーズや興味などに基づく知識構成の活動を支援することは困難である。その代わりに、構成主義では教師が事前に設定した一つの明確な学習系列を、学習者が従うように支援するよりも、学習者個々人のニーズ、経験、あるいは関心によって、学習者自らが外部の世界と相互作用して自らの理解を構成するように支援する「学習環境」を設計することが不可欠とされる（Jonassen et al., 1993）。

② 学習環境としての情報ネットワーク

構成主義学習理論によると、従来のテキスト教材は権威のある唯一の見解を学習者に示しているため、学習者は自分の見解をもって問題を見つけて学ぶことが不可能であると批判された。それに対して、構成主義学習理論に基づくテキストは学習者に多様な見解を経験させ、学習者自らの知識構成プロセスに従事させることが容易なネットワーク型の教材を提案する。それは、学習者個々人が情報ネットワーク上のさまざまな情報を経験し、自らの知識構造の意味を構成していくためのネットワーク教材である。構成主義学習を支援するテキストデザインの特性として、(1)学習者は知識構成プロセスを経験する、(2)学習者は多様な見解を経験する、(3)学習者は学習プロセスにおける主導権と意見をもつ、(4)社会的文脈に学習を埋め込む、(5)多様なモードの表象の利用を促すなど（Cunningham et al., 1993）があげられる。とくに学習者の学習活動に重要な要素として、学習者を取り巻く文化や状況に注目する社会的構成主義では、多様な見解をもつ学習者どうしによる協同学習の場は情報ネットワークの活用によって容易に提供できると考えられている。

2　学校教育におけるデジタル教材の政策

1　デジタル教科書

今日学校教育におけるデジタル教材の利用を検討するにあたって「デジタル教科書」は一つのキーワードである。デジタル教科書の定義は明確に定まっていないが、「デジタル機器や情報端末向けの教材のうち、既存の教科書の内容と、それを閲覧するためのソフトウェアに加え、編集、移動、追加、削除など

の基本機能を備えるもの」（文部科学省，2011）とされる。また，使う主体による分類として，「指導者用デジタル教科書」と「学習者用デジタル教科書」がある。文部科学省（2011）によれば，前者は「教師の指導資料で，電子黒板等において，教科書内容の拡大・縮小・切り取り，資料映像，資料音声などのほか，書き込み，保存等の機能を有する。従来の視聴覚教材・教具をすべて包含したもので，興味関心を高め，理解を助けるなど教育効果は極めて高いもの」である。後者は「子どもたちが個々の情報端末を使用するもので，指導用デジタル教科書の機能に加え，学習履歴の把握・共有などの機能を有する。教員と子どもたち，子どもたち同士の双方向性のある授業，子どもたちの理解度に応じた学習や自学自習等ができるもの」である。さらに，「『デジタル教科書』の位置づけに関する検討会議」の「最終まとめ」（2016）では「デジタル教科書はデジタル教材のうち，紙の教科書の学習内容と同一で，教科書の使用義務の履行を認めるもの」とし，従来の紙教科書との関係性から定義している。

▷3 指導者用デジタル教科書は，2005年度小学校用をはじめとして作られてきたが，学習者用デジタル教科書は2011年度「学びのイノベーション事業」の実証実験用として一部教科の一部単元のみが制作された。また，指導者用デジタル教科書は，2015～2019年版の小学校用検定教科書の48種のうち，全体の90％にあたる43種の指導者用デジタル教科書が発行され，指導者用デジタル教科書開発が進んでいることがわかる。

2 デジタル教科書の推進政策

近年学校教育において，新たにデジタル教科書の利用可能性が注目されたきっかけは，2009年，当時の原口一博総務大臣が発表した新たな成長戦略ビジョン（原口ビジョン）のなかで示された，ICTの利活用による持続的経済成長の実現を目指す「ICT維新ビジョン」にある。そこでは，ICTの徹底利活用により，すべての世帯（100％）でブロードバンドサービスを利用すること等を目指し，フューチャースクールによる協働型教育改革，電子行政による行政刷新等を推進することとされた。とくに，教育改革の目玉とされる「フューチャースクール推進事業」と事業展開において「2015年度までにデジタル教科書を全ての小・中学校全生徒に配備する」ことを提唱したことは，デジタル教科書への注目を集めた。

「フューチャースクール推進事業」（2010～13年）は，ICTを使った協働教育等を推進するため，ICT機器を使ったネットワーク環境を構築し，学校現場における情報通信技術面を中心とした課題を抽出・分析するための実証研究を行うものであった。具体的な研究内容は，教育分野のICT利活用を推進するため，全児童生徒1人1台のタブレットPC，すべての普通教室へのインタラクティブ・ホワイト・ボード（IWB）の配備，無線LAN環境，クラウドコンピューティング技術の活用等によるICT環境を構築し，情報通信技術面の実証研究を文部科学省と連携して実施，その成果をガイドライン（手引書）等としてとりまとめることであった。

また，文部科学省の「学びのイノベーション事業」（2011～13年）では，ICT活用の教育環境の下で教科指導や特別支援教育においてICTを効果的に活用

し，子どもたちが主体的に学習する「新たな学び」を創造する実証研究が実施された。主な取り組み内容は，(1)デジタル教科書・教材の開発，(2)ICT を活用した指導方法の開発，(3)教科指導等における ICT 活用の効果・影響の検証であった。とくに，タブレット PC に搭載する各教科のデジタル教科書の開発とその効果検証は大きな注目を集めた。

③ 学校教育におけるデジタル教科書の位置づけ

日本の教科書は検定制度および関連法令によって，全国的な教育水準の向上，教育の機会均等の補償，適正な教育内容の担保などを実現しており，教科書は学校教育において重要な位置を占めてきた。この紙の教科書に対し，デジタル教科書はどのように位置づけられるかという問題に関する議論は，その開発・導入を検討する諸事業において深く検討されていない。しかし，デジタル教科書が紙の教科書と同等の地位を得て学校教育で有効活用されるためには，デジタル教科書も教科書に関する諸法令の基準をクリアしなければならない。そうしたなか，文部科学省はデジタル教科書と教科書制度のあり方について検討するために，「『デジタル教科書』の位置づけに関する検討会議」(2016) を発足させた。その検討会議は10回の会合を終え，2016年12月に「最終まとめ」を発表している。デジタル教科書の位置づけに関する主要な検討事項は，以下の通りである。

(1) デジタル教科書の位置づけ
・「教科書の使用義務の履行を認めるもの」とされ，デジタル教材のうち，現行の教科書制度に当てはまるものをデジタル教科書とする。

(2) デジタル教科書の内容・範囲及び使用形態
・紙の教科書と学習内容は同一である必要性がある。
・使用形態は紙の教科書を主たる教材として使用することを基本とし，デジタル教材によって学びの充実が期待される教科の一部（単元等）の学習において，紙の教科書に代えて使用することで，「使用義務」の履行を認める特別の教材として位置づける。

(3) デジタル教科書の基本的な在り方
・デジタル教科書の学習内容は紙の教科書と同一であることから，改めて検定を経る必要はないが，紙の教科書との同一性は発行者の責任によって確保されるべきである。当面はデジタル教科書の制作者は紙の教科書の制作する発行者のみとする。
・紙の教科書とデジタル教科書のいずれか一方またはその双方を，無償措置の対象とすることを検討することが望ましい。

(4) デジタル教科書導入に伴う関係制度の方向性

・教科用図書にデジタル教科書を含めるための学校教育法第34条の改正，利用のガイドラインの策定，URL・QR コードに関する検定手続き・検定基準を制定する。
・デジタル教科書への著作物の掲載，公衆送信権も含めて教科用図書と同様に著作権法の権利を制限する著作権法第33条等，著作物掲載に係る適切な額の補償金を支払う。

　以上の検討事項でも確認できるように，デジタル教科書が「教科書」の名称である以上，紙の教科書と同様に学校教育法を含む関連法令に基づく「検定制度」と「無償措置」が適用され，紙の教科書と同様のコンテンツ構成のデジタル教科書がつくられる。しかし，デジタル教科書の魅力は，単に文字の拡大・縮小・切り取り，紙の教科書で掲載される図や写真を静止画や映像で表現する機能にあるだけでなく，さまざまな学習経験（先行知識）を有する児童生徒の多様なニーズに合わせて，紙の教科書の学習内容を遥かに超えた豊富なコンテンツを提供できることにある。また，その豊富なコンテンツには世界中のネットワークを介して，さまざまな分野の知識や人々とのつながりによって提供されるものもある。このようなデジタルだからできるデジタル教科書の制作と利用のためには，制度上の手当てが必要不可欠である。

3　デジタル教材の利用を考える

1　ID に基づくデジタル教材の利用

　第1節では，学習指導におけるデジタル教材は学習理論から大きな影響を受け，またその学習理論の具現化に適するデジタル教材が注目されてきたことを確認した。しかし，学校教育ではデジタル教材の利用が定着したとはいえない現状である。この原因は理論と現実のギャップによるものとも考えられるが，筆者は教師の普段の授業展開において，デジタル教材による生徒への「働きかけ」の視点を欠いているためだと考える。

　今日デジタル教材に関する技術進歩は激しく，学校教育では従来の CD，映画，パソコンなどのメディア単体利用の表現から，それぞれメディアによって実現可能な機能を表す ICT（Information and Communication Technology，情報通信技術）の用語が使われるようになった。これは常に変化する技術によって，特定のメディアについて利用者側の共通認識をもつことが困難な現状を露呈している。同様に，デジタル教材の利用と一言で表しても，実際学習指導において教師一人ひとりが利用するデジタル教材とその利用場面も異なる。言い換えると，すべての教師が同じ学習指導場面を設定し，そのデジタル教材の有効性

を検討することは不可能である。

　このような状況を踏まえると，教師一人ひとりが日々の授業において児童生徒が学習目標を達成するように，「授業のどの場面で何のためにデジタル教材を使うか」を判断することが求められる。そもそもデジタル教材も学習指導を支援する「教材」として考えると，教師の日常の授業づくりのなかで「デジタル教材が児童・生徒にどのような働きかけをするのか」を検討することは，最も有意義な視点である。そして，教室授業における日常的なデジタル教材を利用するためには，教師一人ひとりが実際の授業づくりにおいてデジタル教材を使う手立てが設けられる必要がある。以下では，その一つの手立てとして，インストラクショナルデザイン（ID：Instructional Design，授業設計）について説明する。

2　インストラクショナルデザインの必要性

　IDの定義はさまざまであるが，鈴木（2005）によると，「教育活動の効果・効率・魅力を高めるための手法を集大成したモデルや研究分野，またはそれらを応用して学習支援環境を実現するプロセス」である。教育活動におけるIDの前提は，教育活動を一つの「システム」とみなすところにある。そのシステムとは，いくつかの要素から構成され，これらの要素が組み合わされたある目的をもつ状態・集合体を意味する。そして，システムの目的を達成するために，構成要素間に綿密な関係性があり，お互い作用し合うのである。このように，教育活動をシステムとして捉えると，教育活動の効果を最大化するためには要素間の最適な関係性を見つけることが不可欠である。そして，その要素間の最適な関係性を追究するのがIDである。

　IDの始まりは第二次世界大戦中のアメリカの軍事教育とされているが，日本における本格的な議論は21世紀に入ってからである。とくに，学校教育におけるIDの議論が始まるきっかけは，学校教育へのICTの普及と関係する。学校にコンピュータ教室の設置が目標とされた時代から，すべての学校が超高速インターネットでつながり，教師一人ひとりにパソコンが配られることが目標とされる今日まで，ICTは学習指導にどれほどの効果を生み出しているのか。このような問いは必然的に学習指導に対する「効果・効率」の議論につながり，そのための方法論の必要性に結びついた。そして，その「効果・効率」を追求する授業は，生徒にはわかりやすく，学習課題に意欲的に取り組める「魅力的」な授業となりうると考えられ，IDは魅力的な授業づくりのための一つの方法論として注目された。

　一方，第1節で確認したように，学習指導の研究では「学習はどのように成立するか」，すなわち学習成立の仕組みを追究する学習理論から影響を受けて

きた。しかし，学習の仕組みを明確にするだけでは，どのように教えるかに関する具体的な指導方法は抽出できない。そもそも学習理論は学習現象を説明する「記述的（descriptive）」な理論であるため，学習理論からは「どのように授業づくりをするか」に関する具体的な方法は導けない。そこで，登場したのが学習理論に基づいた処方的（prescriptive）な理論とされる ID である。言い換えると，ID は学習理論に基づき，教育活動をより効果的・効率的・魅力的にするための具体的な手法を示すガイドラインである（鄭ほか，2008）。

3 ガニェの9教授事象
――教師の「働きかけ」としてデジタル教科書の利用

　授業づくりを ID として考えると，教師は児童生徒が学習目標を達成できるかが最も重要であり，そのために授業づくりの諸要素をどのように組み合わせるのかを考える必要がある。ID 理論のなかで，さまざまな教授場面で幅広く利用されているのが，ガニェの ID 理論である。ガニェによると，「人間が新しい知識や技能をどのように習得するのか」の学習モデルに基づく授業の組み立てが，効果のある授業づくりを可能にするという。そして，授業や教材を構成する過程を，児童生徒の外側からの「働きかけ」の視点から捉えた。また，授業構成について学習理論と教育実践の両面から分析し，9種類の教師の働きかけ（9教授事象）に分類した（表12-1）。ガニェは効果的に学習を進めるには，この順番に沿って教授方略を用意し，授業を展開していくことが重要であると述べる。また，9教授事象は「導入・展開・まとめ」のなかで位置づけら

▷4　ガニェ（R. M. Gagne, 1917〜2002）
認知主義心理学者であり，教育システム設計（Instructional System Design）分野の代表者である。ガニェは行動主義心理学で注目されなかった「人間の思考プロセス」について，授業構成において重要な要素であると指摘した。「9教授事象」とともに「学習成果の5分類」はガニェの ID 理論の軸とされる。

表12-1　ガニェの9教授事象

導入	①学習者の注意を喚起する 　―学習者が注目するように刺激を与える。
	②学習目標を知らせる 　―学習目標を提示する。
	③前提条件を確認する 　―新しい学習内容を学ぶために必要な知識・技能を確認する。
展開	④新しい事項を提示する 　―学習成果に関わる活動を促す（教科書を読む，ビデオを見せる，図を使って説明する）。
	⑤学習の指針を与える 　―学習者が知っていることと学ぶ内容を結び付ける（ヒントやアドバイスを与える）。
	⑥練習の機会を設ける 　―学習者が学んだことを実践できるように，色々な場面で練習する機会を与える。
	⑦フィードバックをする 　―学習結果についてのフィードバックを与える。
まとめ	⑧学習の成果を評価する 　―学習したことを確認するためのテストを実施する。
	⑨学習の保持と転移を促す 　―学習状況を色々変えて練習することで，応用力をつける。

出所：稲垣・鈴木（2012）。

れる。

　ガニェの9教授事象は教師の日常の指導における生徒への「働きかけ」を表しており，この働きかけを支援する手法としてデジタル教材の利用を検討することができる。従来，学校教育におけるデジタル教材の利用では，メディアの新しい機能（例えば，拡大・縮小・切り取り，資料映像，資料音声などのほか，書き込み，保存等の機能など）が注目され，教師はその新しい機能が使えそうな学習指導場面を検討する傾向が強かった。しかし，このようなデジタル教材の利用は教師にとって"非日常的な"授業づくりの方法であり，"特別に"作られた授業となる。したがって，従来の学習指導におけるデジタル教材の利用は学習指導上の必然性を欠いており，結果的に新しいメディアを一時的に"試す"ことが繰り返されてきたのである。こうした現状を改善するためには，教師の学習指導におけるデジタル教材の利用の必然性と，普段の授業づくりでデジタル教材の利用を検討する手立てが必要である。

　そこで，ガニェの9教授事象は教師がデジタル教材の利用を計画するための一つのヒントになる。それは9教授事象の視点に基づくと，教師は「デジタル教材を授業のどの段階でどのような児童・生徒への働きかけとして使うか」に基づくデジタル教材の利用の必然性を明確化することができるためである。そして，ガニェの9教授事象はすでに実践されているデジタル教材の利用授業を分析・改善する視点としても用いられる。教師自らが普段の授業でのデジタル教材の利用傾向を把握することによって，授業改善への手立てとして用いることができる。

　以下は平成25年度「学校教育ICT活用事業」モデル校公開授業（大阪市立阿倍野小学校）の小学校第1学年の算数科の学習指導案について，ガニェの9教授事象の視点から，デジタル教材による生徒への働きかけを分析した例である。

　この例ではデジタル教材の生徒への「働きかけ」として捉えられる部分を二重線で示し，ガニェの9教授事象のどの部分に該当するかを表12-1の数字から記入した。その結果，この授業ではデジタル教材は授業の「導入—展開—まとめ」のすべての段階に用いられていること，また，9教授事象のうち「①学習者の注意を喚起する（「問題場面に集中できるようにする」）—④新しい事項を提示する（「具体的に説明する」）⑤学習の指針を与える（「立式の仕方を説明する」）⑤学習の指針を与える（「大切なところを強調する」）—⑨学習の保持と転移を促す（「強調する」）」に該当する結果となった。この例は学習指導案の分析であるため，実際の授業展開におけるデジタル教材の利用とのズレを確認する必要があるが，ガニェの9教授事象の視点は教師が普段の授業づくりのなかで，デジタル教材の利用を計画・実践・評価するための手立てとなることを示している。

〈小学校1学年の算数科学習指導案の例〉

■単元名 「のこりはいくつ　ちがいはいくつ」
■本時の学習
(1)目　標
　〇「-」と「=」を使って，求残の場面を式に表すことができる。
(2)展　開

	主な学習活動	ICT活用のポイント	使用機器・コンテンツ
導　入	〇金魚を水槽からとっている絵をみてお話をつくる。 ・絵をみてお話をつくり，発表する。	・デジタル教科書を使って挿絵だけを提示することで，<u>問題場面に集中できるようにする。①</u>	電子黒板・デジタル教科書
展　開	〇金魚がどうなったかをブロックを動かしながら説明する。 ・隣同士や学級全体で話し合う。 〇お話のようすをブロックで表す。 ・ブロックを操作しながら，「5から2をとると，3になる。」ということを確認する。 〇お話のようすを式に表す。 ・立式と答えの書き方を知る。 〇「たしかめてみよう」をする。 ・ほかの数でもできるかを試す。	・デジタル教科書を使うことで，ブロックを動かしながら<u>具体的に説明する（④）</u>ことができるため，より理解しやすくなる。 ・デジタル教科書で<u>立式の仕方を説明する（⑤）</u>ことで，<u>大切なところを強調する（⑤）</u>ことができる。 ・問題の挿絵を拡大することで，問題が明らかになり立式しやすくなる。	電子黒板・デジタル教科書
まとめ	〇本時の学習を振り返る。 ・5-2，4-1のような計算を「ひきざん」ということをまとめる。	・まとめの部分は，電子黒板に直接マーカーの線で囲むことにより，<u>強調する（⑨）</u>ことができる。	電子黒板・デジタル教科書

Exercise

① 学校教育において紙の教科書の代わりに「デジタル教科書」が普及した場合，児童生徒の学習面，および教師の指導面からの問題点をあげてみよう。
(＊デジタル教科書は「ノート機能」と「インターネット接続」の機能がある。)

② 教科や単元を決めて本やインターネットで学習指導案を取り上げ，ガニェの9教授事象の視点から分析してみよう。
(＊9教授事象のうち不十分な部分はあるか，9教授事象の順番や出現頻度には教科や単元による違いはあるかを検討してみよう。)

③ 「'IT授業' 実践ナビ」(http://www2.japet.or.jp/itnavi/) にアクセスし，デジタル教材の有効活用だと考える学習指導案を選び，その理由をガニェの9教授事象の視点から説明してみよう。

④ 学習指導要領［2008年改訂］と，新学習指導要領における「情報教育・ICT」に関する記述をまとめ，その違いを説明してみよう。

📖 次への一冊

鄭仁星・久保田賢一・鈴木克明編著『最適モデルによるインストラクショナルデザイン』東京電機大学出版局，2008年。
　ID の定義と歴史，代表的な ID モデルについてわかりやすく説明されている。また，ID モデルを援用した日本の国内外の優れた e ラーニングの実践事例が紹介されている。

山内祐平編『デジタル教材の教育学』東京大学出版会，2010年。
　教育学分野におけるデジタル教材と関連した議論を網羅した国内最初の本である。技術の変化に注目しがちなデジタル教材の背景にある思想についてわかりやすく説明されている。

日本教育方法学会編『デジタルメディア時代の教育方法』図書文化，2011年。
　デジタルメディア時代の到来によって子ども・教科書・教授法の変化が現れている今日の学校教育における解決すべき諸課題について説明されている。

稲垣忠・鈴木克明『授業設計マニュアル』北大路書房，2012年。
　ID に基づく授業設計ができるマニュアル本である。特定の教科・単元を想定した演習問題も設けられており，ID による実践的な授業づくりが練習できる。

引用・参考文献

伊勢呂裕史編著『我が国における各教科のデジタル教科書の活用及び開発に関する総合的調査研究』（公財）教科書研究センター，2017年。
稲垣忠・鈴木克明『授業設計マニュアル』北大路書房，2012年。
今栄国晴編著『教育の情報化と認知科学』福村出版，1992年。
ガニェ，R. M.・ウェイジャー，W. W.・ゴラス，K. C.・ケラー，J. M.，鈴木克明・岩崎信監訳『インストラクショナルデザインの原理』北大路書房，2007年。
下中直人『心理学事典』平凡社，1999年。
鄭仁星・久保田賢一・鈴木克明編著『最適モデルによるインストラクショナルデザイン』東京電機大学出版局，2008年。
菅井勝雄『CAI への招待』同文書院，1989年。
鈴木克明「e-Learning 実践のためのインストラクショナル・デザイン」『日本教育工学会論文誌29（3）特集号：実践段階の e-learning』2005年，197〜205ページ。
総務省「フューチャースクール推進事業」http://www.soumu.go.jp/main_sosiki/joho_tsusin/kyouiku_johoka/future_school.html（2017年 8 月30日閲覧）
奈須正裕『「資質・能力」と学びのメカニズム』東洋館出版社，2017年。
日本教育工学会「教育工学事典」実教出版，2000年。
日本教育方法学会編『デジタルメディア時代の教育方法』図書文化，2011年。
長谷川栄『教育方法学』協同出版，2008年。
原口一博『ICT 原口ビジョン』ぎょうせい，2010年。
大阪市立阿部野小学校「平成25年度『学校教育 ICT 活用事業』モデル校公開授業」　http://swa.city-osaka.ed.jp/weblog/data/e711605/b/j/14964.pdf（2017年 8 月30日閲覧）
文部科学省「教育情報化ビジョン」2011年。http://www.mext.go.jp/a_menu/shotou/

zyouhou/detail/1387269.htm

文部科学省「学びのイノベーション事業実証報告書」2014年。http://www.mext.go.jp/b_menu/shingi/chousa/shougai/030/toushin/1346504.htm（2017年8月30日閲覧）

文部科学省「『デジタル教科書』の位置付けに関する検討会議最終まとめ」2016年。http://www.mext.go.jp/b_menu/shingi/chousa/shotou/110/houkoku/1380531.htm（2017年8月30日閲覧）

山内祐平編『デジタル教材の教育学』東京大学出版会，2010年。

Clark, R. E. & Craig, T. G., Research and Theory on Multi-Media Learning Effects. In M. Giardina (Ed.), *Interactive multimedia learning environments. Human factors and technical considerations on design issues*, 1992 (NATO ASI Series. Series F: Computer and Systems Sciences, Vol. 93, Berlin/Heidelberg: Springer, 19–30).

Cunningham, D. J., Duffy, T. M. & Knuth, R. A., The Textbook of the Future. In McKnight, C. et al. (Eds.), *Hypertext: A Psychological Perspective*, Ellis Horwood, 1993, 19–49.

Jonassen D. H., May T. & McAleese R., A Manifesto for a Constructivist Approach to Technology in Higher Education, In T. M. Duffy, D. H. Jonassen & J. Lowych (Eds.), *Designing constructivist learning environments*, Heidelberg, FRG: Springer-Verlag, 1993.

第13章
思考力とメディア・リテラシーの育成

〈この章のポイント〉
　思考力やメディア・リテラシーはこれからの学校教育の中で育成が求められる重要な能力である。しかし，それらの汎用的な能力をどのように育成していくのかについてはさまざまな立場が存在する。本章では思考力の育成に関わる議論やメディア・リテラシー，情報活用能力の能力について紹介する。また，具体的な方策として，思考力を具体的に捉えるための思考スキルの視点やそれを支援するためのシンキングツールなどを紹介しながら，汎用的な能力育成を目指す指導方法について学ぶ。

1　思考力の育成

1　学習指導要領における思考力育成

　思考力・判断力・表現力の育成は学校教育の大きな目標の一つである。幼稚園教育要領，小・中学校の新学習指導要領，高等学校の新学習指導要領においては，子どもたちが未来社会を切り拓くための資質・能力の育成が目標とされ，「生きる力」を育むために授業を通して「何ができるようになるか」という学習の意義が「生きて働く『知識・技能』の習得」「未知の状況にも対応できる『思考力・判断力・表現力等』の育成」「学びを人生や社会に生かそうとする『学びに向かう力・人間性』の涵養」の3つの柱から整理されている。

　そのなかでも，「思考力・判断力・表現力等」については「未知の状況にも対応できる」という言葉が頭につけられ，「将来の予測が困難な社会の中でも，未来を切り拓いていくために必要な」ものとされている。

　「思考力・判断力・表現力等」については，学校教育法第30条第2項に「知識及び技能」を活用して課題を解決するために必要な力であると規定されている。さらに，学習指導要領解説総則編においては，その過程について以下の3つの分類が提示されている（文部科学省，2018b，37～38ページ）。

・物事の中から問題を見いだし，その問題を定義し解決の方向性を決定し，解決方法を探して計画を立て，結果を予測しながら実行し，振り返って次の問題発見・解決につなげていく過程

・精査した情報を基に自分の考えを形成し，文章や発話によって表現したり，目的や場面，状況等に応じて互いの考えを適切に伝え合い，多様な考えを理解したり，集団としての考えを形成したりしていく過程
・思いや考えを基に構想し，意味や価値を創造していく過程

　新学習指導要領において求められている思考力とは，自ら問題を見いだし，協働しながら考えを形成し，意味や価値を創造しながら問題解決を行うことのできる力である。個別の知識をたくさんもっているだけでなく，それらの知識や技能を結びつけて概念的に理解し，それを状況に合わせて活用し，問題解決を行うこと，そして，その過程を客観的に見ながらコントロールできるような資質・能力の育成が目指されている。そのためには「あることについて考える力」を「未知の状況にも対応できる」ものになるように指導することが求められる。

　まさに，これからの社会を生きる子どもたちが未来社会を切り拓くために必要となる資質・能力の育成が目標とされており，そのための中核的な能力として思考力が位置づけられている。

2　汎用的能力としての思考力

　思考力育成はこれまでも学校教育の中心的な目標であり，その育成を目指したさまざまな実践が行われてきた。

　例えば，国語科の説明文教材では，説明のための順序や筆者の主張を支える根拠の読み解き方や，何かを説明する際の考え方が指導される。理科の科学分野では，結果を予想しながら計画を立て，実験の結果を考察しながら対象に迫り，科学的に探究していく考え方が指導される。このように，これまでも教科等の学習のなかでは教科の特性に応じたさまざまな考え方が指導されてきた。

　学校教育における思考力育成を考えるときに，課題になることがある。それは，「ある教科で考えることができるようになれば，他の場面でも考えることができるようになるだろうか」ということである。新学習指導要領で育成が求められる「思考力・判断力・表現力等」は「未知の状況にも対応できる」力である。つまりある教科で考えることができたという経験は，それを教科や校種を超え，生活場面にも活かすことのできる思考力となるように育成することが求められている。

　とくに思考力の文脈でいえば，「思考の領域固有性」という問題がある。思考の領域固有性とは「思考は常に何らかの対象を持ち，その内容が考え方を規定する」という考え方である。われわれは常に何かを考える際にはその状況に応じた知識や背景をもとに思考している。つまり，ある領域における思考力が，他の場面でも通用するとは限らないという主張である。

しかし，本当に思考力という汎用的な能力があるのだろうか。われわれの生活場面を考えても今日の献立を考えられる人が，今日着ていく服のコーディネートを考えられるとは限らない。このように，「考える」ということはその領域に固有のものであるようにも思える。

例えば，学校で学習した計算方法が，日常の計算において活用されないこと（レイヴ，1995）などをもとにして，思考の領域固有性が主張されてきた。つまり，汎用的な思考力というものがあるのではなく，われわれはある領域での経験や知識に支えられて思考しているのであり，ある特定の領域で育成された能力がそのまま別の状況に転移することはないという主張である。

この立場に立つと，「未知の状況にも対応できる『思考力・判断力・表現力』」を指導することが難しくなる。それでは，学校教育での思考力育成をどのように捉えればいいのだろうか。

ブルーア（J. T. Bruer）はこれまでの転移の議論を整理し，「新統合理論」を提案している（ブルーア，1997）。この理論では，子どものメタ認知と領域固有の内容の学習，そして，一般的な思考方法の学習を結びつけることが重要であるとされている。

ブルーアによれば，これまでの一般的な思考力育成を目指した取り組みが失敗してきた理由は以下のようになる（ブルーア，1997，67ページ）。

> 教育課程の立案者や教授者が，ある学習状況から別の状況に一般化させるための子供の能力を過大評価しすぎたために，一般的な技能を教える試みが失敗したのである。子供は，それらの状況がどのように，なぜ似ているのかを理解していない。一般的な方略と学習技能の教授では，生徒がさまざまな学習状況間の類似性を自発的に見て取れると考えるのではなく，むしろ，どのようになぜその状況が似ているのかを彼らに明示的に伝えるべきなのである。

一方，ブルーアは，学校のなかで教科等の授業を通して考え方を指導することを前提としている。そしてそれは別の場面でも活用できるような汎用的なものである。汎用的な考え方をある特定の領域や教科を通して指導するだけでなく，他の教科や生活場面などのさまざまな学習場面で活用する経験を通して，どのような状況で活用できるか，その活用にどのような意味があるのかということを子どもに理解させる必要があるということになる。

そしてその際に，それをすべて子どもに任せるのではなく，教師がどの知識や技能が活用できるのかについて明示的に指導することの重要性を指摘している。この立場に立てば，教科を通してさまざまな考え方を指導しながら，教科を横断して活用させるような指導によって，汎用的な思考力の育成を目指すことが可能になるのである。

▷1　学校で学習した知識と実生活における認知との関係についてはジーン・レイヴ（1995）『日常生活の認知行動——ひとは日常生活でどう計算し，実践するか』に詳しい。ここで紹介した例以外にも多くの例が紹介されている。

▷2　ブルーアはこの書籍のなかで転移に関する立場を4つに分けて紹介している。形式陶冶から新統合理論に至る転移の議論を概観し，自分の立場を確認することも重要である。

3　思考スキルの視点からの思考力の捉え方

　教科学習を通して汎用的な思考力の育成を目指す際には，それぞれの教科のなかで具体的にどのような考え方が指導されているのかを明らかにする必要がある。これまでもそれぞれの教科等のなかで教科の特性に応じた考え方が指導されてきた。しかし，一言に「思考力」といっても，それはとてもたくさんの意味を含んでいる。

　そのような多義的な「考える」を具体的に捉え，指導するためには「思考スキル」の視点から思考力を捉えることが有効であると思われる。思考スキルとは，思考を行動レベルで具体化し，具体的な技能として捉えたものである。そして，それを技能として習得，活用して問題解決を行う力を思考力と捉えることで，思考力の育成を指導可能なものとして，捉えることが可能になる。

　先ほど例としてあげた，国語科の説明文教材で子どもが学ぶ思考スキルは何であろうか。「説明のための順序や筆者の主張を支える根拠の読み解き方で，何かを説明する際の考え方の指導」は，説明のための文章を「順序づける」方法や説明文の「構造」を読み解く方法，そして，主張を「理由づける」方法を習得させることを目指していると捉えることができる。

　このように，授業において育成を目指す思考力を具体的な言葉として捉えることで，思考を支援し，その方法を明示的に指導することが可能になる。泰山裕ほか（2014）の研究では，学習指導要領において教科横断的に指導が想定さ

表13-1　思考スキルの種類とその定義

思考スキル	定義
多面的にみる	多様な視点や観点にたって対象を見る
変化をとらえる	視点を定めて前後の違いをとらえる
順序立てる	視点に基づいて対象を並び替える
比較する	対象の相違点，共通点を見つける
分類する	属性に従って複数のものをまとまりに分ける
変換する	表現の形式（文・図・絵など）を変える
関係づける	学習事項同士のつながりを示す
関連づける	学習事項と実体験・経験のつながりを示す
理由づける	意見や判断の理由を示す
見通す	自らの行為の影響を想定し，適切なものを選択する
抽象化する	事例からきまりや包括的な概念をつくる
焦点化する	重点を定め，注目する対象を決める
評価する	視点や観点をもち根拠に基づいて対象への意見をもつ
応用する	既習事項を用いて課題・問題を解決する
構造化する	順序や筋道をもとに部分同士を関係づける
推論する	根拠にもとづいて先や結果を予想する
具体化する	学習事項に対応した具体例を示す
広げてみる	物事についての意味やイメージ等を広げる
要約する	必要な情報に絞って情報を単純・簡単にする

出所：泰山ほか（2014）。

れている思考スキルは，19種類に整理されている（表13-1）。このような思考スキルを想定しておくことで思考力を「思考スキルを習得し，それを状況に応じて活用する力」と捉えることが可能になる。

このような思考スキルの研究は，これまでも「批判的思考」というキーワードで研究が進められてきた。エニス（R. H. Ennis）は批判的思考を認知的な側面としての能力やスキルと情意的側面としての態度や傾向性に分けて整理し，その認知的側面のなかに批判的思考スキルを位置づけている（Ennis, 1987）。また，楠見孝（2010）は批判的思考の構成要素とそのプロセスを使用判断プロセス，適用プロセス，表出判断プロセスの3つのプロセスに分けて整理しており，適用プロセスにおける構成要素として批判的思考スキルを位置づけている。

このように，漠然とした思考力を具体的に定義することで，汎用的な思考力を指導可能な目標として捉えることが可能になる。どの教科のどのような場面で思考スキルを習得させるのか。それは，どの教科等のどの場面で活用できるのかということを考え指導することで，汎用的な思考力の育成を学校教育のなかで目指すことができるのである。

4　思考力育成を目指した指導方法

具体的な思考スキルの視点から各教科等の学習を捉えることで，汎用的な思考力育成のための指導方法が見えてくる。

教科で指導する内容を思考スキルの視点から具体的にすることができれば，指導の方法や留意すべき事項が見つけやすくなるだろう。そして，これらの思考スキルを他の教科等での学習場面で活用させることで，どのような状況で活用できるか，その活用にどのような意味があるのかということを合わせて指導していくことが，汎用的な思考力の育成のためには重要である。

そして，このような指導を具体化するためには，シンキングツールを活用することも有効である。シンキングツールとは，思考を補助するための道具であり，思考スキルを明示的に指導するための枠組みである。

思考スキルは概念的なものであるため，それを子どもに習得させ，意識的に活用させるのは簡単なことではない。そこで，シンキングツールを活用し，「比較する」ときにはベン図を使って同じところと違うところを整理する，「理由づける」ときには，クラゲチャートを使って，頭の部分に考えを入れ，足の部分に主張を支える根拠を整理する。自分の考えを「構造化する」ときには，ピラミッドチャートを活用し，一番下に事実，真ん中にそれらの事実からわかること，そして，一番上にわかったことをもとにした自分の考えを書く。このように，同じ考え方をするときには，同じツールを教科横断的に活用させるこ

▷3　楠見（2010）のなかには，批判的思考の構成要素とプロセスについて，認知レベル，メタ認知レベルに分けてそれぞれの認知プロセスとそこで必要となる知識や技能についてモデル図が提案されている。そのなかでは状況変数をインプットし，メタ認知的知識やモニタリングを活用することで批判的思考行動に至るプロセスが整理されている。

第Ⅴ部　情報機器の活用とメディア・リテラシー

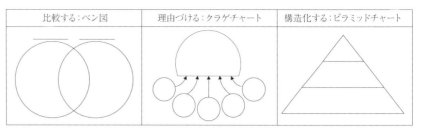

図13-1　思考スキルを支援する思考ツールの例
出所：黒上・小島・泰山「シンキングツール――考えることを教えたい」http://www.ks-lab.net/haruo/thinking_tool/short.pdf より抜粋。

とで，思考スキルを意識化させやすくなると同時に，教科等の学習を思考スキルの視点で結びつけることができる（図13-1）。

　例えば，関西大学初等部（2015）では，思考スキルをシンキングツールと結びつけて指導する体系的なカリキュラムを構築し，実践を進めている。この学校では，思考スキルのなかから6つを選択し，それをシンキングツールと合わせて指導し，教科等の学習のなかで活用させる。そのような学習を積み重ねることによって，児童は自分の得意な考え方に気づいたり，シンキングツールを使わなくても「比較する」ことができるようになったりする。そして，最終的には思考スキルを状況に合わせて自由に選択し，自分の考え方や課題に合わせて活用して問題解決ができるような児童の育成が目指されている。

▷4　関西大学初等部の実践は『関大初等部式思考力育成法ガイドブック』に詳しく紹介されている。どのような課題で，思考スキルを習得させるのか，習得した思考スキルをどのような学習場面で活用させるのかについて具体的な実践事例をもとに紹介されている。

　新学習指導要領のなかでは，このような考え方について「考えるための技法」という用語が用いられている。例えば，小学校・中学校国語科の新学習指導要領には「比較や分類，関係付け」などの情報の整理の仕方を技法として習得させることが示されている（中学校学習指導要領　国語科，第1学年，知識及び技能，(2)，イ）。

　　比較や分類，関係付けなどの情報の整理の仕方，引用の仕方や出典の示し
　　方について理解を深め，それらを使うこと。

　さらに，総合的な学習の時間には以下のような記述がある（小学校，中学校学習指導要領　総合的な学習の時間，第3，2，(2)）。

　　探究的な学習の過程においては，他者と協働して課題を解決しようとする
　　学習活動や，言語により分析し，まとめたり表現したりするなどの学習活
　　動が行われるようにすること。その際，例えば，比較する，分類する，関
　　連付けるなどの考えるための技法が活用されるようにすること。

　これを見ると，国語科において習得した比較や分類，関係づけなどの技法を，総合的な学習の時間のなかでより実際に近い文脈での問題解決の場面で活用し，課題を解決するなかで資質・能力を育成するという学習の流れが想定されている。当然，思考スキルは国語科だけで指導されているわけではない。社会科では，さまざまな事象を多面的・多角的に考察する活動が行われ，中学校

の技術・家庭科では，問題を見出して課題を設定し，設計を具体化することが指導される。

このように，教科等のさまざまな学習場面において，その教科の特性に応じて考える経験を通して思考スキルを習得し，それを総合的な学習の時間や他の教科で活用する学習活動を積み重ねることで，思考スキルが汎用的になっていくのである。そのなかで状況に応じて思考スキルを活用して問題解決ができる，思考力が育成されるのである。

そのためには，各教科等において子どもに求める思考スキルを教師自身が自覚し，指導する必要がある。各教科等の学習において子どもに求める思考スキルは何か，それは他のどの教科等のどのような学習場面と同じなのかを教師が想定しておくことで，思考スキルの視点から各教科等の学習を相互に関連づけることが可能になる。

思考スキルをさまざまな場面で意識的に活用する学習を積み重ね，それを他の場面で活用可能なものとして習得させることで思考力の育成を目指すことが可能になるのである。

2 メディア・リテラシー教育

1 メディア・リテラシー教育の必要性

われわれは普段，さまざまな情報にふれ，その情報を取捨選択し，関連づけながら日々の生活を送っている。情報機器が身近になり，一人で複数の情報機器を持つことも珍しいことではない。また，情報の受信者だけでなく，発信者となることも容易である。そのような社会のなかではメディア・リテラシー教育の重要性は日々高まっている。メディア・リテラシーとは，「(1)メディアの意味と特性を理解した上で，(2)受け手として情報を読み解き，(3)送り手として情報を表現・発信するとともに，(4)メディアのあり方を考え，行動していくことができる能力」と定義され，そのような能力の構成要素も提案されている（中橋，2017）。このような能力の育成は，これからの社会に生きるためになくてはならないといえるだろう。

学習指導要領では，メディア・リテラシーと関連する概念として，情報活用能力という用語が用いられている。そのなかでは，情報活用能力が言語能力，問題発見・解決能力等と並んで，すべての学習の基盤となる資質・能力として位置づけられている。情報活用能力があることで学習が成立し，より深い学びが生まれ，そのような教科等の学びのなかで情報活用能力がさらに高次なものに育まれていく。情報活用能力は「世の中の様々な事象を情報とその結び付き

▷5 構成要素については，中橋（2017）のなかに詳細に整理されている。この構成要素と思考力や情報活用能力との対応を捉えることも重要である。

として捉え，情報及び情報技術を適切かつ効果的に活用して問題を発見・解決したり自分の考えを形成したりしていくために必要な資質・能力」であると整理され，表13-2のように資質・能力が整理されている。

▷6 情報活用能力については3観点8要素から整理されていたが，新学習指導要領における資質・能力の3つの柱で整理したのが，表13-2である。さらなる下位項目が『次世代の教育情報化推進事業（情報教育の推進等に関する調査研究）成果報告書』に整理されている。このなかには「考えるための技法」も情報活用能力の一部として整理されている。

このように，すべての学習の基盤となる資質・能力として想定されている情報活用能力にはメディア・リテラシーの定義と重なる部分が多くあることがわかる。「メディアの意味と特性を理解する」は「情報と情報技術を適切に活用するための知識と技能」と関係するし，「メディアのあり方を考え，行動していくことができる」ことは，「情報社会に主体的に参画し，その発展に寄与しようとする態度」につながるだろう。

新学習指導要領においては，このような能力が教科横断的な能力，すべての学習の基盤となるものとして想定されている。とくに，小学校段階においては，直接的に情報教育を扱う教科はないため，このような資質・能力の育成は各教科等の学習を通して行われることになる。

表13-2 情報活用能力を構成する資質・能力のイメージ

柱	内　容
知識・技能	情報と情報技術を活用した問題の発見・解決等の方法や，情報化の進展が社会の中で果たす役割や影響，情報に関する法・制度やマナー，個人が果たす役割や責任等について情報の科学的な理解に裏打ちされた形で理解し，情報と情報技術を適切に活用するために必要な技能を身に付けていること。 ・情報と情報技術を適切に活用するための知識と技能 ・情報と情報技術を活用して問題を発見・解決するための方法についての理解 ・情報社会の進展とそれが社会に果たす役割と及ぼす影響についての理解 ・情報に関する法・制度やマナーの意義と情報社会において個人が果たす役割や責任についての理解
思考力・判断力・表現力等	様々な事象を情報とその結びつきの視点から捉え，複数の情報を結び付けて新たな意味を見出す力や，問題の発見・解決等に向けて情報技術を適切かつ効果的に活用する力を身に付けていること。 ・様々な事象を情報とその結び付きの視点から捉える力 ・問題の発見・解決に向けて情報技術を適切かつ効果的に活用する力（相手や状況に応じて情報を適切に発信したり，発信者の意図を理解したりすることも含む） ・複数の情報を結び付けて新たな意味を見いだしたり，自分の考えを深めたりする力
学びに向かう力・人間性等	情報や情報技術を適切かつ効果的に活用して情報社会に主体的に参画し，その発展に寄与しようとする態度等を身に付けていること。 ・情報を多面的・多面に吟味しその価値を見極めていこうとする態度 ・自らの情報活用を振り返り，評価し改善しようとする態度 ・情報モラルや情報に対する責任について考え行動しようとする態度 ・情報社会に主体的に参画し，その発展に寄与しようとする態度

出所：幼稚園，小学校，中学校，高等学校及び特別支援学校の学習指導要領等の改善及び必要な方策等について（答申）別紙。

2 メディア・リテラシーの指導方法

このような能力を育成するには，教科等の学習のなかで，実際に子どもに多様なメディアを活用させながら指導することが重要になる。教科等の学習との関連について，大きく分けると以下の2つになると思われる。

① 学習の基盤となる資質・能力

タイピングなどの情報機器の操作技能やメディアの特性などの知識は，教科等の目標と関連づけることが難しい場合がある。基本的な知識や技能は，ノート指導や学習規律指導のように事前に指導しておくことで，その先の教科等の学習をより円滑に進められる。例えば，情報収集の際にどのメディアを活用することが適切なのかということや，情報社会におけるモラルやマナーなどを事前に指導しておくことで，実際の情報収集が円滑に進むことが想定できる。

② 教科等の目標と関係する資質・能力

メディア・リテラシーの定義や情報活用能力の資質・能力の整理を見ると，教科等の目標に関係するものが多くある。例えば，「送り手として情報を表現・発信する」能力の育成は国語科の目標と関係するし，「受け手として情報を読み解」くことは多様な情報を扱う社会科の学習の目標ともつながるだろう。当然，それ以外の教科等の学習のなかでもこのような資質・能力の育成が目指される。

このようにメディア・リテラシーや情報活用能力はすべての教科の目標と関係しており，教科で育成が目指される資質・能力とつなげることができる。

教科等の学習を「頭の中にある情報とその処理」の方法を指導するという視点で捉えれば，メディア・リテラシーや情報活用能力は，まさにすべての学習の基盤となり，すべての教科等で育成を目指す資質・能力である。

メディア・リテラシーや情報活用能力と各教科等の授業における目標との関係を充分に検討したうえで，そのような資質・能力の育成を各教科等の学習に結びつけて考えることが大切である。

3 思考力とメディア・リテラシーの接点とその指導方法

1 思考力とメディア・リテラシーの接点

ここまで，思考力とメディア・リテラシーの育成についてその考え方や方法について整理してきた。

第1節でも説明したように，思考力は汎用的な能力である。そのような思考力をメディア活用の領域で発揮することが，メディア・リテラシーであると捉

えることができるだろう。

　思考スキルの視点でみれば「情報の受信者，発信者として情報を"分類"し，"関係づけ"，さまざまな立場を想定して"多面的にみる"，そしてそれらの情報を"構造化"し"理由づけ"て発信する」などのように，それぞれの場面に応じて思考スキルを活用しながら，適切な行動を選択していく能力であると捉えることができる。また，情報活用能力を構成する資質・能力のなかにも「情報と情報技術を活用して問題を発見・解決するための方法についての理解」が位置づけられているように，さまざまな教科等の学習場面で問題を解決するための手順や，思考スキルを指導することが重要である。

2　汎用的能力の育成方法

　われわれが新しく何かを学ぶときのプロセスを考えてみよう。

　何か新しい知識が必要になったときは，まず，本を読んだり，講演を聞いたりして基本的な知識を習得する。しかし，それだけでは完全に理解しきれなかったり，実際に使えるものにはならなかったりすることが多いだろう。わからないところや疑問に思うことについて誰かと議論したり，わからないなりにも実際に使ってみたりしながら，理解し，自分のものにしていくことが多いように思われる。

　新学習指導要領において求められているのは，このような学習のプロセスを通して，知識や技能を「生きて働く」ものにしたり，思考力・判断力・表現力を「未知の状況にも対応できる」ものにしていったりするなかで，汎用的な能力を育てることである。そのためには，思考スキルやメディアの特性といったような基本的な知識・技能についてはしっかりと指導したうえで，そのような知識・技能を活用せざるを得ない，もしくは活用したくなるような状況を設定することが重要である。

　しかし，教師の役割はそのような状況に子どもたちを投げ込んで自由に考えさせるだけではない。その問題を解決するためには，どの場面で学習したどの知識や技能を活用する必要があるのかを教師自身が自覚したうえで，学びの際にどのような知識や技能を活用しているのか，それはどのような学習場面と同じなのかを明示的に指導することが求められる。子どもが本気になれるような真正な文脈での明示的な指導によって，汎用的能力が育まれていくのである。

　そのために教師に求められるのは，どのような文脈で学習を進めていくかを検討することと同時に，その学習の場面で求められる思考スキルやメディア・リテラシー，情報活用能力を自覚し，明示的に指導することである。これからの社会を生きる子どもたちが未来社会を切り拓くための資質・能力を育成するために，教育を捉え直し，学習環境をデザインすることが求められているのである。

▷7　真正な文脈
現実の社会に存在するような状況，学習環境。

Exercise

① 思考力育成を目指した授業案を題材に,そのなかでどのような「思考スキル」が想定できるかを検討してみよう。
② 学習の基盤となる情報活用能力とメディア・リテラシーの構成要素を比較してみよう。
③ 「真正な文脈」と「明示的な指導」の2つの視点から汎用的能力の育成を目指した授業をデザインしてみよう。

📖 次への一冊

奈須正裕著『「資質・能力」と学びのメカニズム』東洋館出版,2017年。
　　学習指導要領で求められる資質・能力の育成について,中央教育審議会答申をもとに,さらに詳細な解説がなされている。新学習指導要領で求められる指導について理解するために重要な一冊である。

ブルーア,J. T.,松田文子・森敏昭訳『授業が変わる――認知心理学と教育実践が手を結ぶとき』北大路書房,1997年。
　　認知心理学と教育実践のつながりについてさまざまな視点から論じられている。本章で扱った転移の問題についても詳しく説明されている。

楠見孝・子安増生・道田泰司編著『批判的思考力を育む――学士力と社会人基礎力の基盤形成』有斐閣,2011年。
　　批判的思考力の育成についてその基本的な理論から評価方法,育成のための実践について論じられている。

関西大学初等部『関大初等部式思考力育成法ガイドブック』さくら社,2015年。
　　本章でふれた思考スキルとシンキングツールの活用による思考力育成について取り組んでいる小学校がその実践をまとめたものである。思考スキルの習得,活用を目指して,思考力を育成するための方法について理解することができる。

佐伯胖・宮崎清孝・石黒広昭・佐藤学『新装版　心理学と教育実践の間で』東京大学出版会,2013年。
　　心理学を教育実践に応用するということをさまざまな立場から捉え,論じられている転移概念についても正面から議論されている。

引用・参考文献

文部科学省『幼稚園教育要領解説　平成30年3月』フレーベル館,2018年a。
文部科学省『小学校学習指導要領(平成29年告示)解説総則編』東洋出版社,2018年b。
文部科学省『中学校学習指導要領(平成29年告示)解説総則編』東山書房,2018年c。
レイヴ,J.,無藤隆・中野茂・山下清美・中村美代子訳『日常生活の認知行動――ひとは日常生活でどう計算し,実践するか』新曜社,1995年。

ブルーア, J. T., 松田文子・森敏昭訳『授業が変わる　認知心理学と教育実践が手を結ぶとき』北大路書房, 1997年。

泰山裕・小島亜華里・黒上晴夫「体系的な情報教育に向けた教科共通の思考スキルの検討――学習指導要領とその解説の分析から」『日本教育工学会論文誌』37巻4号, 2014年, 375～386ページ。

Ennis, R. H., *A taxonomy of critical thinking dispositions and abilities*, in J. Boykoff-Baron & R. J. Sternberg Eds., *Teaching thinking skills: Theory and practice*. New York: Freeman, 1987.

楠見孝『思考と言語（現代の認知心理学3）』北大路書房, 2010年。

関西大学初等部『関大初等部式思考力育成法ガイドブック』さくら社, 2015年。

黒上晴夫・小島亜華里・泰山裕『シンキングツール――考えることを教えたい』http://www.ks-lab.net/haruo/thinking_tool/short.pdf

中橋雄『メディア・リテラシー教育――ソーシャルメディア時代の実践と学び』北樹出版, 2017年。

索　引

あ行

アクションリサーチ　134
アクティブ・ラーニング　36, 45, 46, 51, 57-59, 135
アセスメント　126
有田和正　68
アロンソン, E.　59
アンプラグド　154
「生きる力」　31, 36
伊沢修二　54
一斉授業　71, 72, 74
『一般教授学』　53
犬塚三輪　66
インクルーシブ教育　78
インクルージョン　74
インストラクショナルデザイン（ID）　43, 45, 161, 169-171
インテグレーション　74
ヴィゴツキー, L. S.　65
ウェーバー, M.　16
上田薫　134
ウッズホール会議　56
ウラッドコースキー, R. J.　35, 41
『エミール』　12
エンゲストローム, Y.　65
エントウィスル, N.　58
及川平治　59, 133
往来物　97
大津和子　67
オートポイエーシス（オートポイエティック）　26, 27
オペラント条件づけ　162

か行

開発教授　54
外発的動機づけ　39, 40
学習指導案　41, 100, 105, 107-109, 111, 172, 173
『学習指導における聴視覚的方法』　149
学習障害　74
学習動機づけ　35, 37, 39
学力　29-32
『学級革命』　79
『学校と社会』　55
ガニェ, R. M.　171, 172
加配教員　73
河村茂雄　71

関西大学初等部　182
完全習得学習　125
カント, I.　12, 13, 15, 20
キー・コンピテンシー　30, 83
机間巡視　72, 84
9教授事象　171, 172
教育科学　7, 8
教育価値的思考　6
教育実践理論　8-12, 15, 18, 20, 21
教育的教授　18, 54, 65
教育的タクト　10, 11
教育内容の現代化　56
教育の情報化　102, 147, 151-153, 157
『教育の情報化に関する手引』　157
教育方法的思考　5
教育目標の分類学　67
教育用コンテンツ　156
教育話法　66
教科書疑獄事件　98
教科用図書　96, 98, 169
教具　106
教材研究　91, 100, 101, 103, 105-108, 111, 113
教材配列的思考　5
教授学の信念　105, 108, 112, 114
教授学の内容の知識（PCK）　105, 111, 112
教授の三角形　63-65, 100, 161
教授ルーチン　112
協調学習　60
協働学習　60, 63, 64, 121
協働教育　167
キルパトリック, W. H.　55
楠見孝　181
久保田賢一　153
久保齋　71
クラフキ, W.　3, 5, 6, 11
黒羽正見　113
訓練　18-20
系（システム）　27
経験の円錐　149
形成的評価　125-128, 131
系統学習　56
ケラー, J. M.　35, 43, 44

構成主義　165, 166
行動主義　162-165
広汎性発達障害　74
校務の情報化　151-153, 157
国際数学・理科教育調査（TIMSS）　134
国定教科書　98
古典的条件づけ　162
小西健二　79
個別学習　73, 83
コメニウス, J. A.　52, 53, 97, 148
コンピテンシー（コンピテンス）　29, 30, 39, 41, 42

さ行

斎藤喜博　63
佐藤学　59, 112
澤柳政太郎　133
ジグソー学習　51, 59, 60
重松鷹泰　134
思考スキル　177, 180-183, 186
自己決定理論　40
自己効力感　37
自己指導能力　122, 125
自己調整学習　45, 46
自己評価　121-125, 130, 131
資質・能力　31, 36, 37, 58, 108, 129, 141, 177, 178, 182-186
視聴覚教育　147-150
指導要録　108, 120, 126, 157
社会的構成主義　166
就学支援委員会　126, 128
習熟度別学習　73
習熟度別指導　72, 78
習熟度別授業　78
授業カンファレンス　137
授業研究　133-141
授業のユニバーサルデザイン　63, 73, 74
授業分析　133, 134
主体的・対話的で深い学び　36, 37, 51, 58
『シュタンツだより』　53
シュワブ, J. J.　56, 57
状況的学習論　25
省察　105, 111, 138
情動　114

情報活用能力　147, 150-154, 159, 177, 183-186
情報教育　147, 150-155, 158, 159
『情報教育に関する手引』　156
ショーマン，L. S.　111
ショーン，D. A.　111, 134
シンキングツール　177, 181, 182
真正な評価　131
診断的評価　125-128, 131
新統合理論　179
スキナー，B. F.　74, 162
スクリヴェン，M.　120
スティグラー，J. W.　134
スプートニク・ショック　56
生活綴方　79
『生徒指導提要』　122
『世界図絵』　53, 97, 149
絶対評価　120
全国学力・学習状況調査　136
全国生活指導研究協議会（全生研）　72, 81
総括的評価　125-128, 131
相互評価　121-123, 130
相対評価　120

た行

『大教授学』　52, 148
泰山裕　180
タイラー，R. W.　120
高嶺秀夫　54
他者評価　121-125, 130
谷本富　54
多方（均等の）興味　16-18, 54
タルィズナのテーゼ　23, 32
段階教授論　51, 53, 54
探究学習論　56
単元　100, 105-108
談話分析　134
地域学校協働活動　122
知識基盤社会　149
知識構成型ジグソー法　60
知の誠実さ　64
注意欠陥多動性障害　74
著作権　99, 100, 169
直観教授　52, 53
直観のABC　53
ツィラー，T.　54
『ティーチング・ギャップ』　134
ディープ・ラーニング　58
ティーム・ティーチング（TT）　63, 72, 73
ディベート　63, 69

デール，E.　148, 149
適正処遇交互作用　101
デジタル教科書　102, 103, 166-169, 171
デジタル教材　156, 161, 166, 169, 170, 172
デューイ，J.　12, 54, 55
デュルケーム，É.　7, 8, 16
陶冶　12, 54
同僚性　134

な行

内発的動機づけ　39-41, 45, 57
中野照海　148
ニーチェ，F.　13
二重符号化理論　165
日本教育心理学会　136
日本教育工学会　134, 135
日本教育方法学会　134, 135
『日本の授業研究』　135
認知主義　164, 165
ノーマライゼーション　74

は行

ハウスクネヒト，E.　54
バズ学習　59
長谷川榮　3, 10
発見学習　51, 56-58
発達障害　74, 126
発問　63, 66-68, 84, 85, 106, 108, 112
パフォーマンス　29, 32
パフォーマンステスト　129
パフォーマンス評価　29
パブロフ，I. P.　162
林竹二　63
反言語主義　148
板書　63, 66, 67, 70, 108
反省的実践家　111, 134
汎知体系　52
反転授業　135
汎用的（な）能力　58, 178, 186
ヒーバート，J.　134
批判的思考　181
評価規準　121, 123, 124, 130
評価基準　130
不安感情　38
フィリップス，J. D.　59
深澤広明　82
藤井啓之　82
フューチャースクール　167
フランダース，N. A.　134
ブルーア，J. T.　179
ブルーナー，J. S.　56

ブルーム，B.　67
ブルーム，B. S.　125-127
プログラミング教育　154
プログラム学習　74, 163
プロクルステスの寝台　8, 9
プロジェクト学習　55, 56
『分団式動的教育法』　59
閉鎖系再帰構成主義　27, 28, 32
ペスタロッチ，J. H.　53, 54, 148
ペラック，A. A.　134
ベル，T.　154
ヘルバルト，J. F.　8, 10, 12, 15, 16, 53, 54
方法的思考　5, 6
ポートフォリオ（評価）　70, 129, 130

ま行

マイヤー，H.　13
松下佳代　58
まなざし　81
学び合い　59
学びに向かう力　31-33
学びの共同体　51, 59, 134
マルチメディア教材　164, 165
マルトン，F.　58
水内宏　79
宮坂義彦　67
メタ認知　45, 122, 131, 179
メディア・リテラシー　155, 177, 183-186
モントリオール・システム（助教法）　71
諸岡康哉　81
問題解決学習　51, 54, 55, 57, 58
モニタリング・スキーマ　112

や・ら・わ行

山元悦子　66
吉崎静夫　112, 113
吉本均　67, 84
ライン，W.　54
リテラシー　29, 30
臨時教育審議会　102, 150, 152
ルーブリック　129-131
ルソー，J. J.　12, 148
レッスンスタディ　134
レディネス　24, 101
6-6方式　59
ワークショップ　138

欧文

ARCSモデル　35, 43-45
CAI　162, 163
CSCL　51, 59, 60

索　引

DeSeCo プロジェクト　30, 82
Facebook　158
ICT　102, 103, 106, 135, 147, 150-158, 167-170
LINE　158
OECD　29, 30, 82

PISA　30
SNS　158
Twitter　158

《監修者紹介》
吉田武男(よしだたけお)（筑波大学名誉教授，関西外国語大学英語国際学部教授）

《執筆者紹介》（所属，分担，執筆順，＊は編著者）
＊樋口直宏(ひぐちなおひろ)（編著者紹介参照：はじめに・第4章・第5章・第8章）
牛田伸一(うしだしんいち)（創価大学教育学部教授：第1章）
小嶋季輝(こじまとしき)（中京大学教養教育研究院准教授：第2章）
伊藤崇達(いとうたかみち)（九州大学大学院人間環境学研究院准教授：第3章）
髙木　啓(たかきあきら)（千葉大学教育学部准教授：第6章）
佐藤　公(さとうこう)（明治学院大学心理学部准教授：第7章）
早坂　淳(はやさかじゅん)（長野大学社会福祉学部教授：第9章）
助川晃洋(すけがわあきひろ)（国士舘大学文学部教授：第10章）
中園長新(なかぞのながよし)（麗澤大学国際学部准教授：第11章）
李　禧承(いひすん)（桐蔭横浜大学スポーツ健康政策学部准教授：第12章）
泰山　裕(たいざんゆう)（鳴門教育大学大学院准教授：第13章）

《編著者紹介》

樋口直宏（ひぐち・なおひろ／1965年生まれ）
　筑波大学人間系教授
　『実践に活かす　教育課程論・教育の方法と技術論』（共編著，学事出版，2020年）
　『実践に活かす　教育基礎論・教職論』（共編著，学事出版，2003年）
　『検証　教育改革——品川区の学校選択制・学校評価・学力定着度調査・小中一貫教育・市民科』（分担執筆，教育出版，2009年）
　『批判的思考指導の理論と実践——アメリカにおける思考技能指導の方法と日本の総合学習への適用』（単著，学文社，2013年）
　『「主体的・対話的で深い学び」につながる授業実践集——「6つの帽子」で面白いほど対話がすすむ』（監修・分担執筆，高陵社書店，2018年）

MINERVA はじめて学ぶ教職⑪
教育の方法と技術

| 2019年2月20日 | 初版第1刷発行 | 〈検印省略〉 |
| 2022年3月30日 | 初版第4刷発行 | |

定価はカバーに
表示しています

編著者　樋　口　直　宏
発行者　杉　田　啓　三
印刷者　藤　森　英　夫

発行所　株式会社　ミネルヴァ書房
607-8494　京都市山科区日ノ岡堤谷町1
電話代表　(075)581-5191
振替口座　01020-0-8076

©樋口直宏ほか，2019　　亜細亜印刷

ISBN978-4-623-08505-7
Printed in Japan

MINERVA はじめて学ぶ教職

監修　吉田武男

「教職課程コアカリキュラム」に準拠　　全20巻＋別巻1

◆　B5判／美装カバー／各巻180〜230頁／各巻予価2200円（税別）　◆

① 教育学原論　滝沢和彦 編著
② 教職論　吉田武男 編著
③ 西洋教育史　尾上雅信 編著
④ 日本教育史　平田諭治 編著
⑤ 教育心理学　濱口佳和 編著
⑥ 教育社会学　飯田浩之・岡本智周 編著
⑦ 社会教育・生涯学習　手打明敏・上田孝典 編著
⑧ 教育の法と制度　藤井穂高 編著
⑨ 学校経営　浜田博文 編著
⑩ 教育課程　根津朋実 編著
⑪ 教育の方法と技術　樋口直宏 編著
⑫ 道徳教育　田中マリア 編著
⑬ 総合的な学習の時間　佐藤真・安藤福光・綾利誠 編著
⑭ 特別活動　吉田武男・京免徹雄 編著
⑮ 生徒指導　花屋哲郎・吉田武男 編著
⑯ 教育相談　高柳真人・前田基成・服部環・吉田武男 編著
⑰ 教育実習　三田部勇・吉田武男 編著
⑱ 特別支援教育　小林秀之・米田宏樹・安藤隆男 編著
⑲ キャリア教育　藤田晃之 編著
⑳ 幼児教育　小玉亮子 編著

＊＊＊

別　現代の教育改革　吉田武男 企画／德永保 編著

【姉妹編】
MINERVA はじめて学ぶ教科教育　全10巻＋別巻1

監修　吉田武男　B5判美装カバー／各巻予価2200円（税別）〜

① 初等国語科教育　塚田泰彦・甲斐雄一郎・長田友紀 編著
② 初等算数科教育　清水美憲 編著
③ 初等社会科教育　井田仁康・唐木清志 編著
④ 初等理科教育　大髙泉 編著
⑤ 初等外国語教育　卯城祐司 編著
⑥ 初等図画工作科教育　石﨑和宏・直江俊雄 編著
⑦ 初等音楽科教育　笹野恵理子 編著
⑧ 初等家庭科教育　河村美穂 編著
⑨ 初等体育科教育　岡出美則 編著
⑩ 初等生活科教育　片平克弘・唐木清志 編著
別　現代の学力観と評価　樋口直宏・根津朋実・吉田武男 編著

ミネルヴァ書房
https://www.minervashobo.co.jp/